I0697728

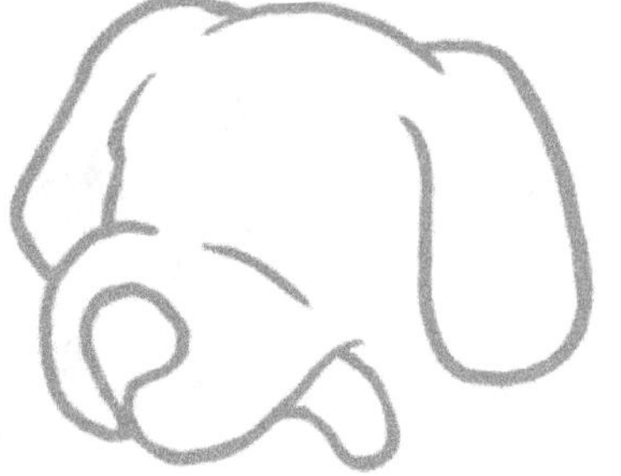

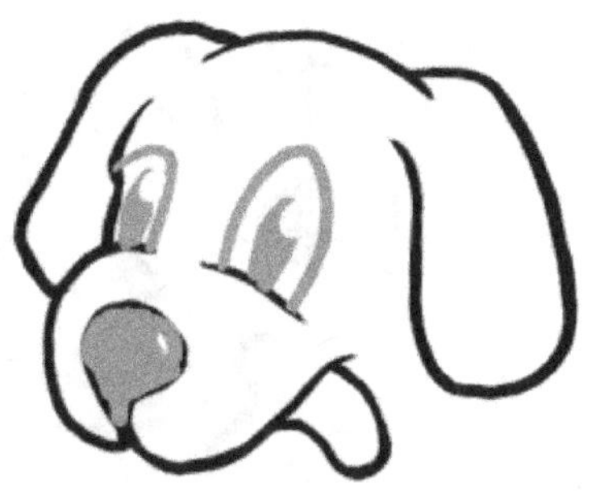

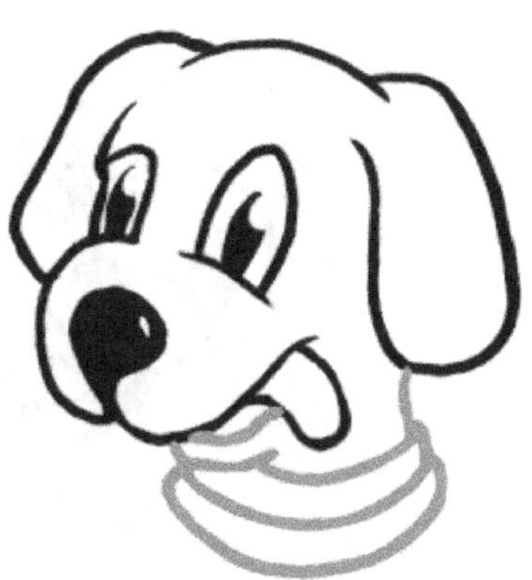

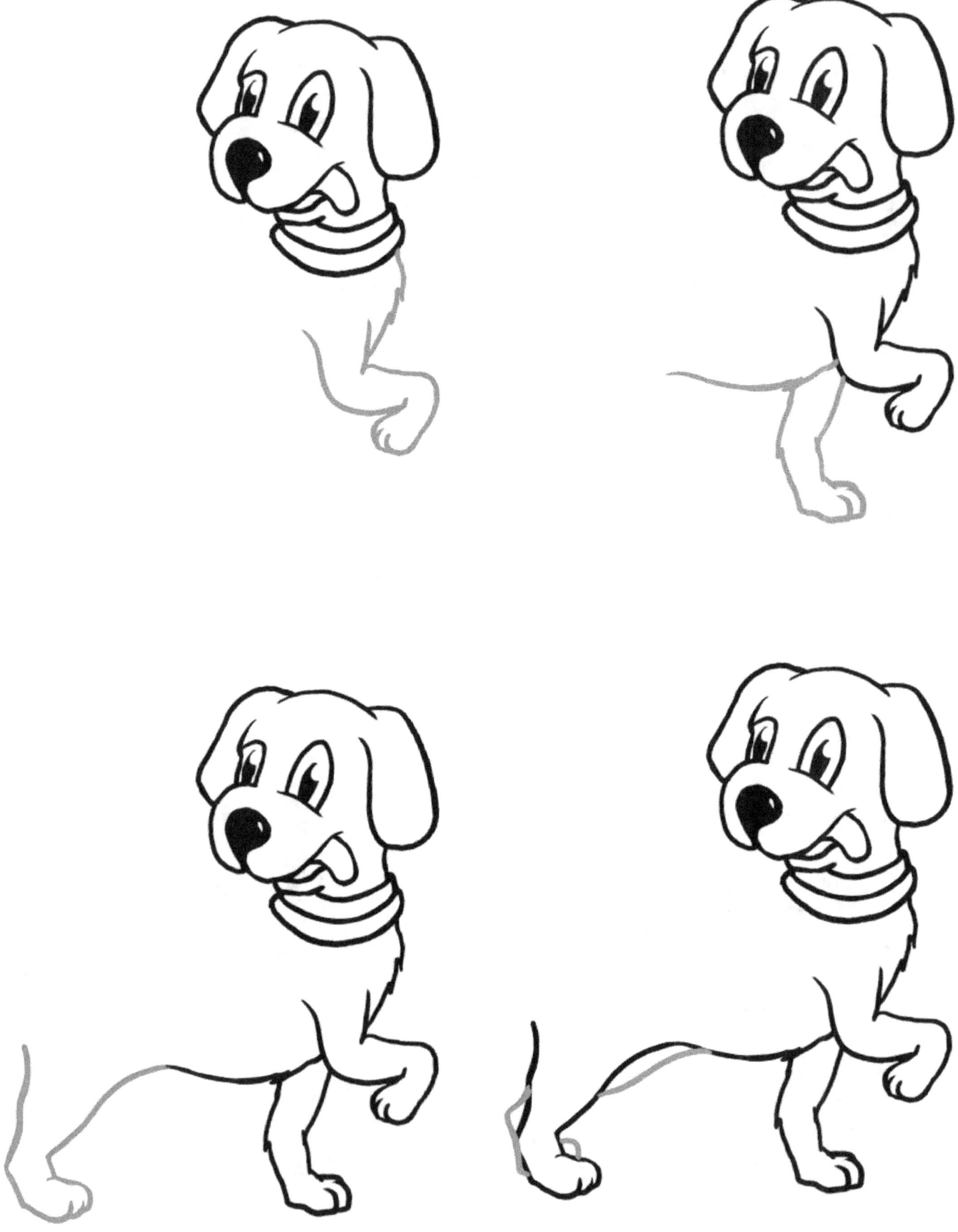

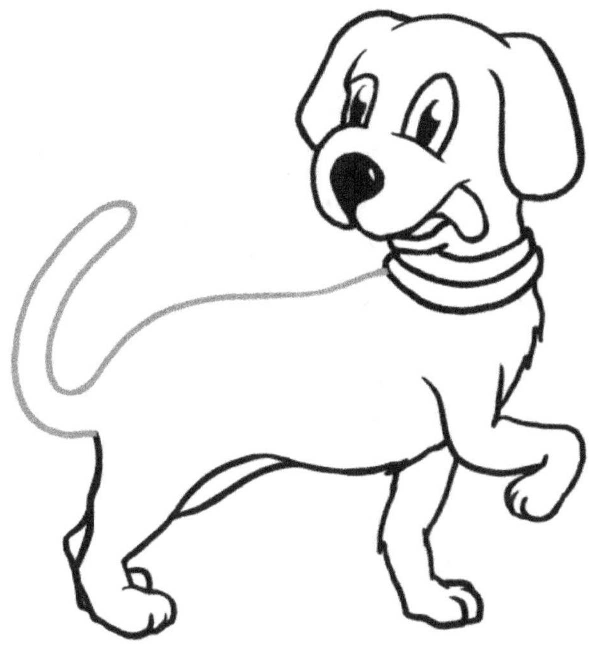
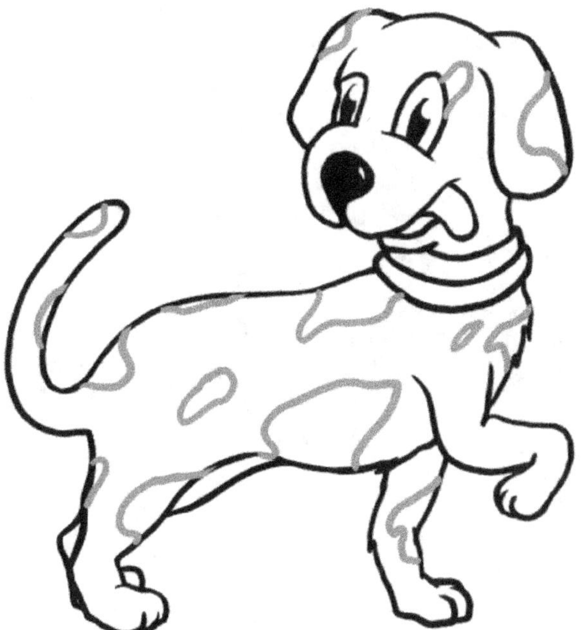
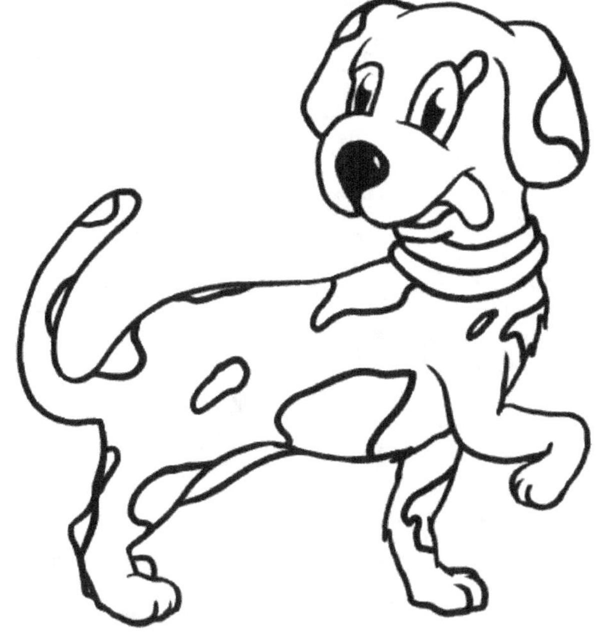
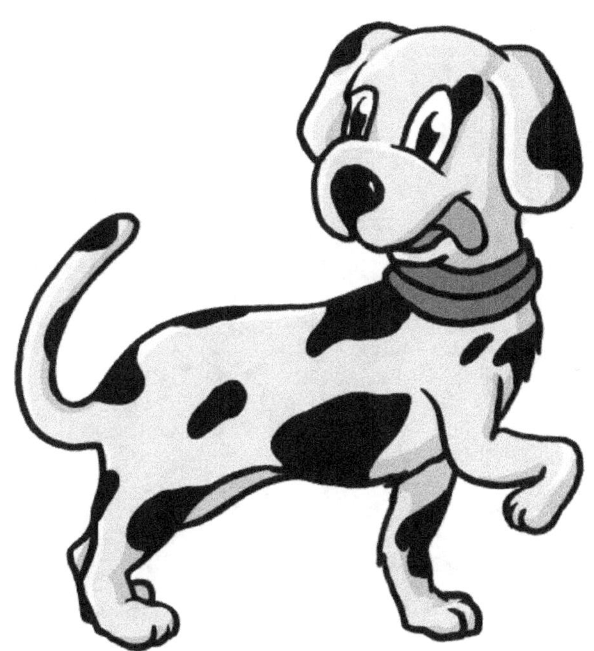

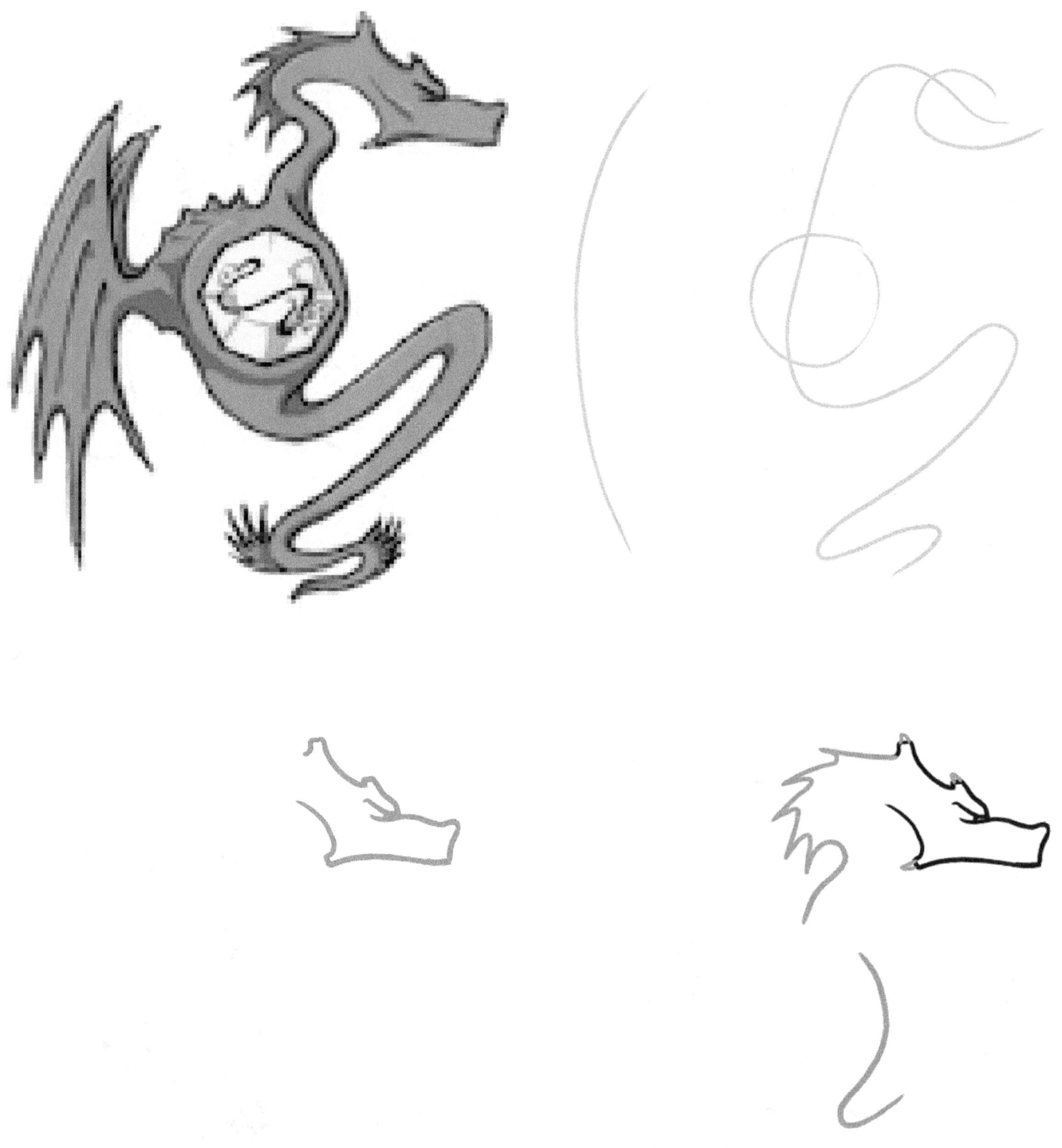

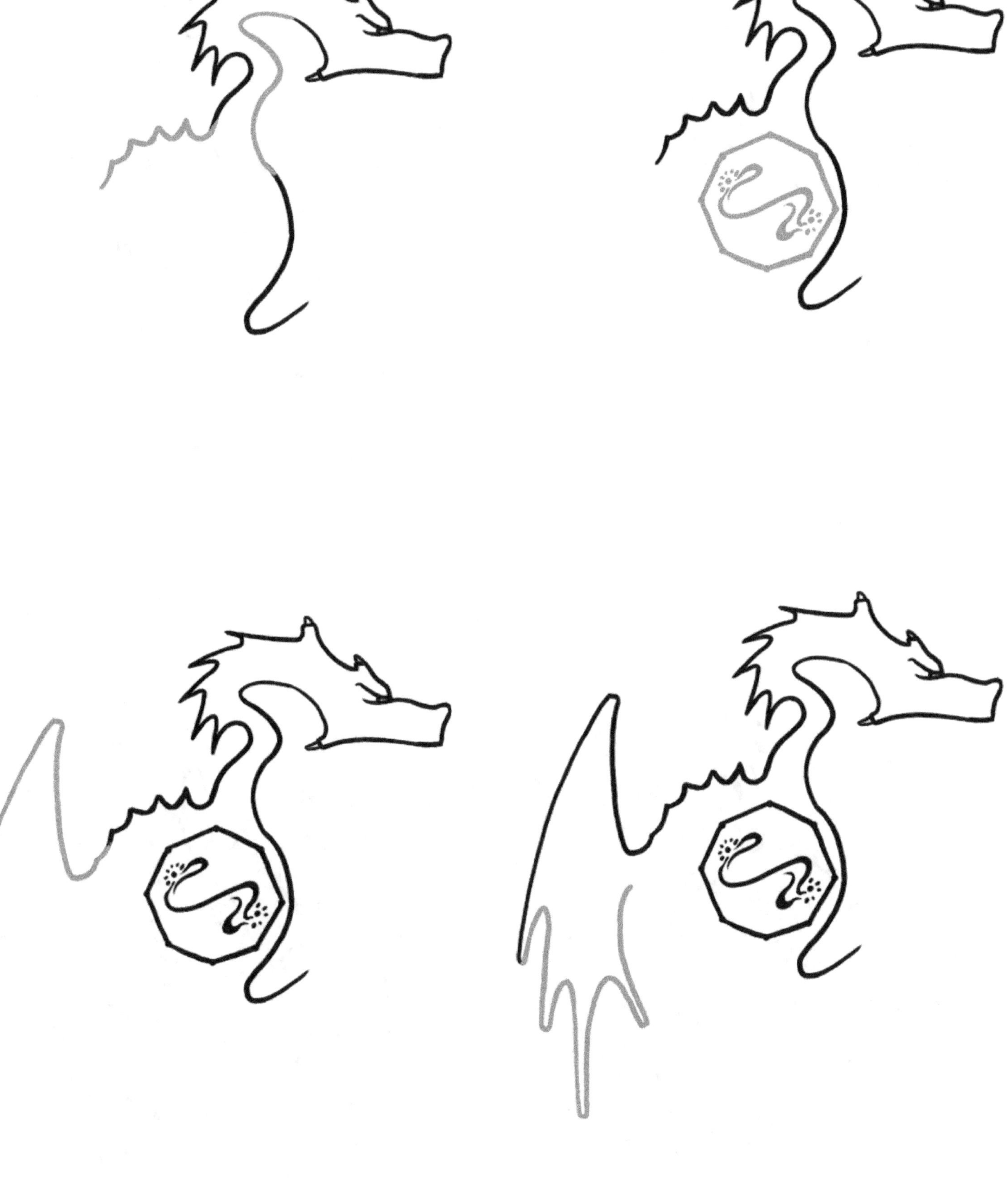

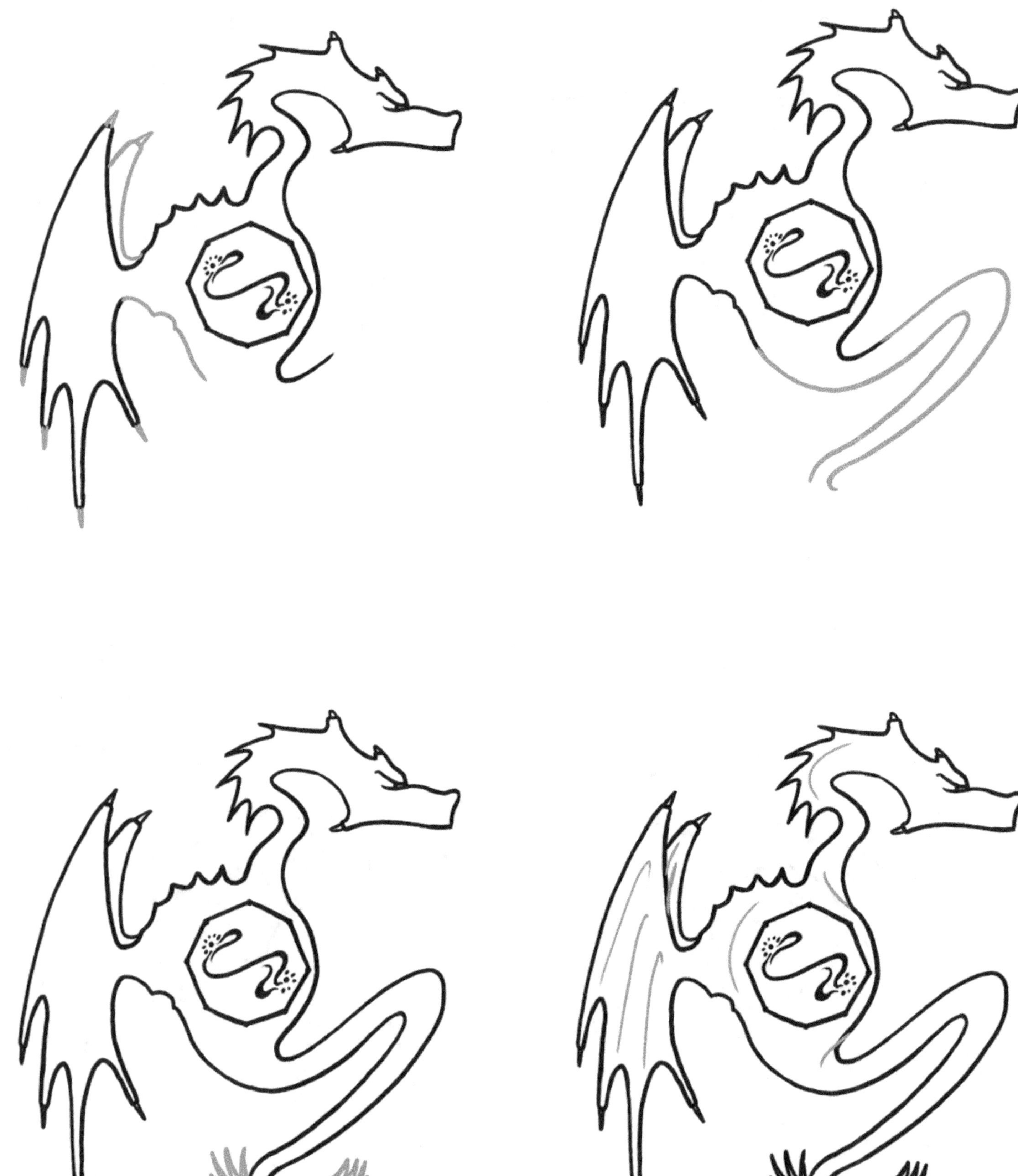

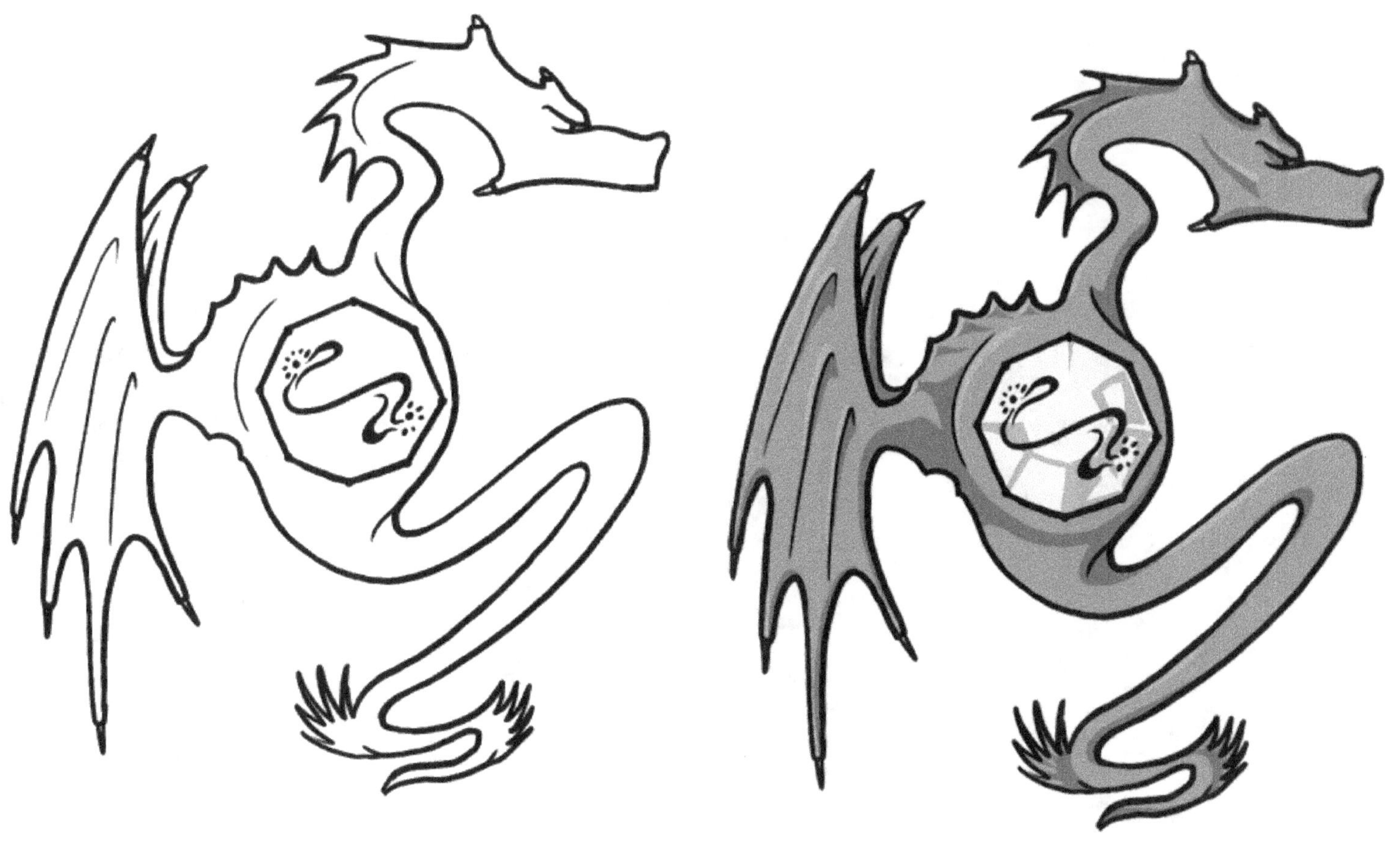

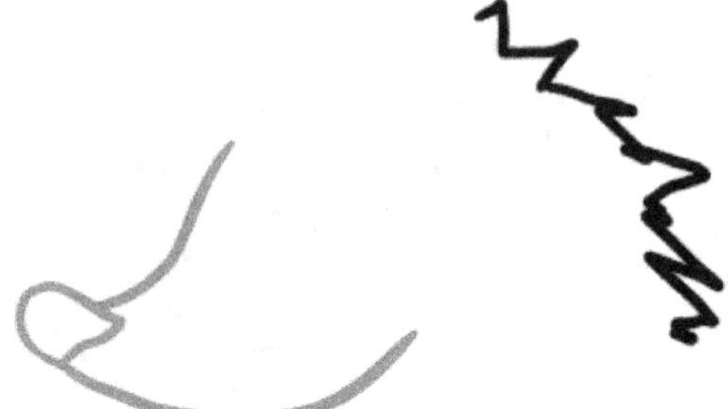

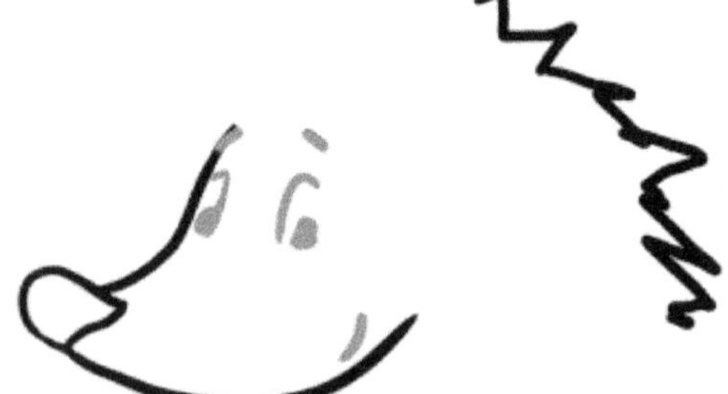

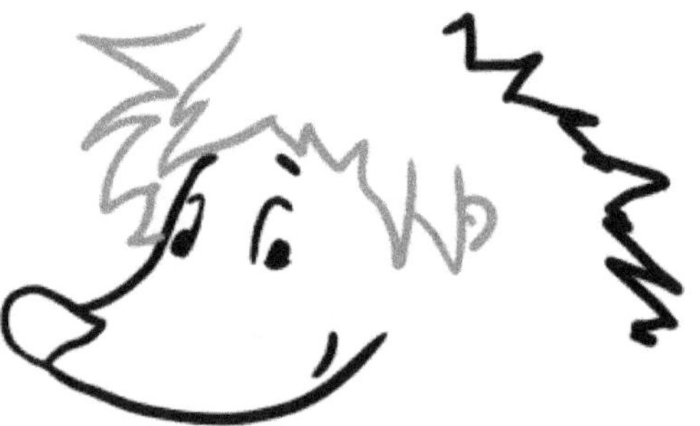

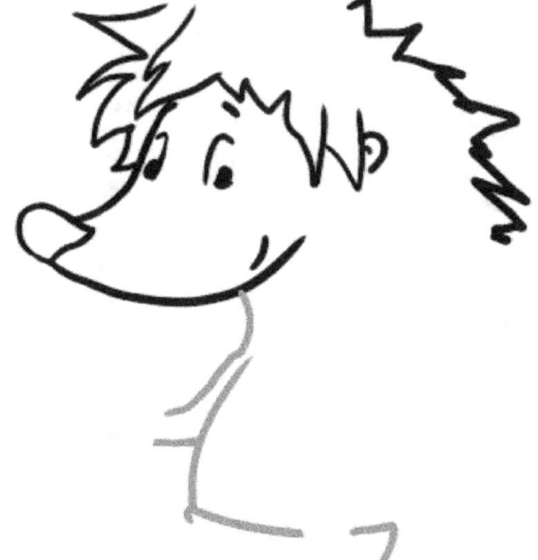

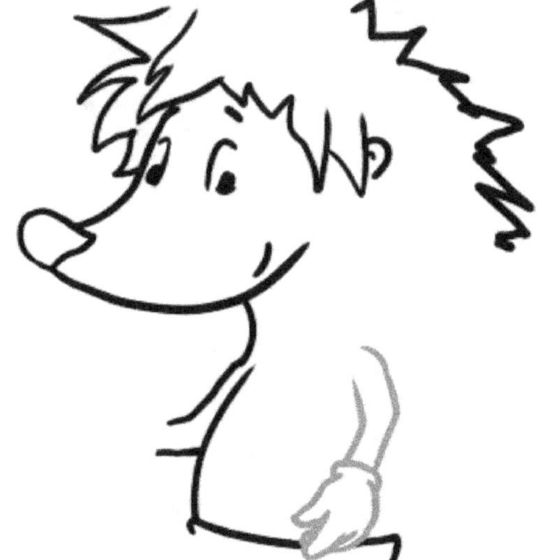

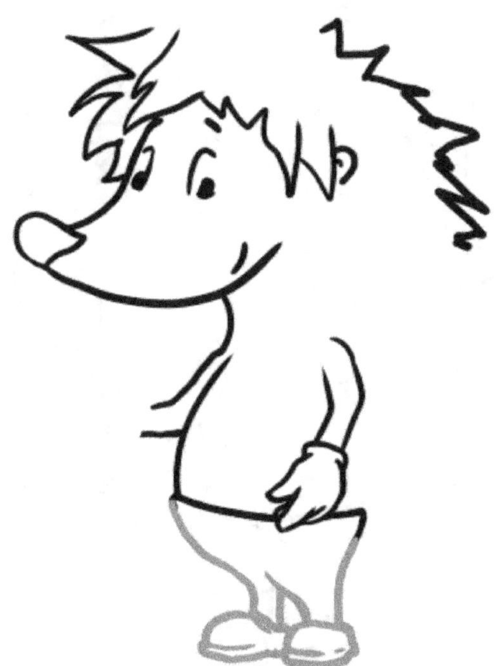

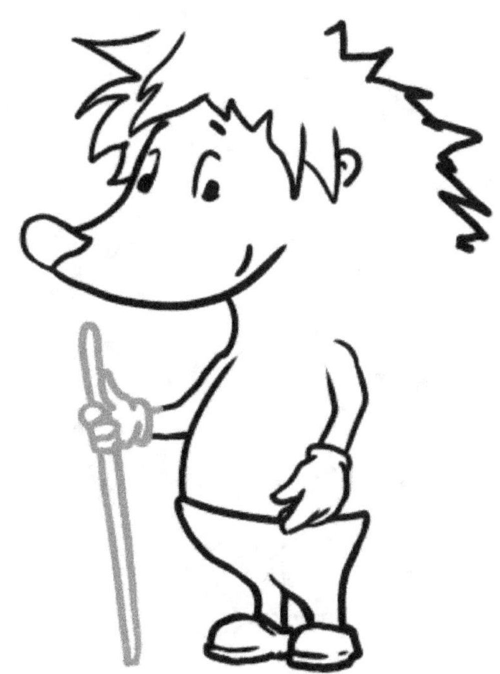

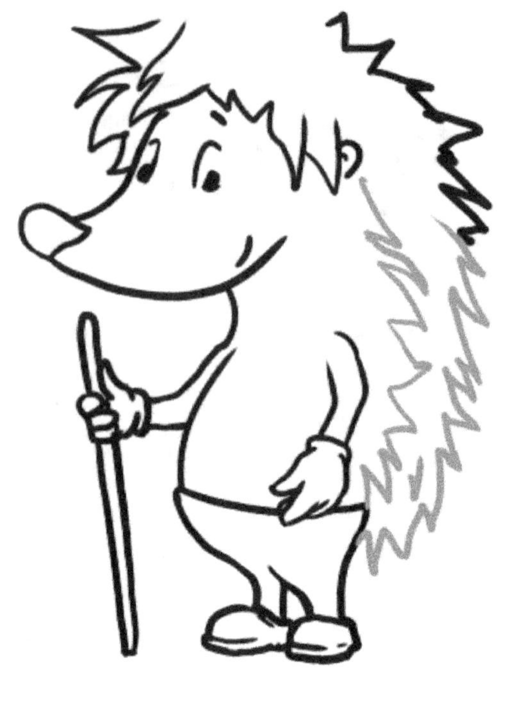
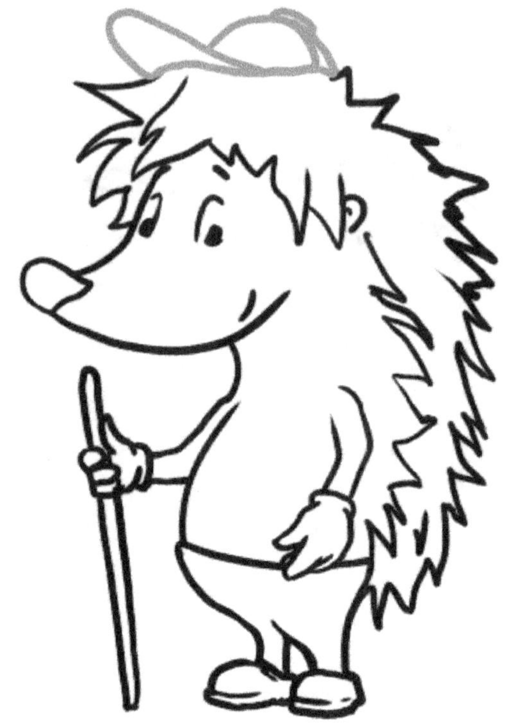
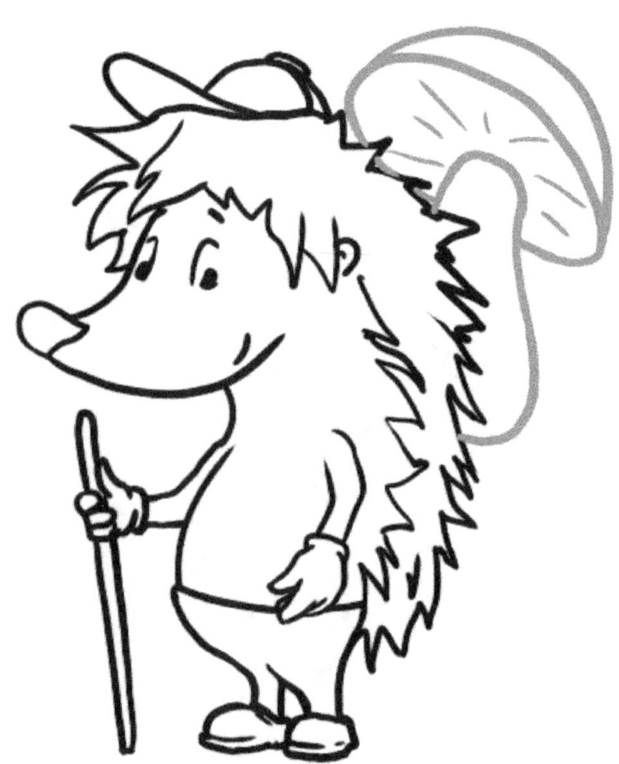
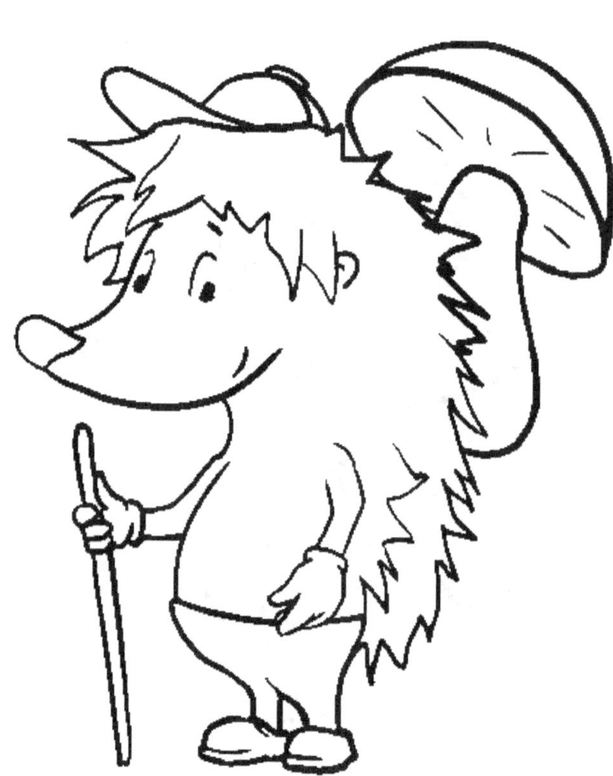

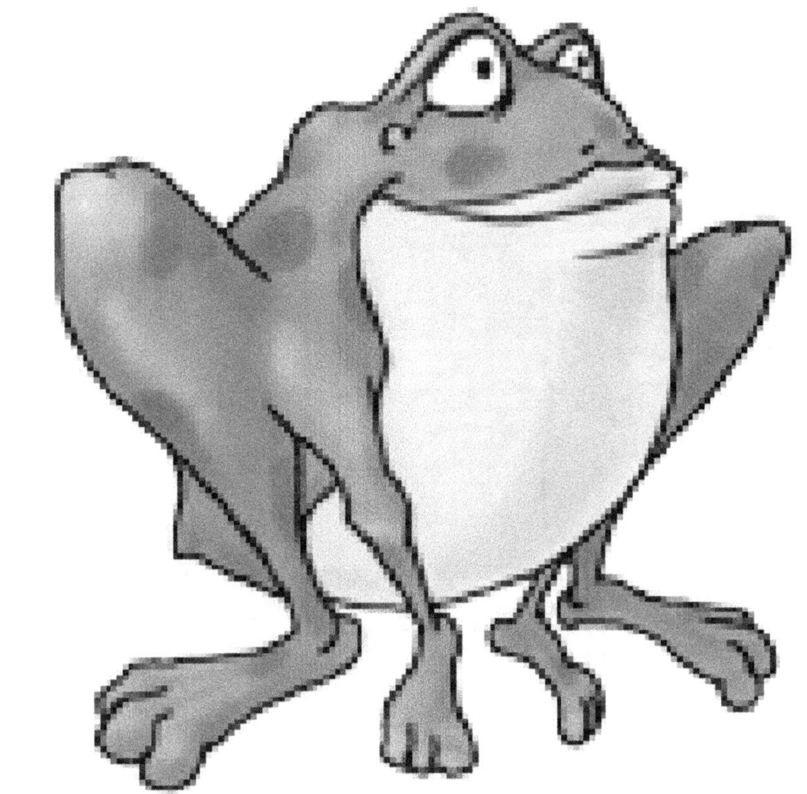

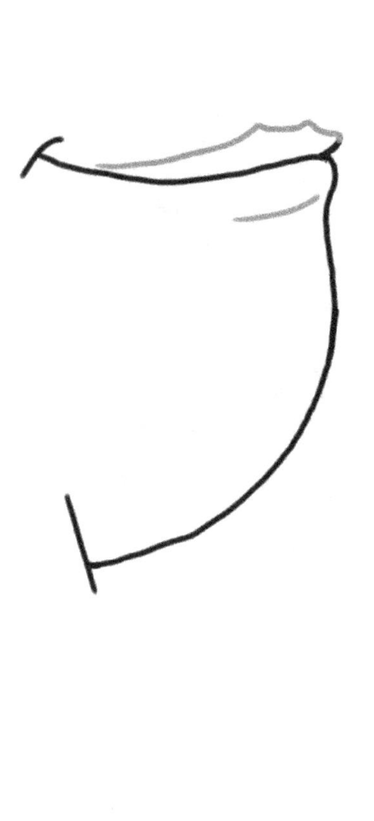
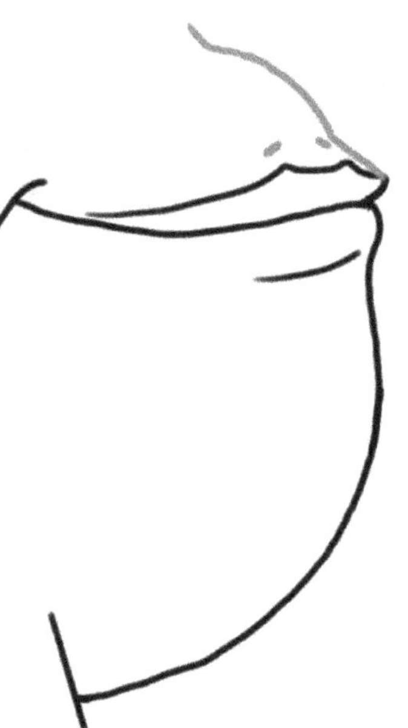
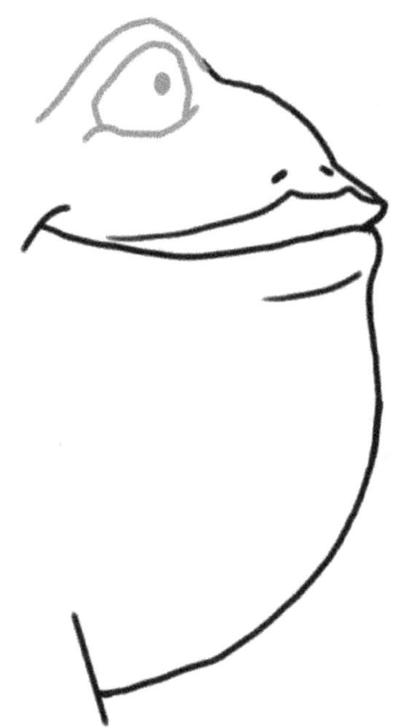
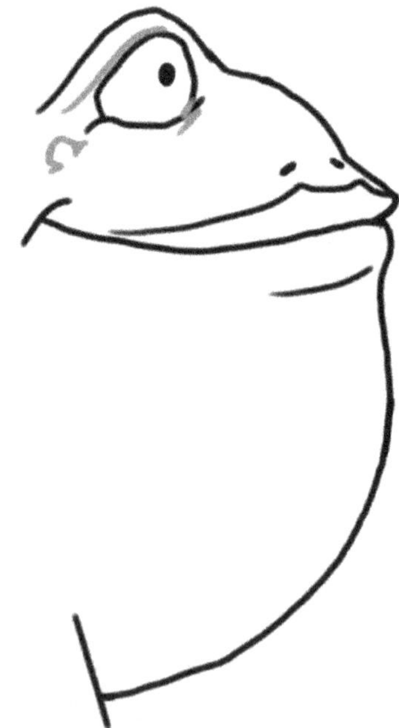

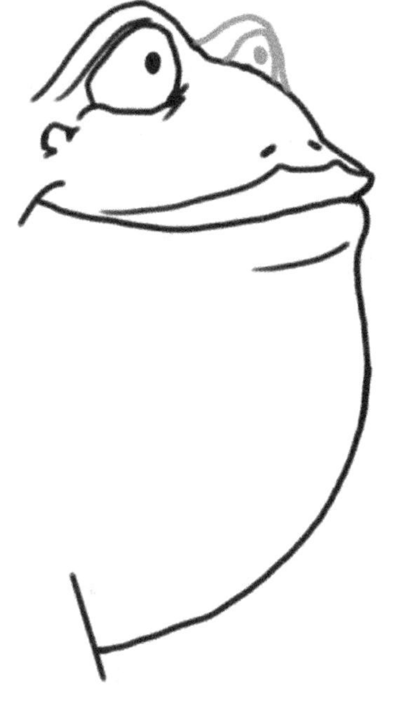

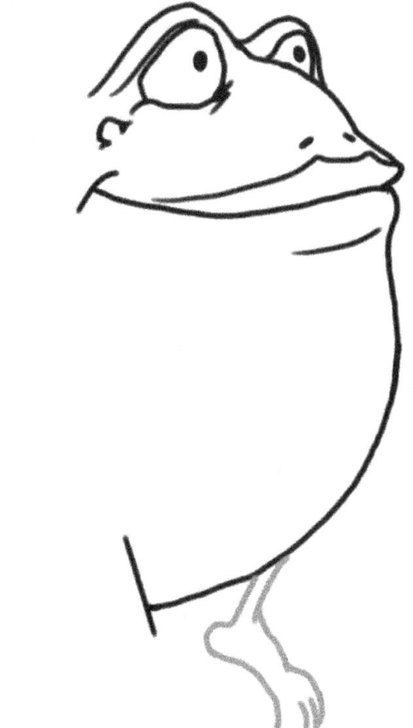

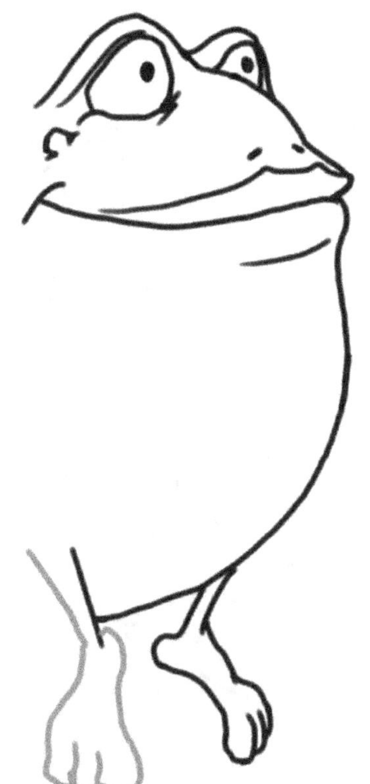

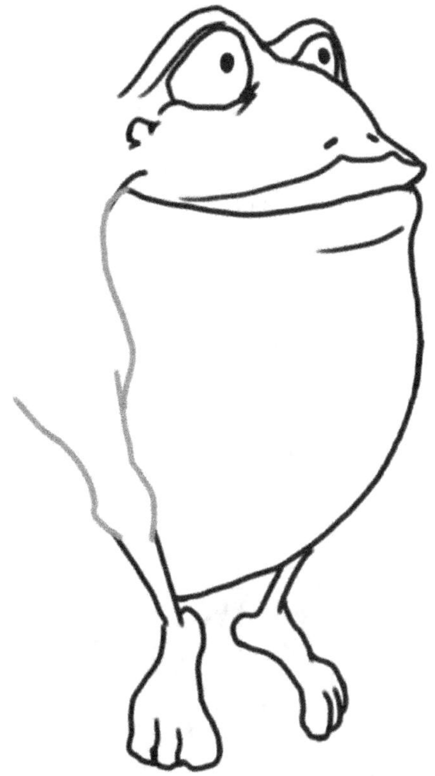

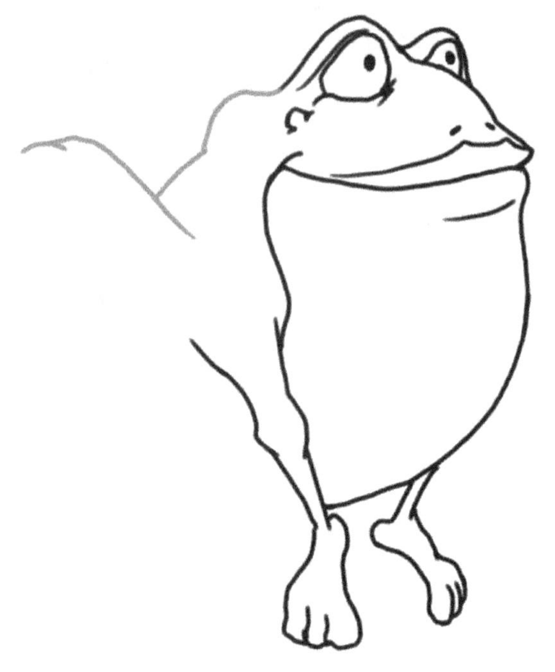
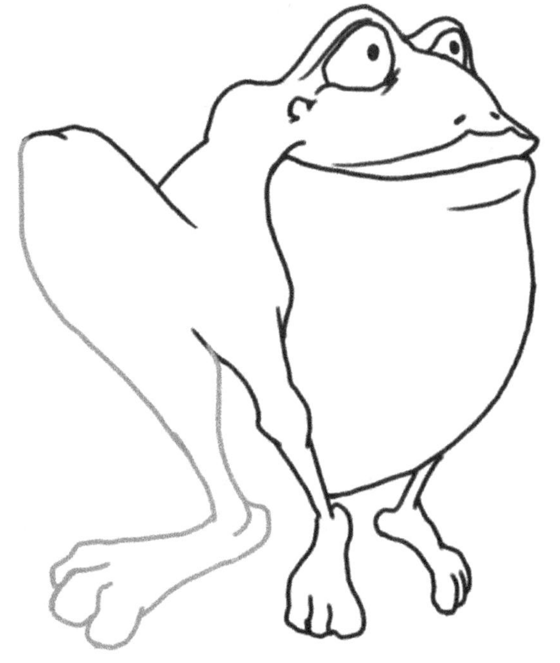
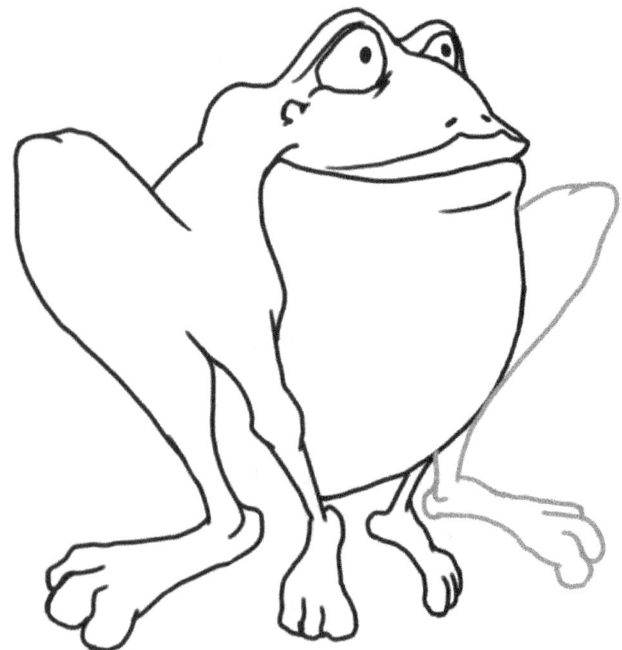
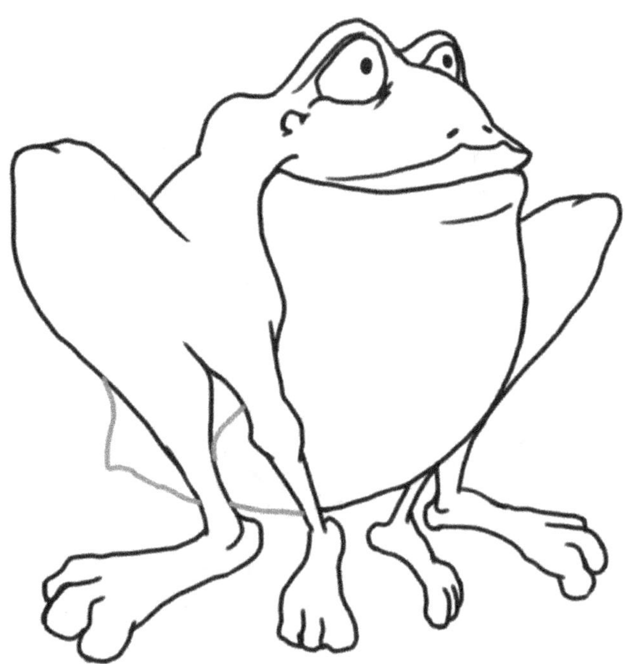

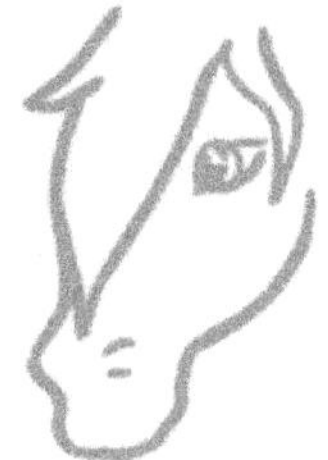

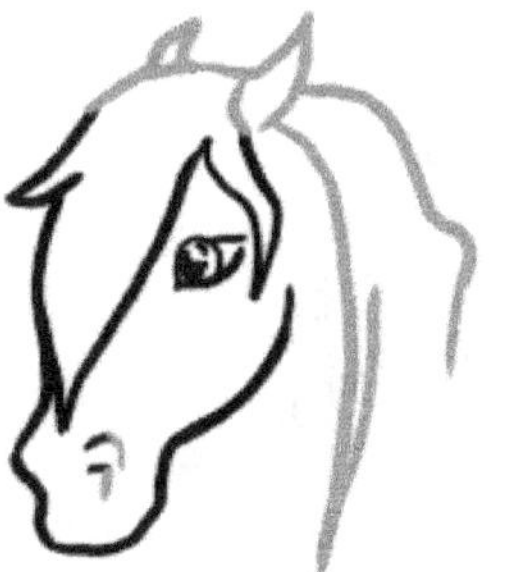

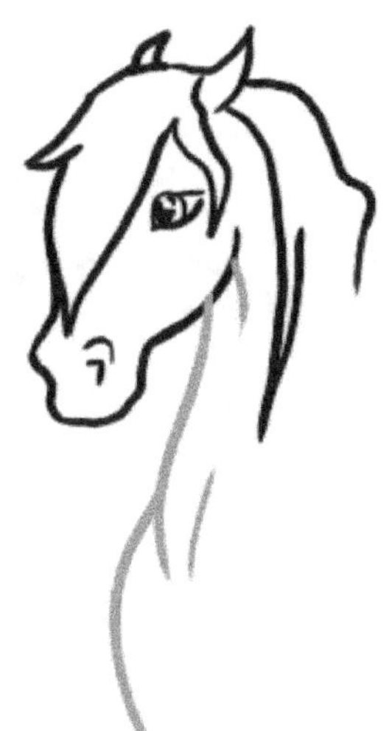

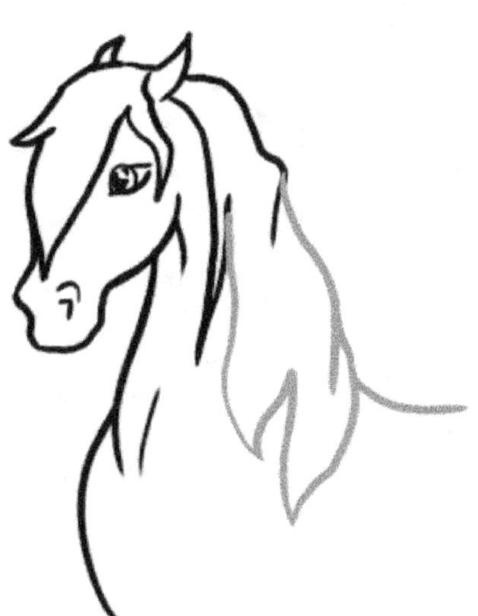

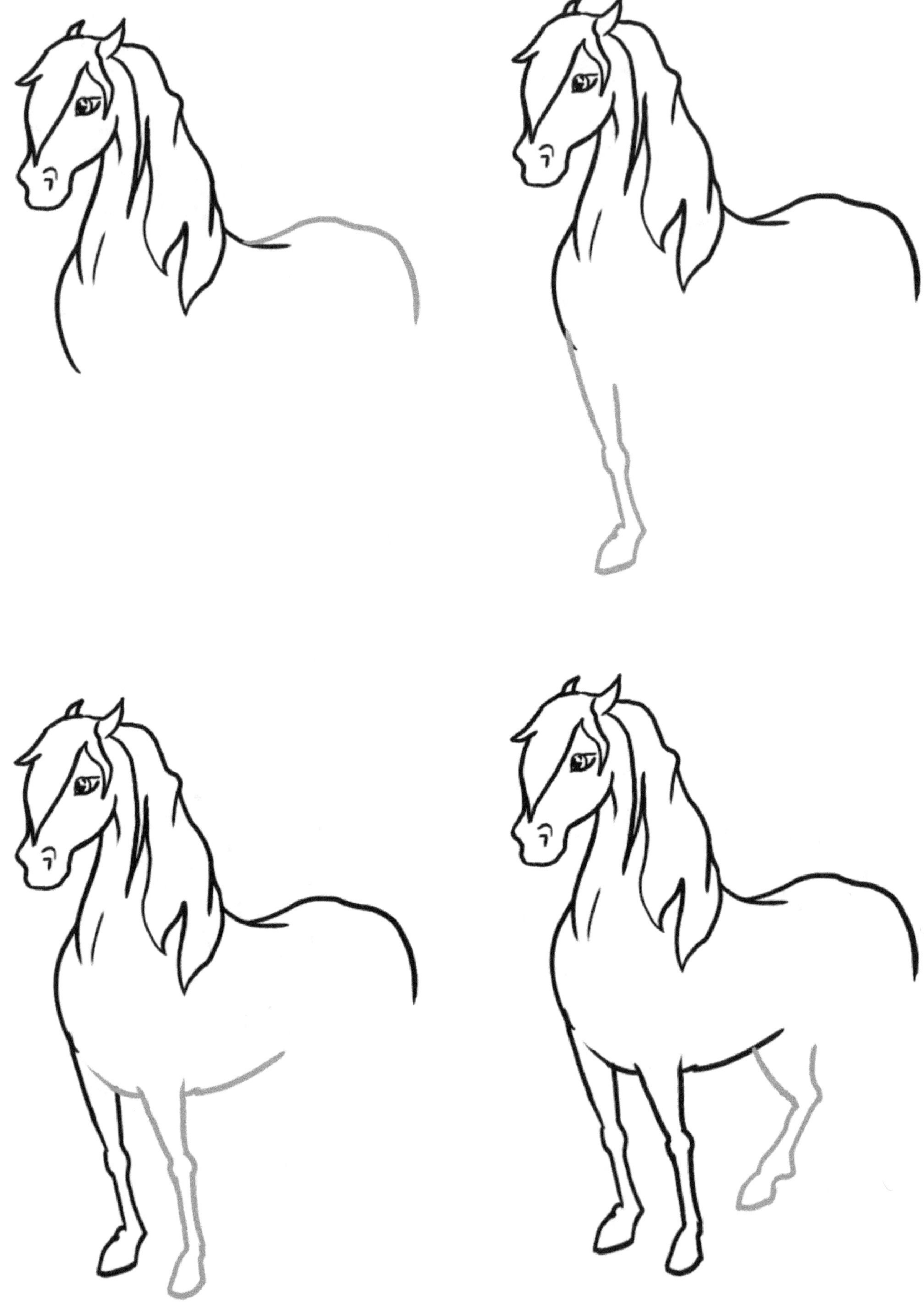

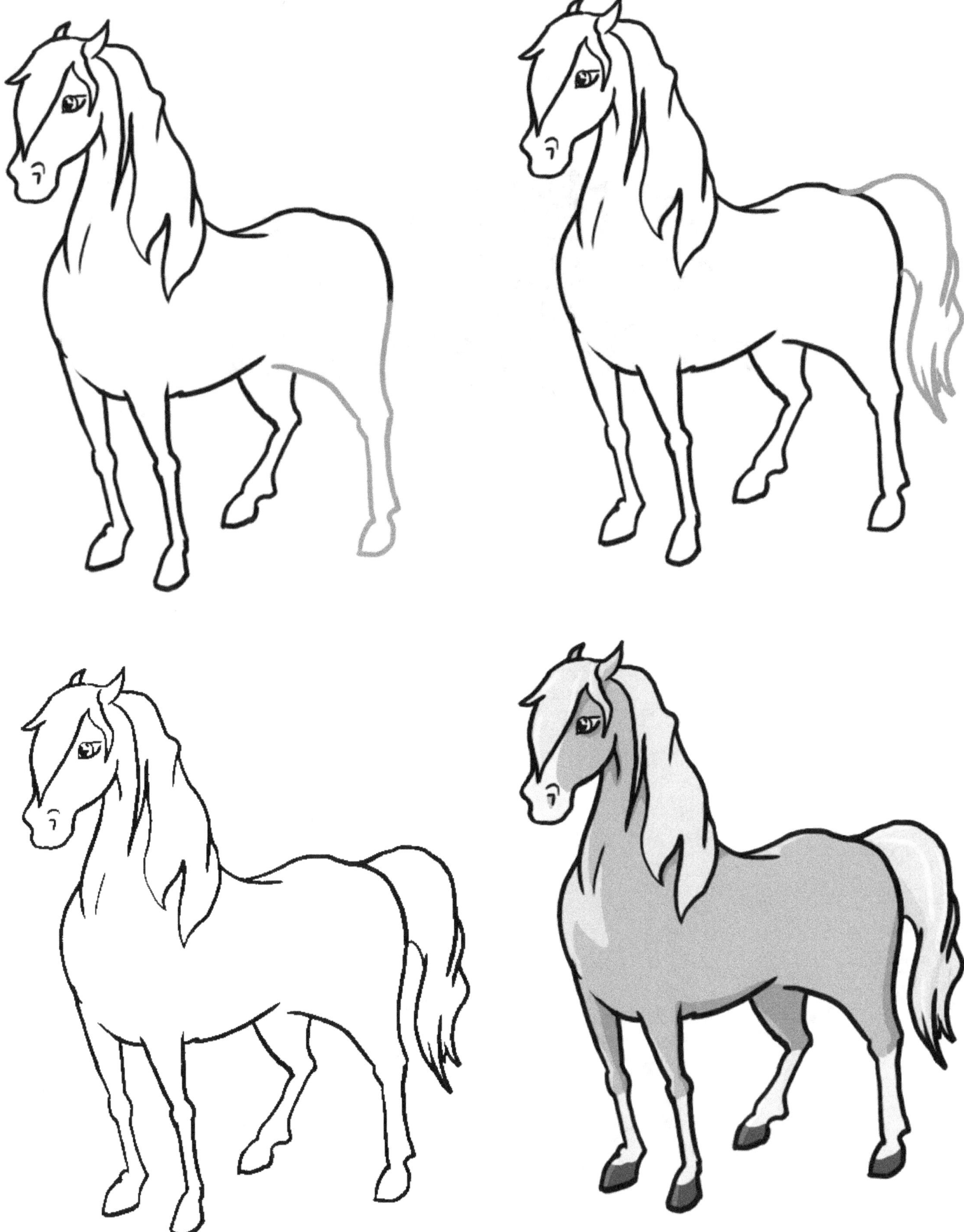

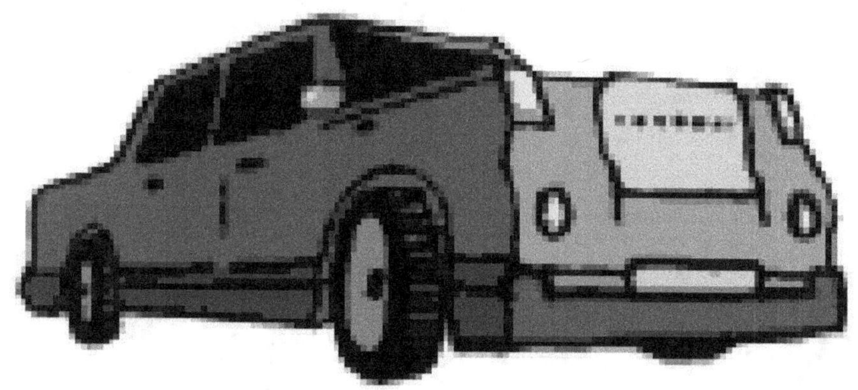

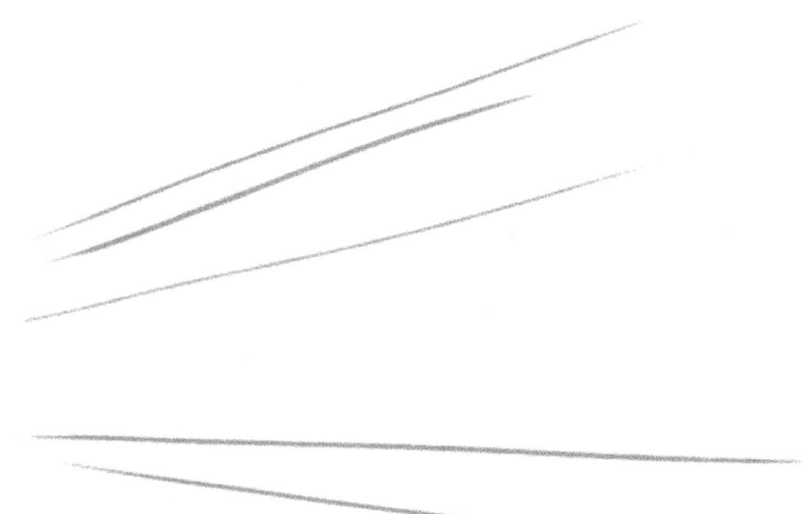

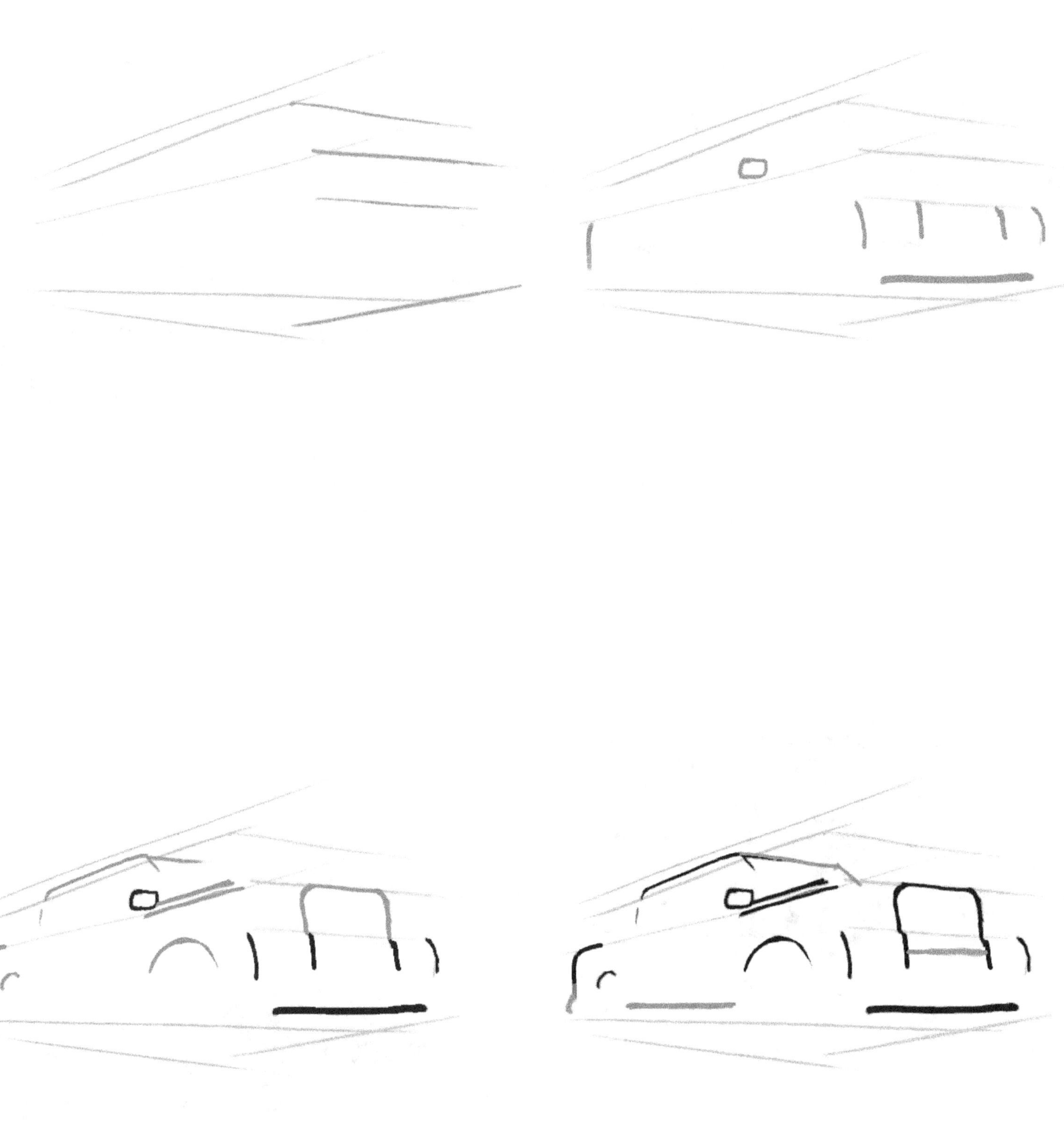

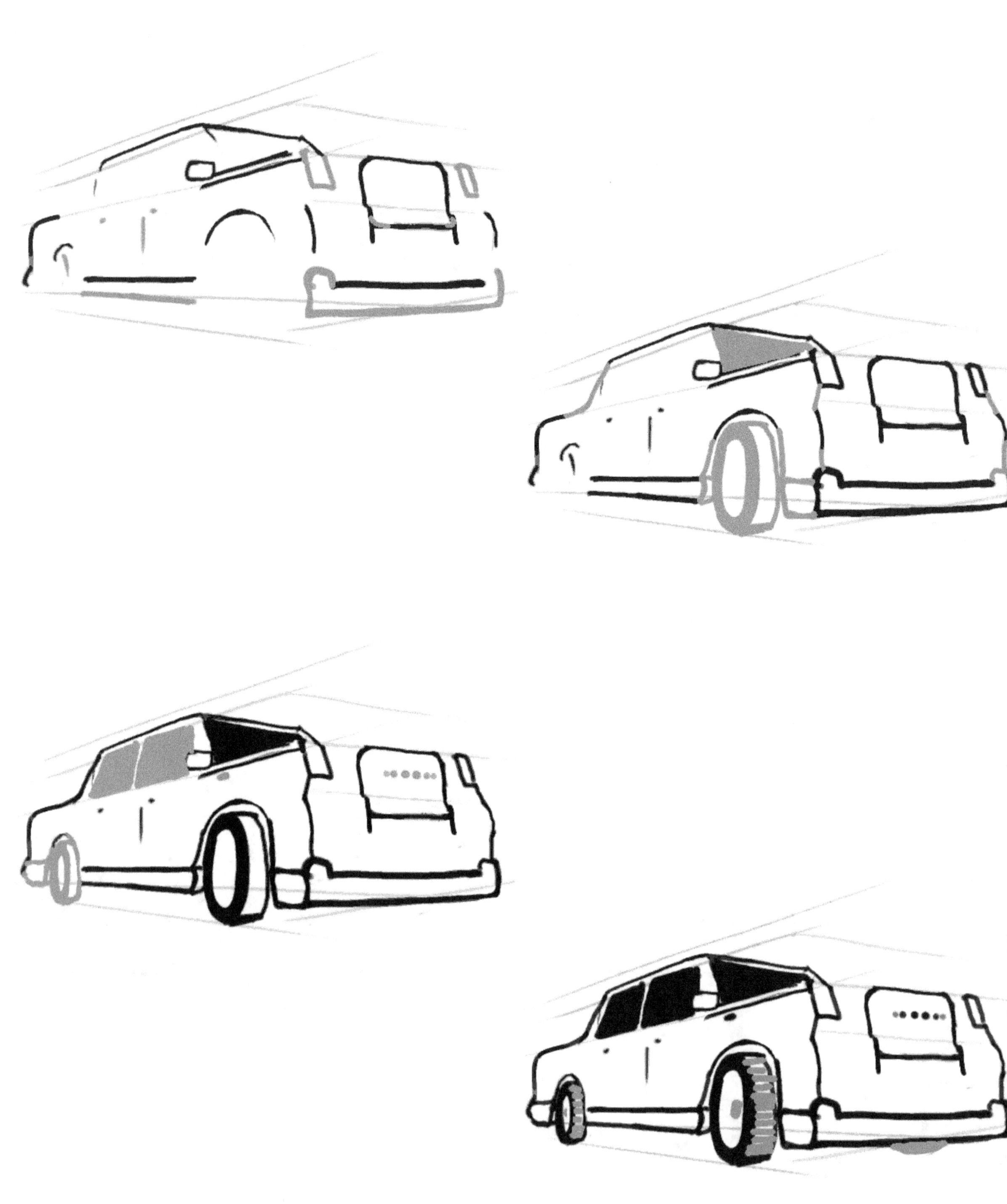

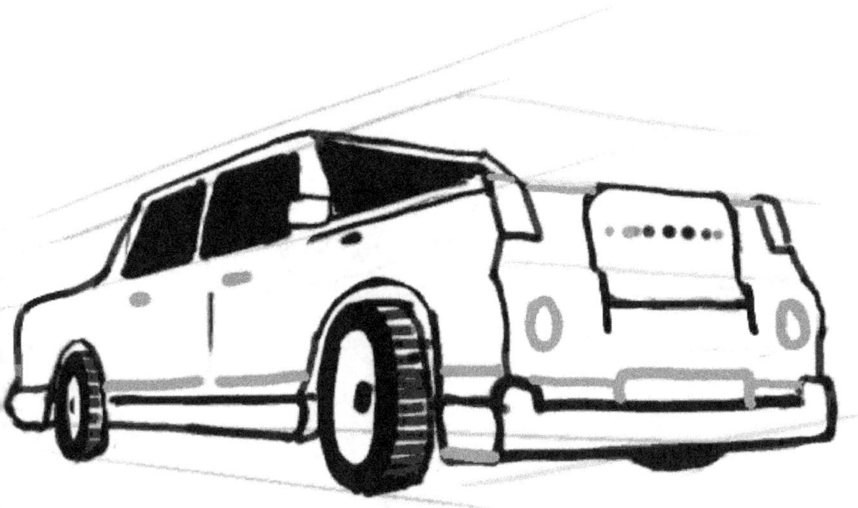

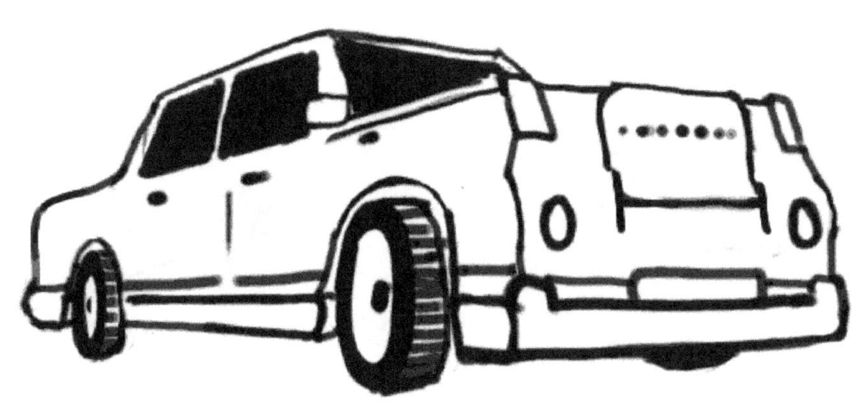

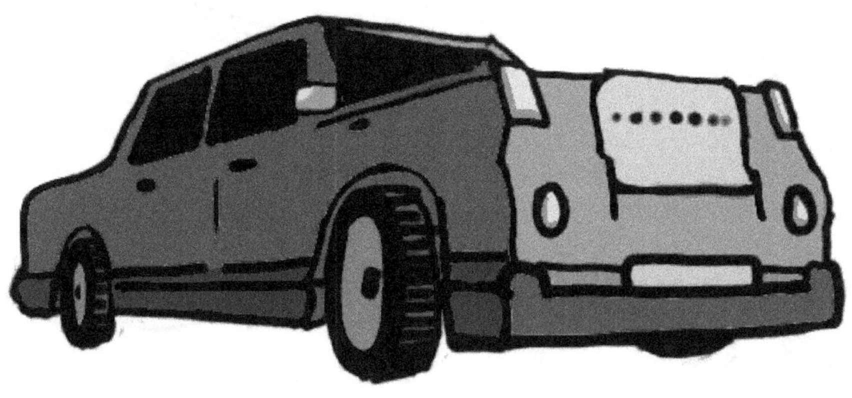

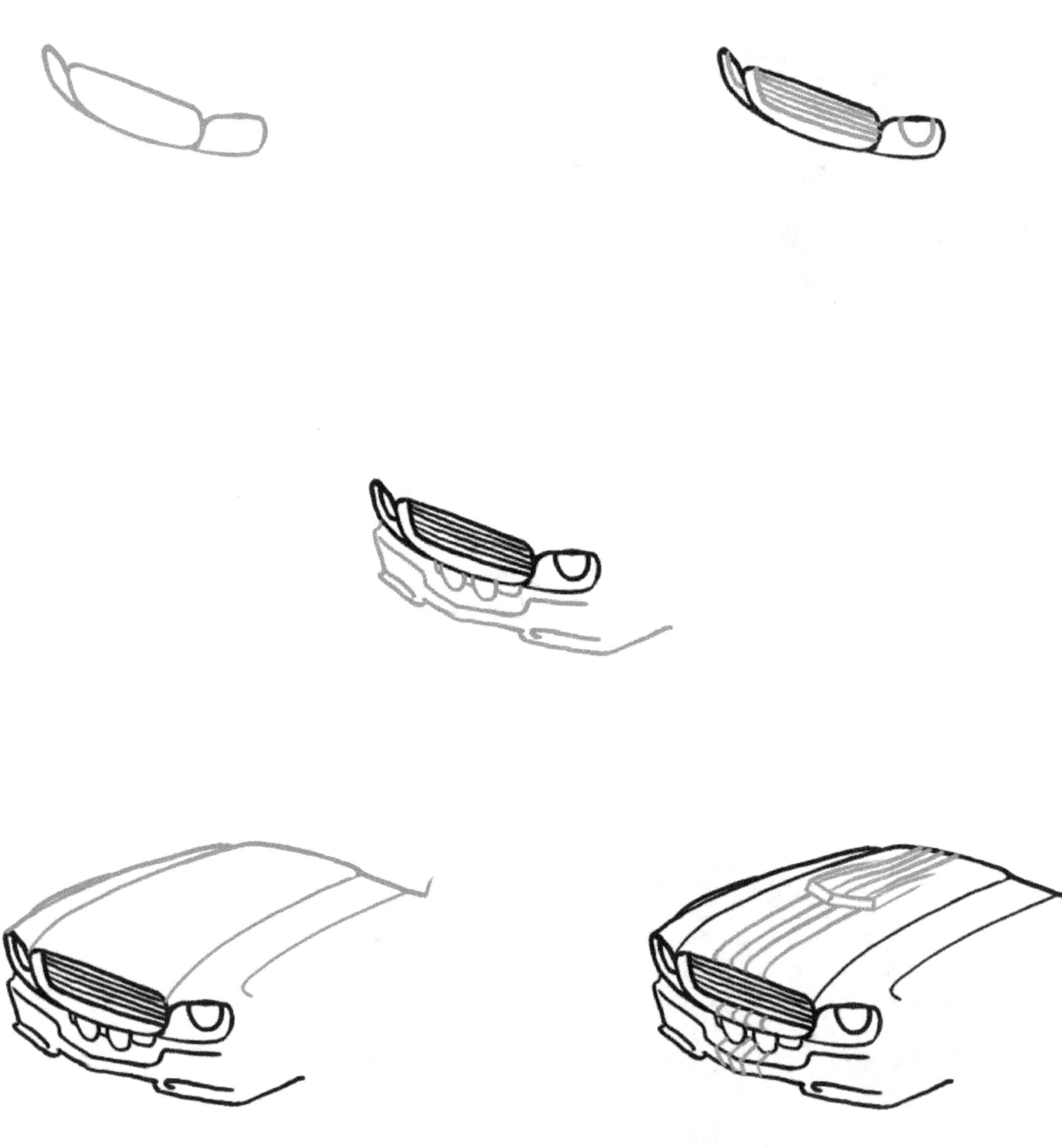

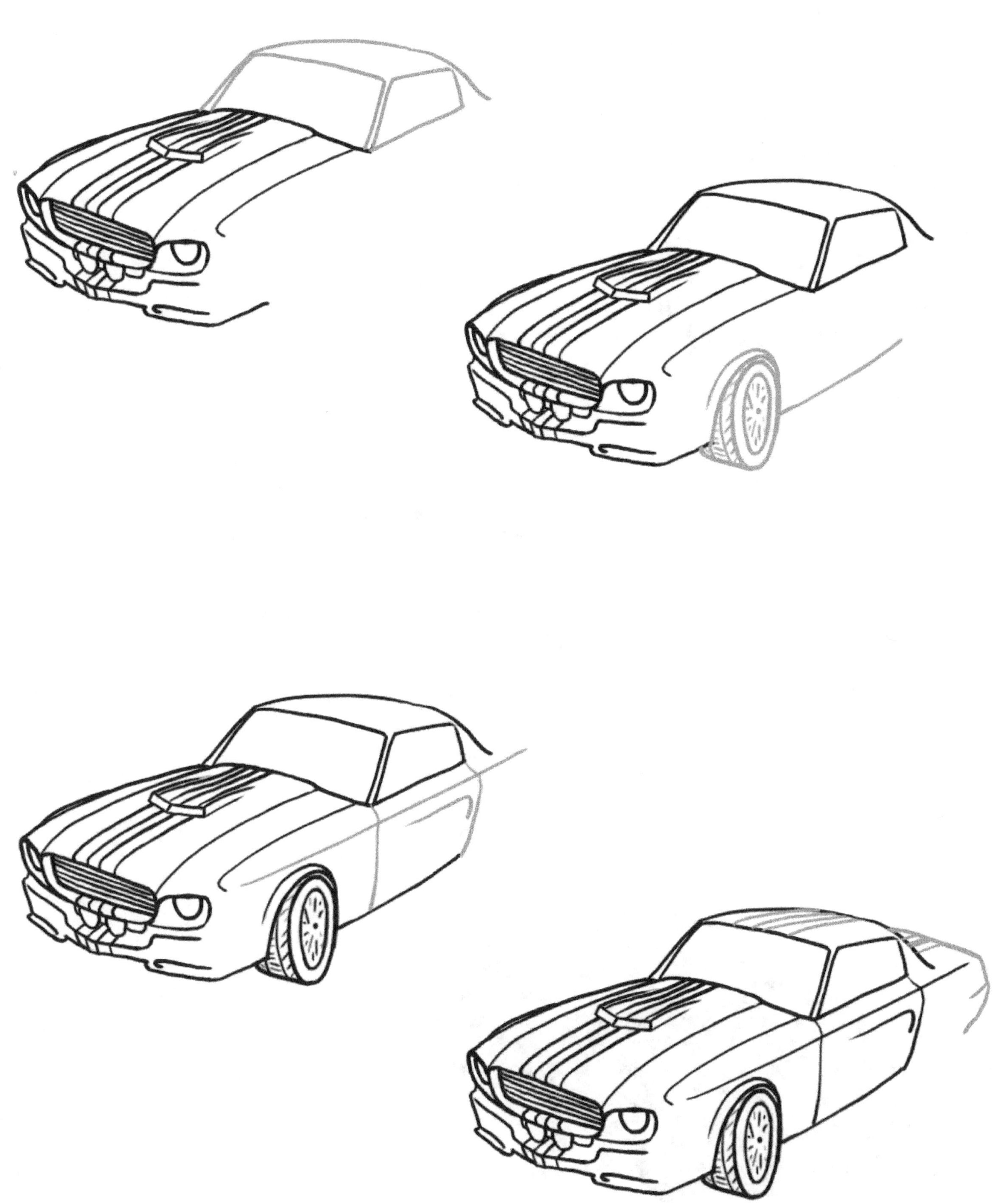

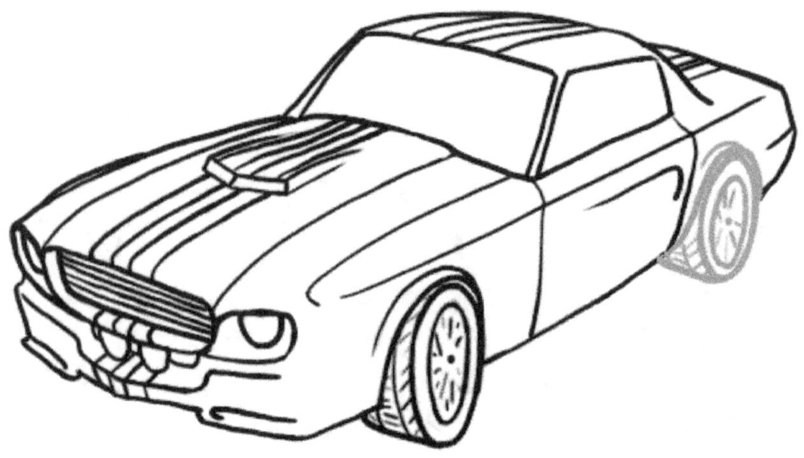

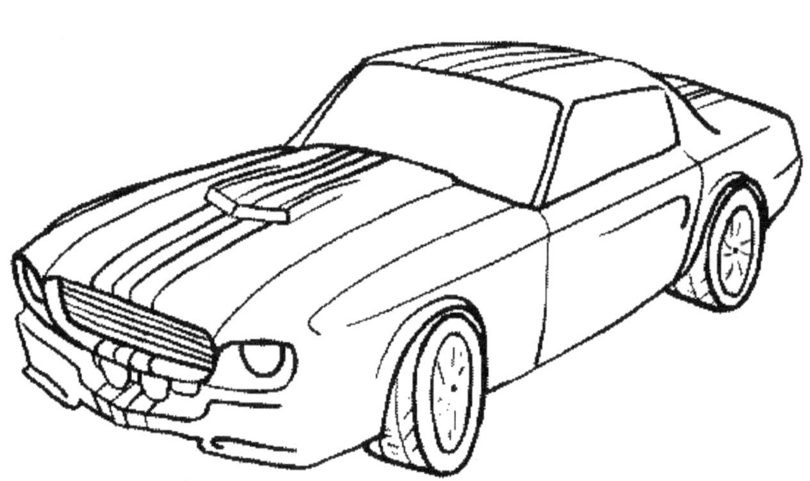

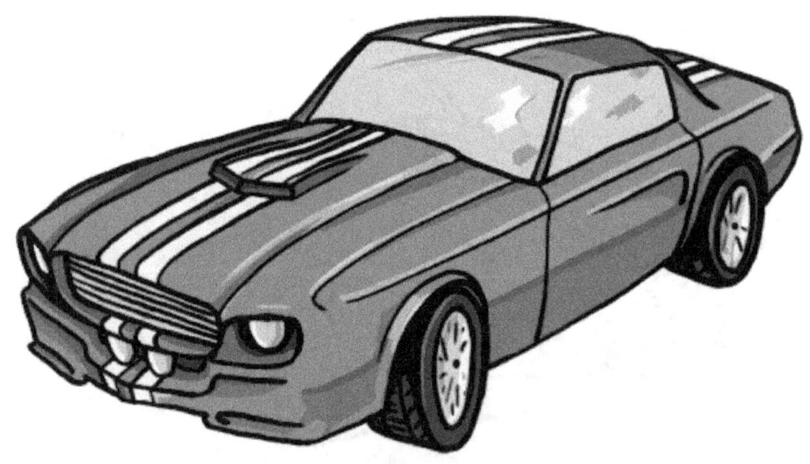

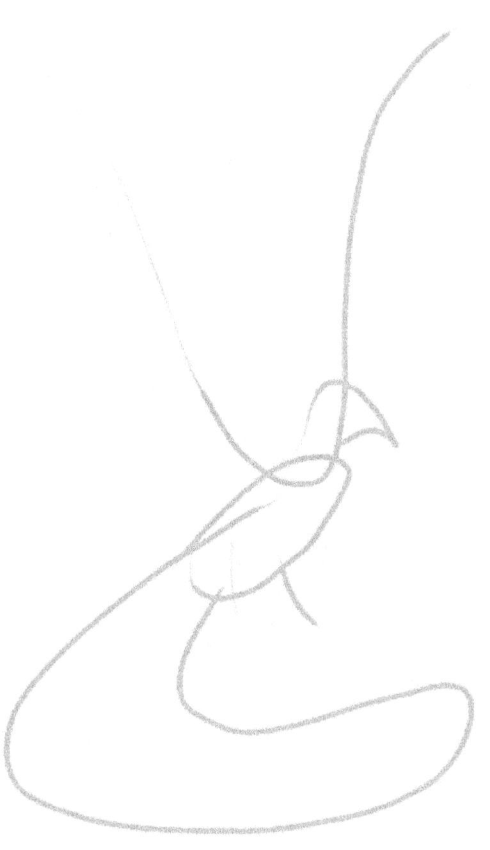
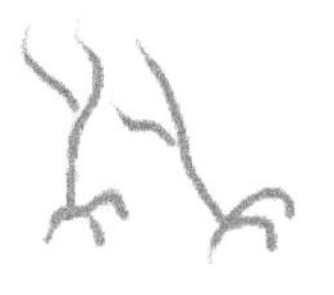
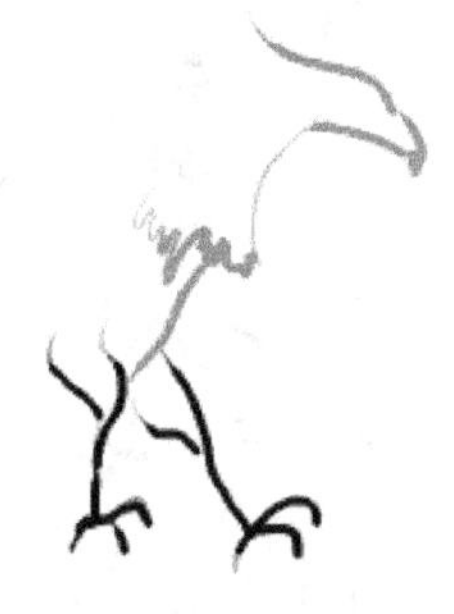
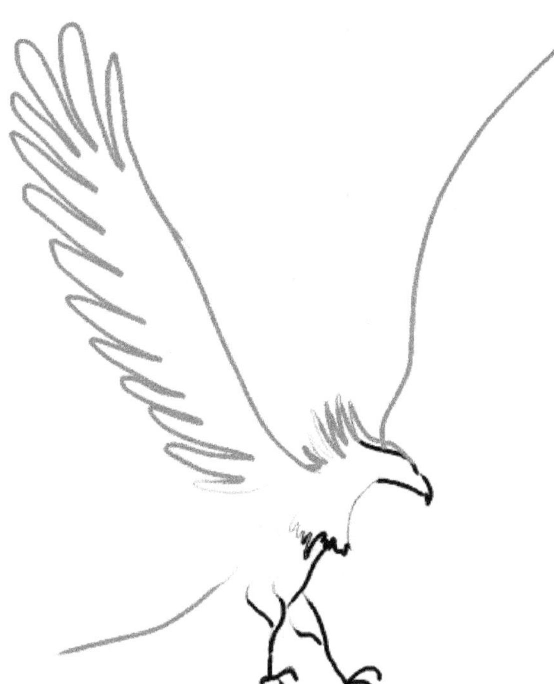

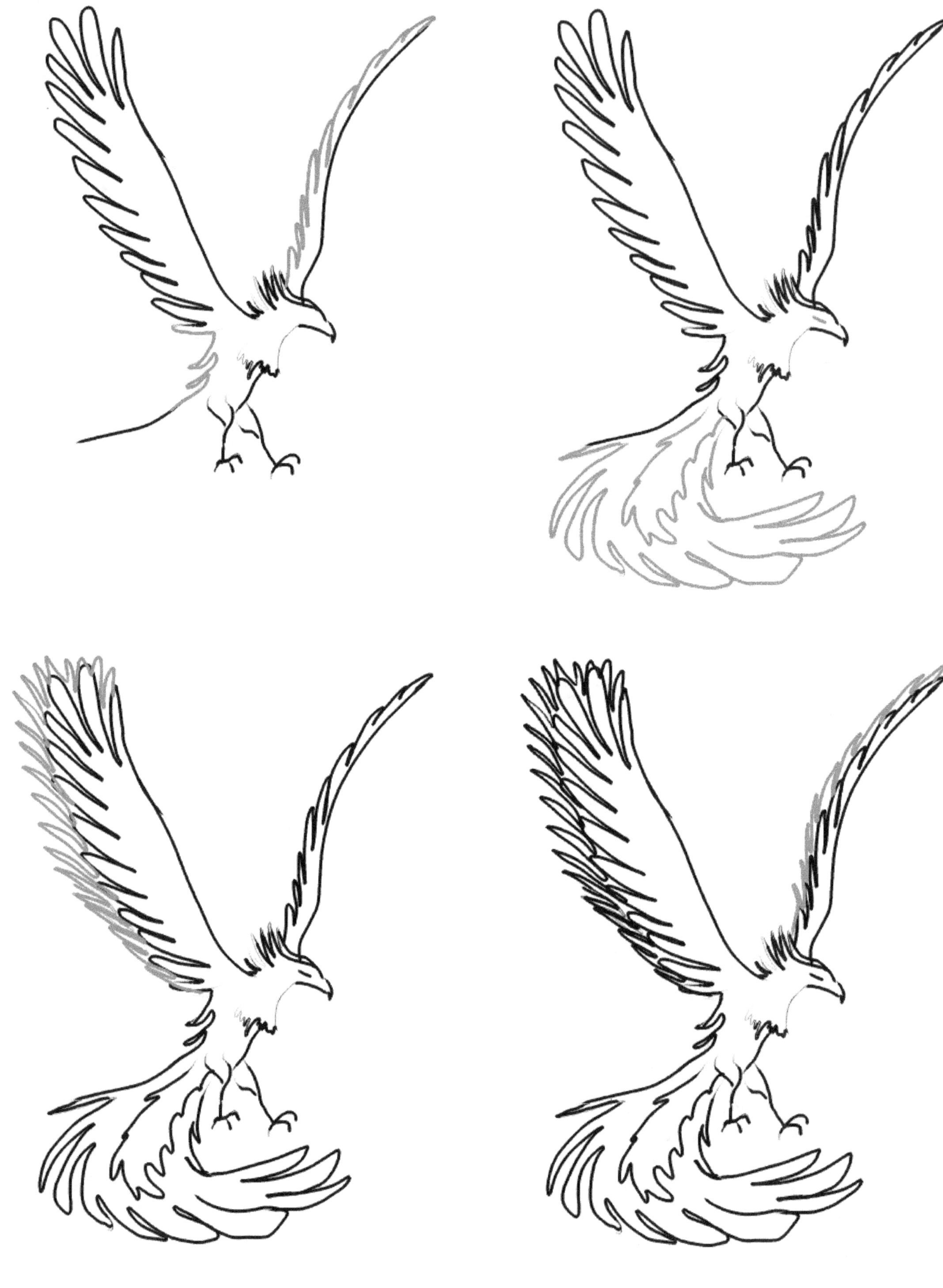

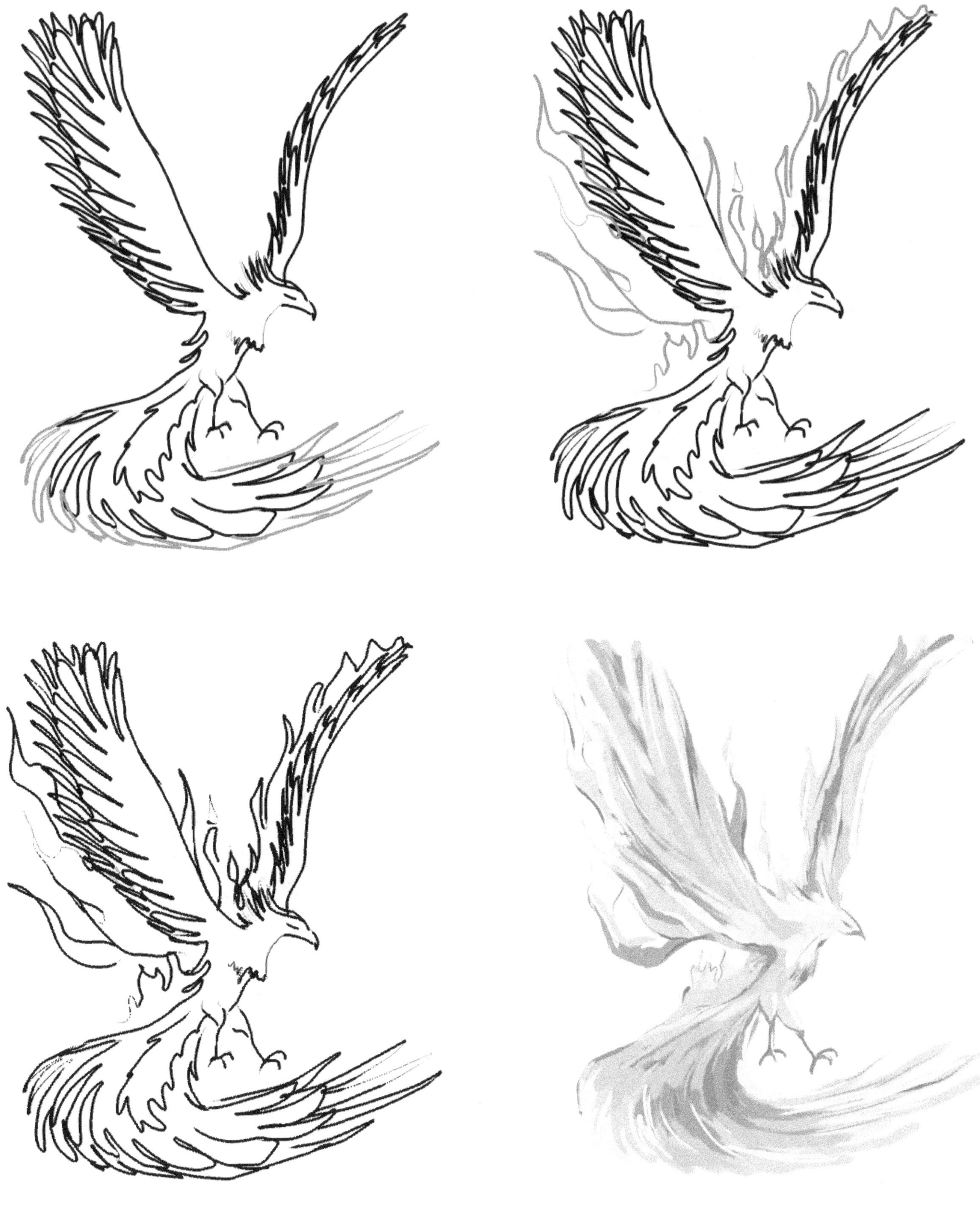

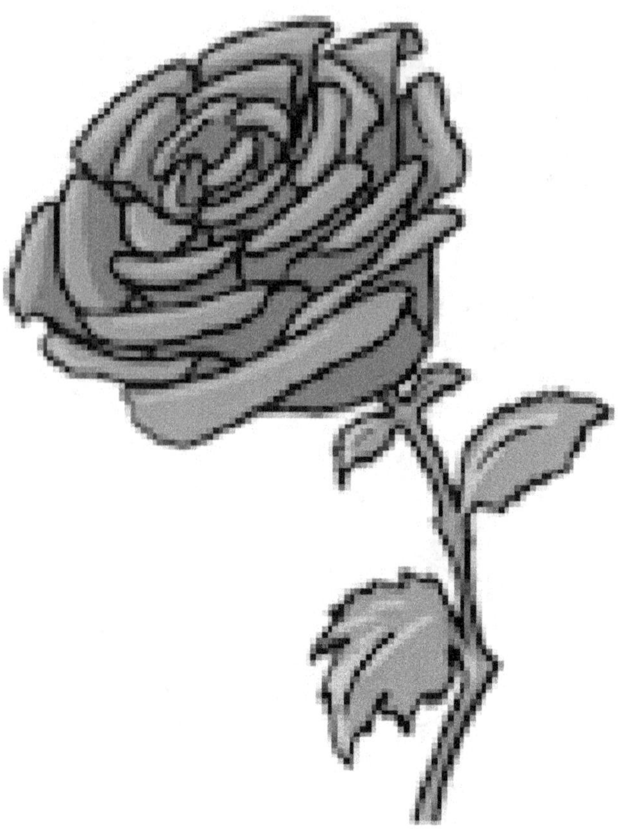

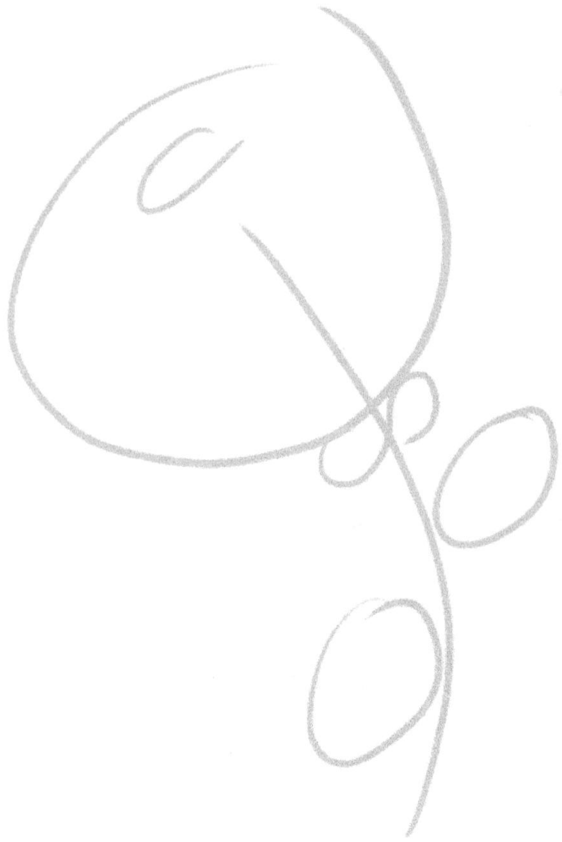

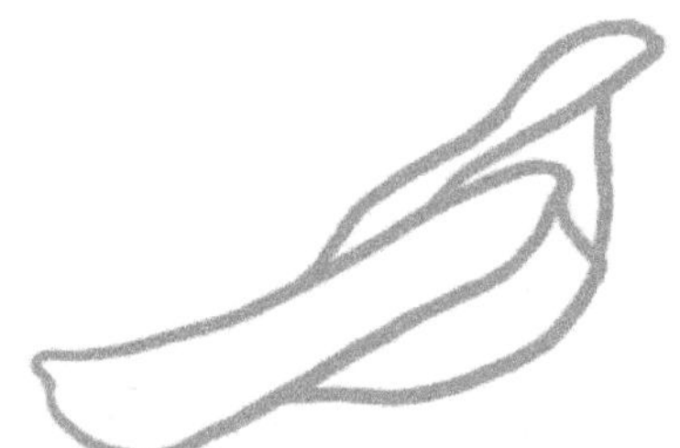

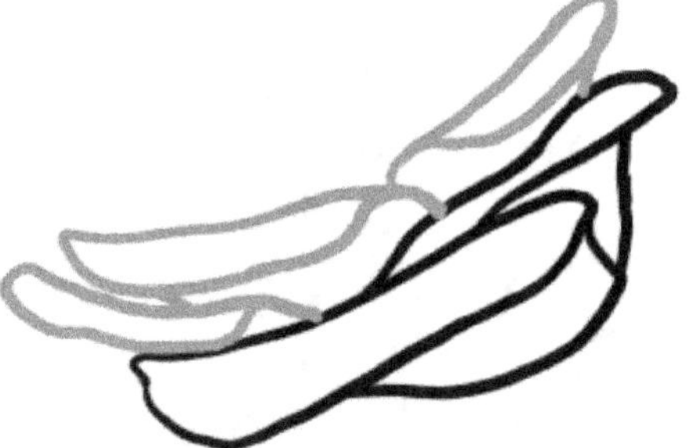

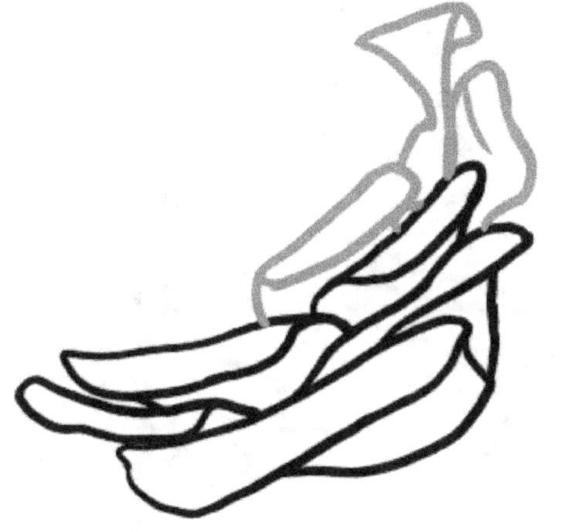
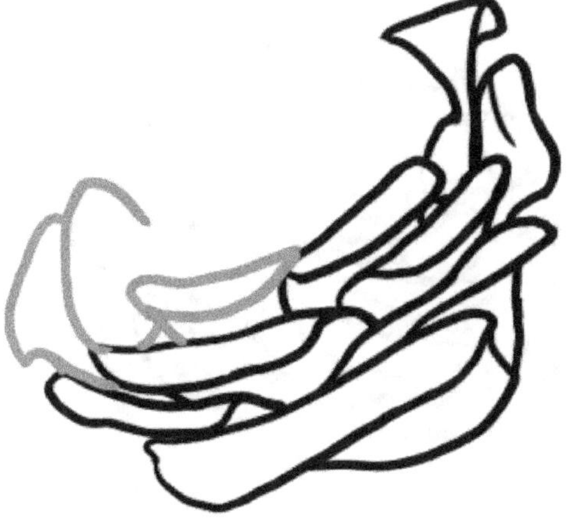
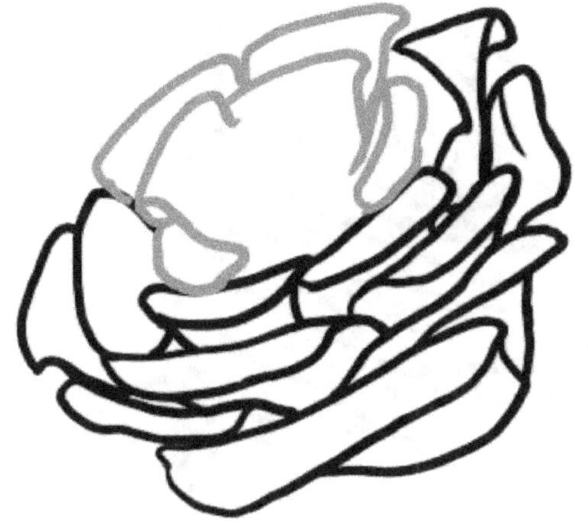
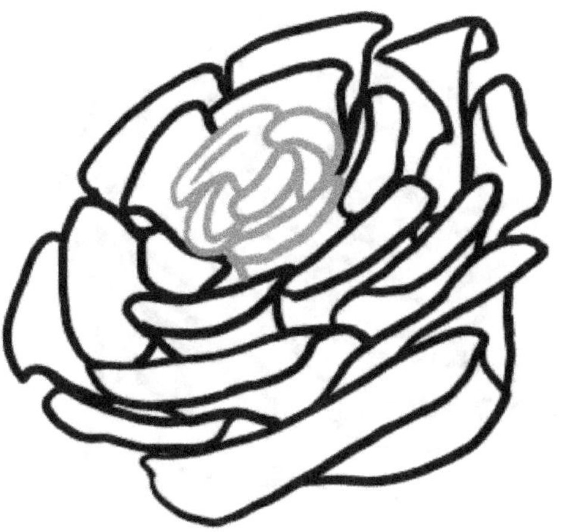

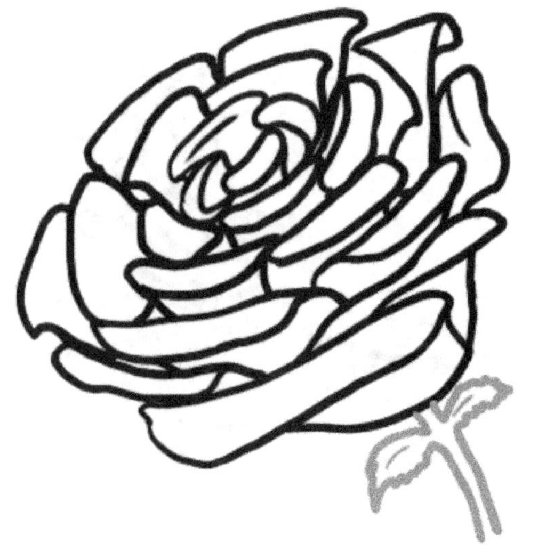
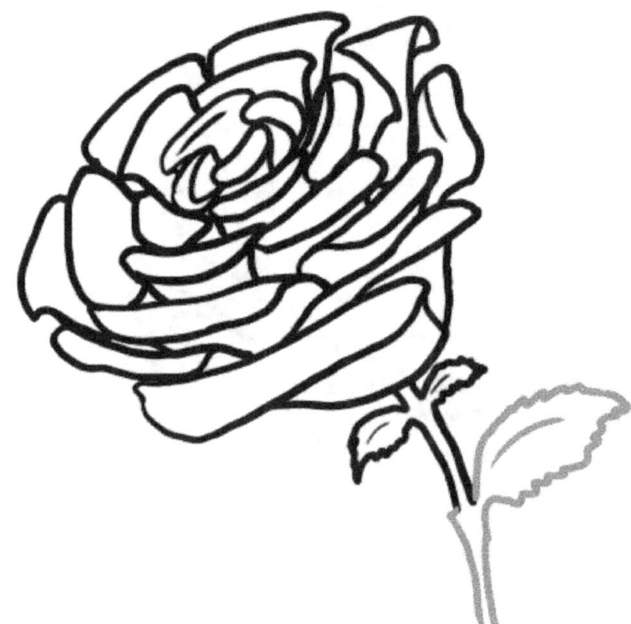
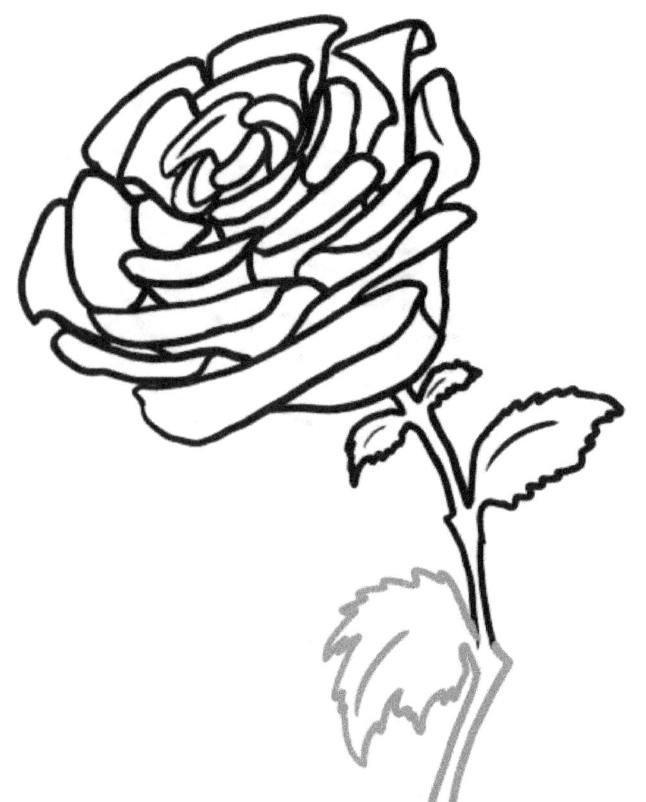
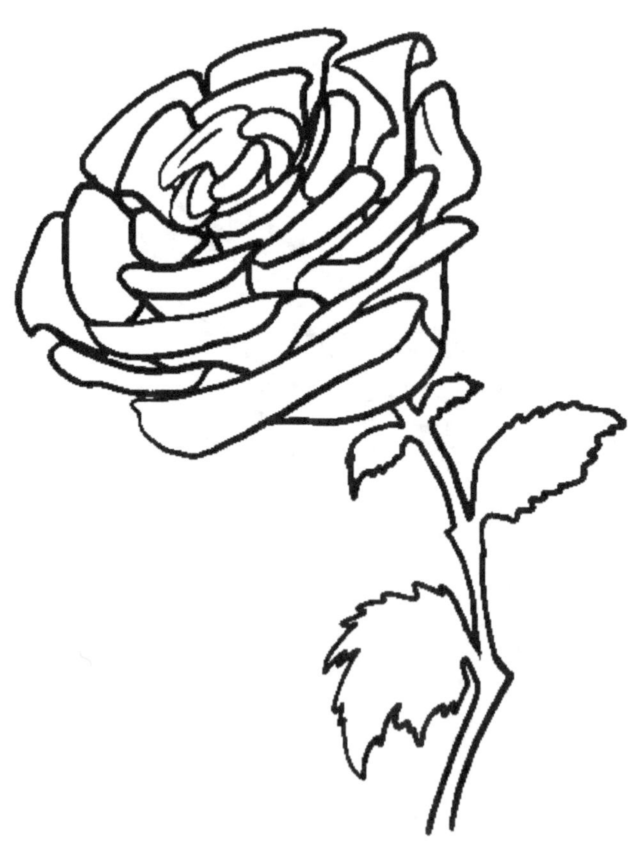

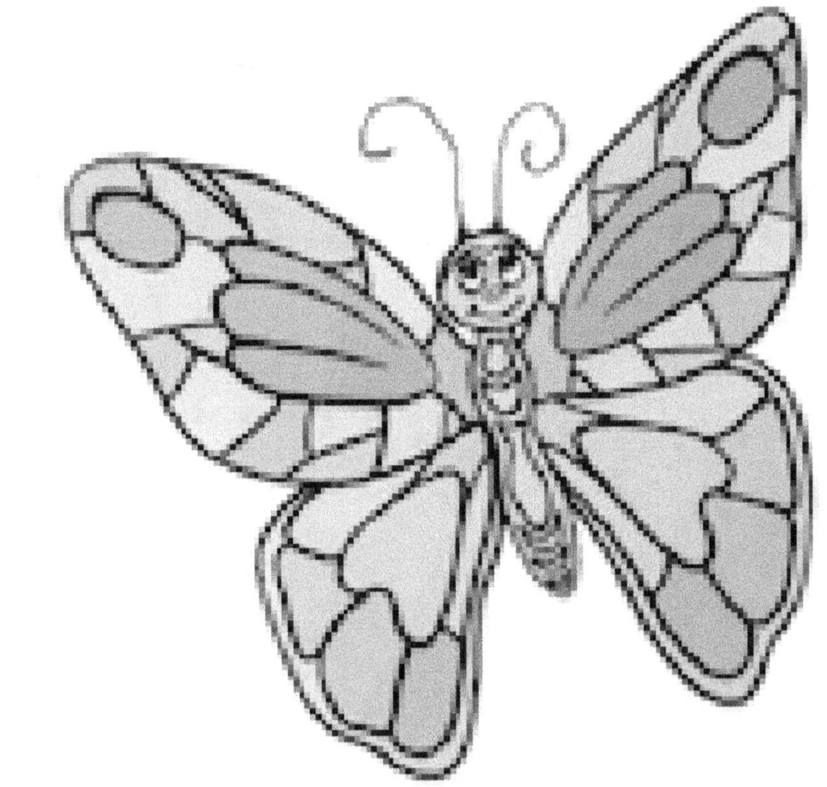

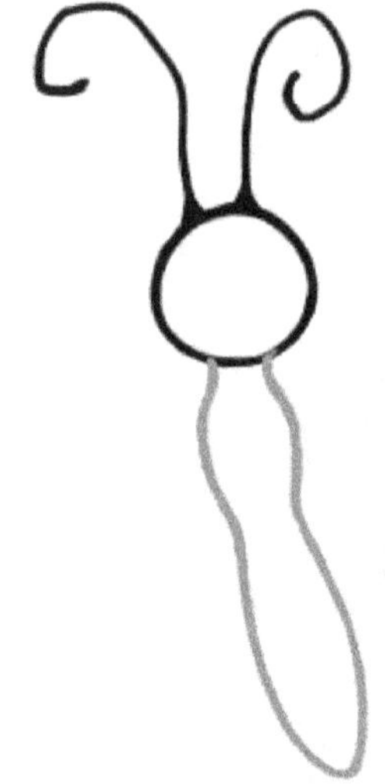

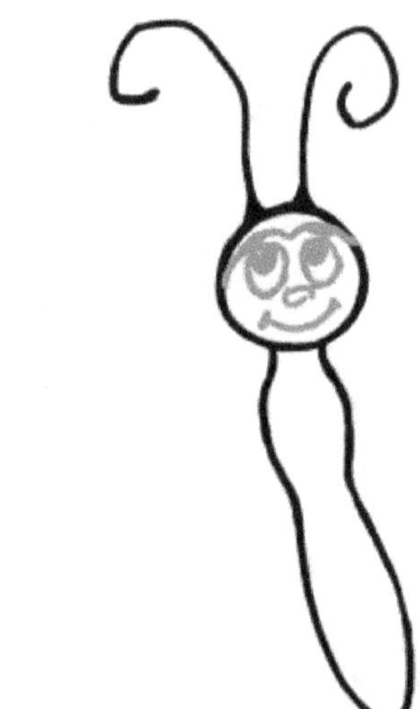

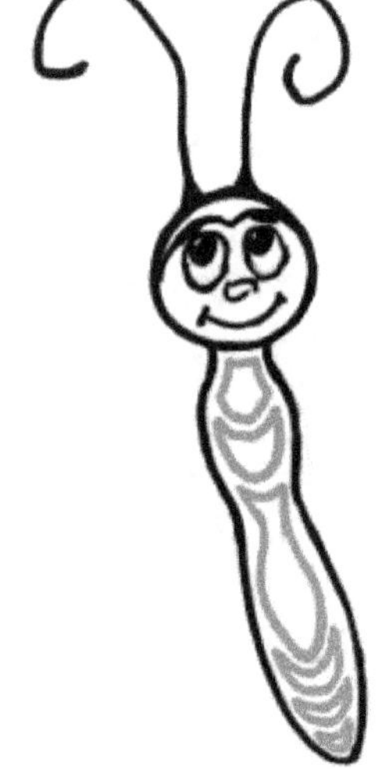

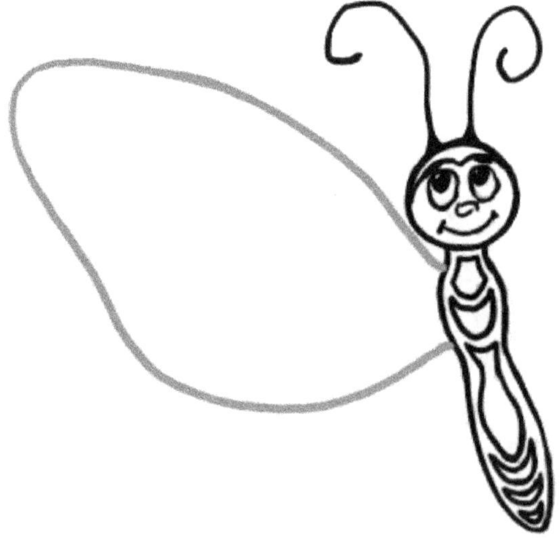

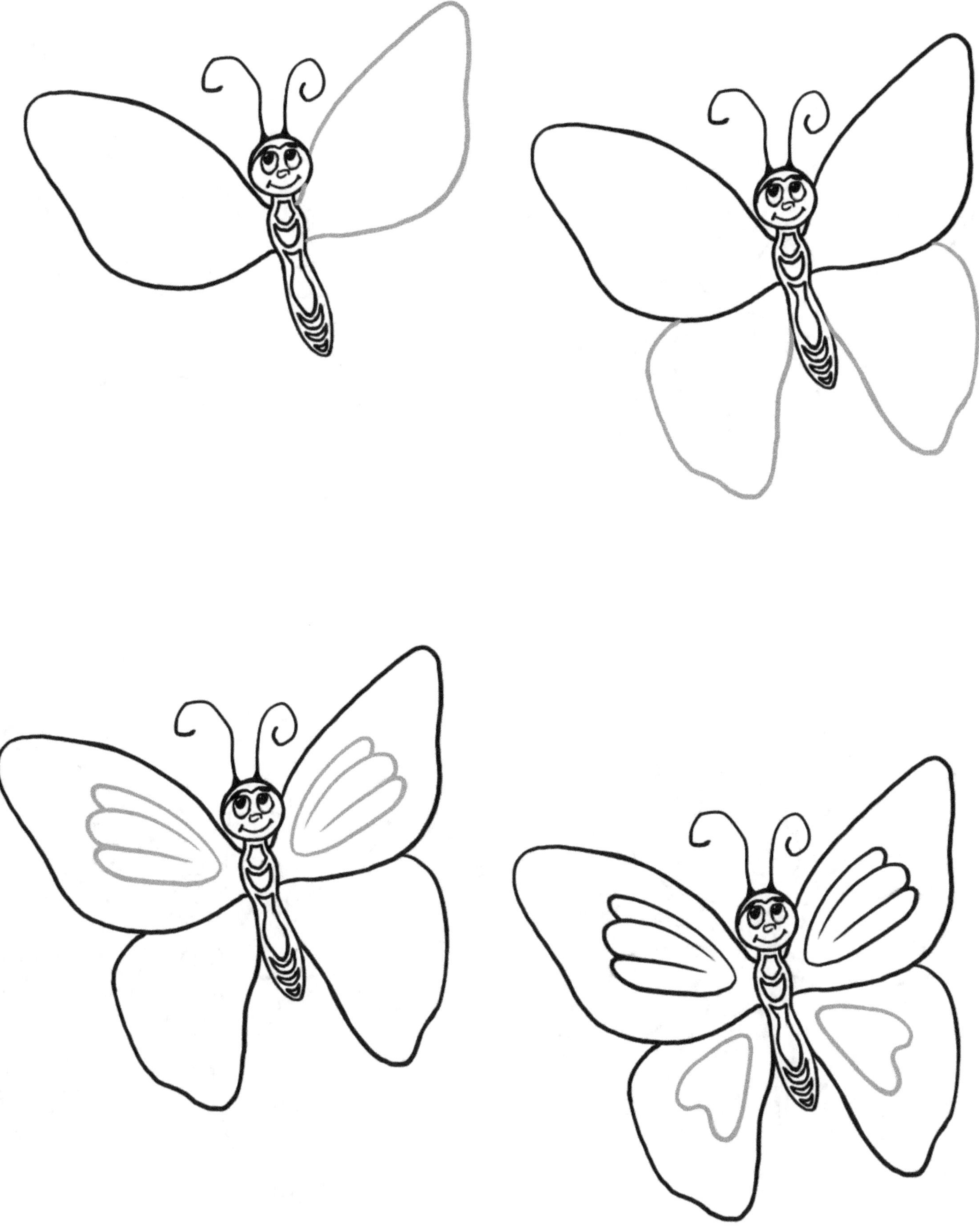

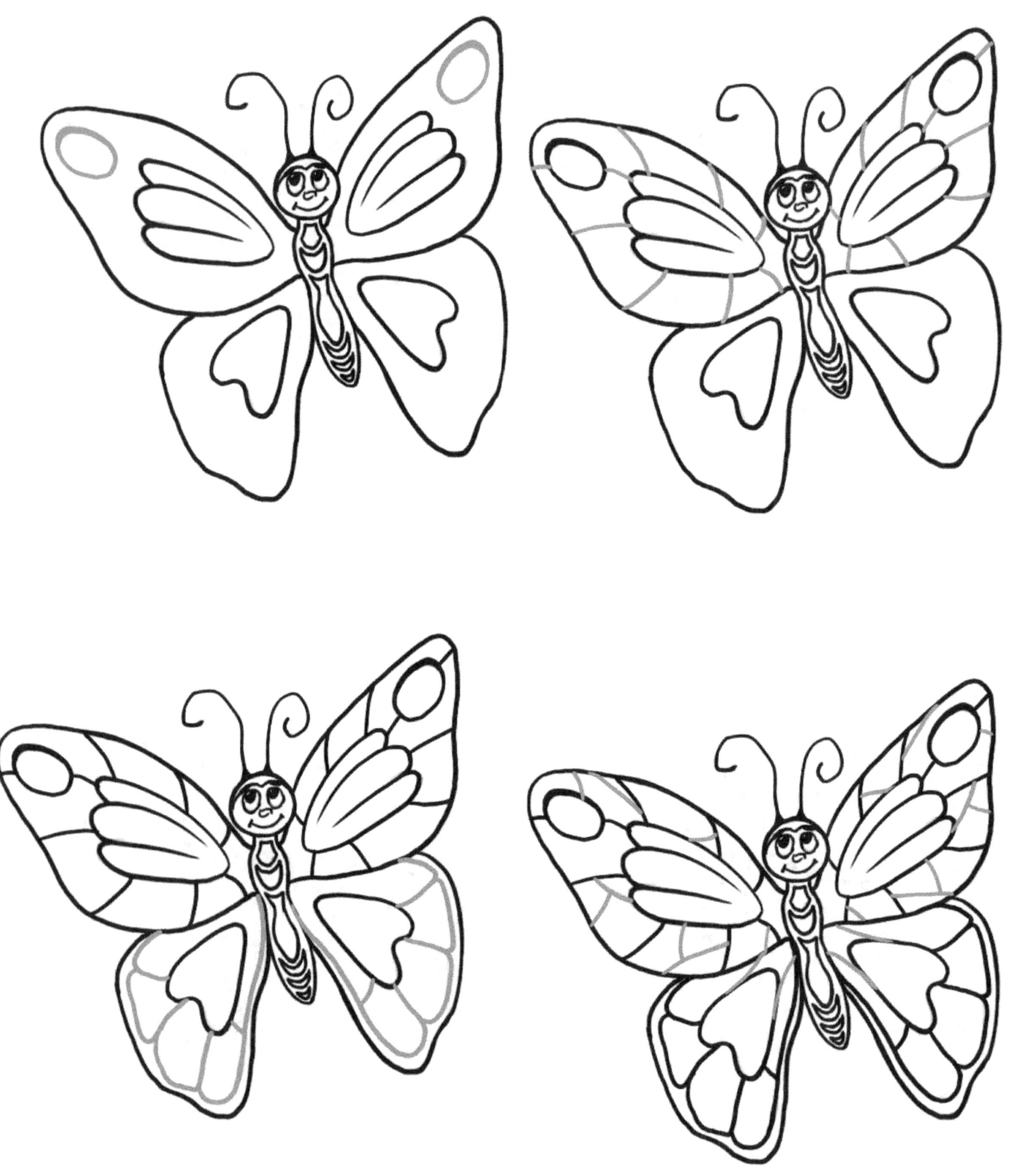

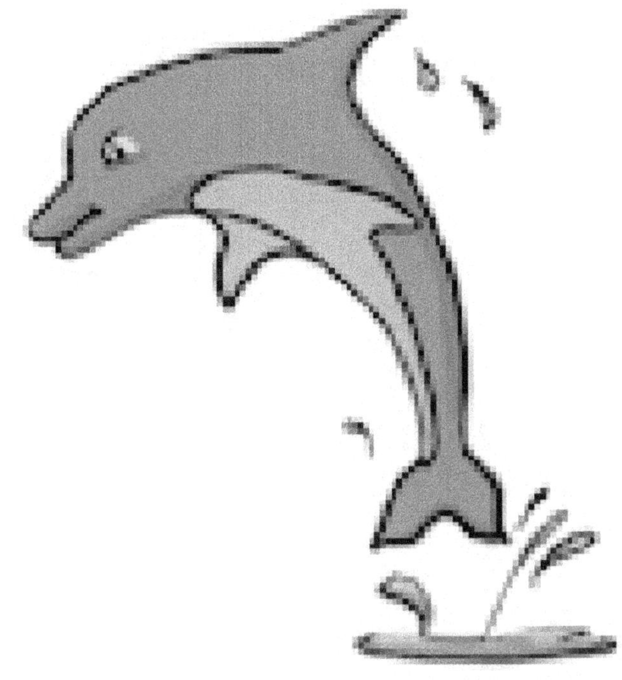

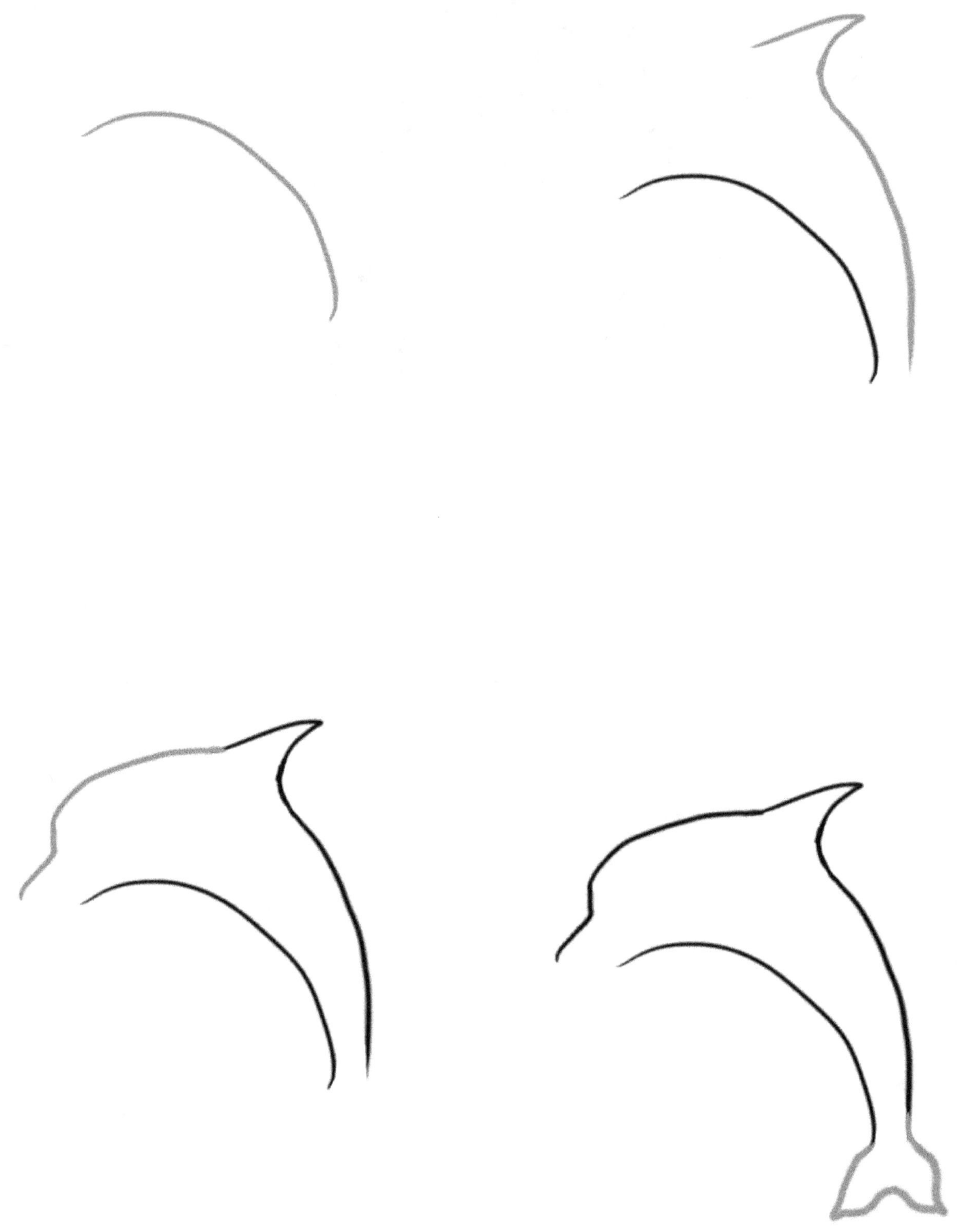

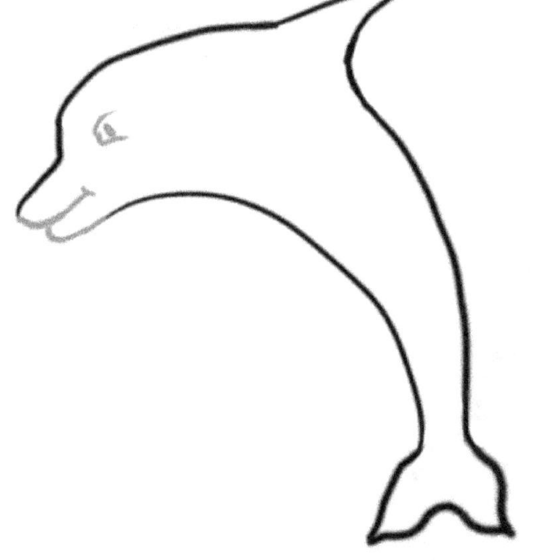

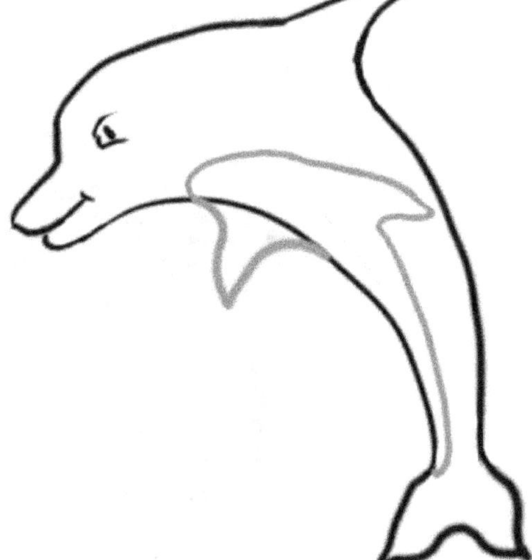

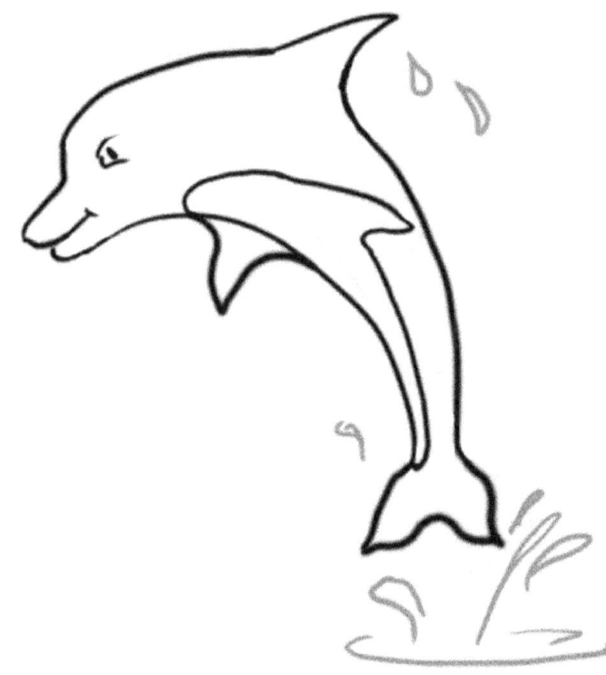

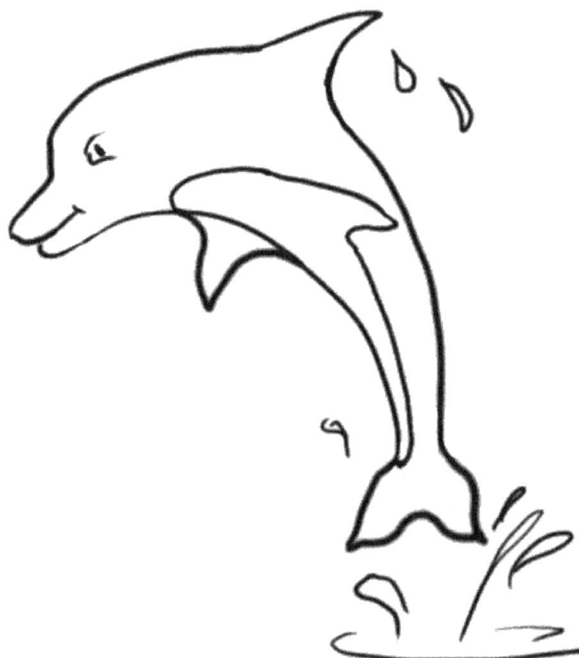

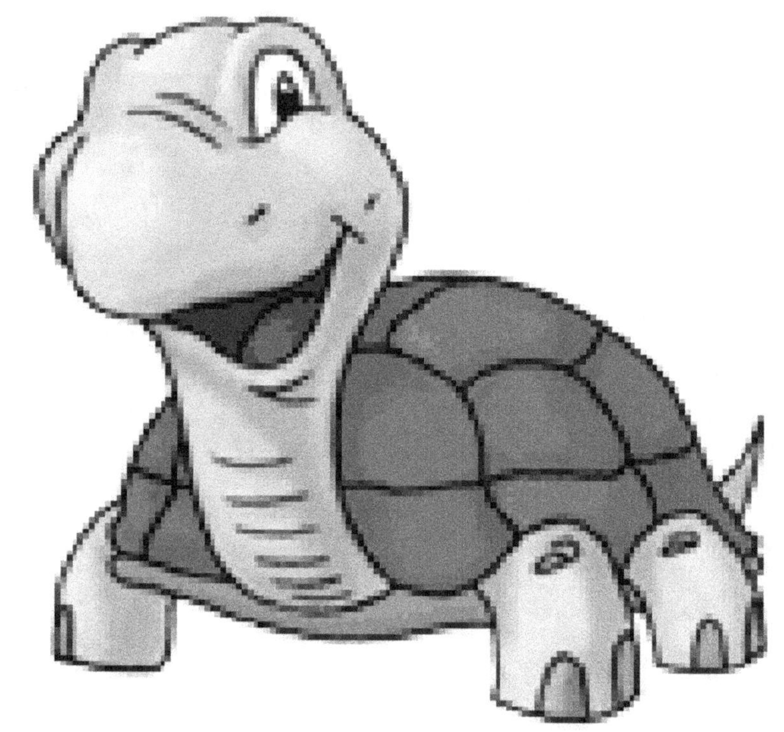

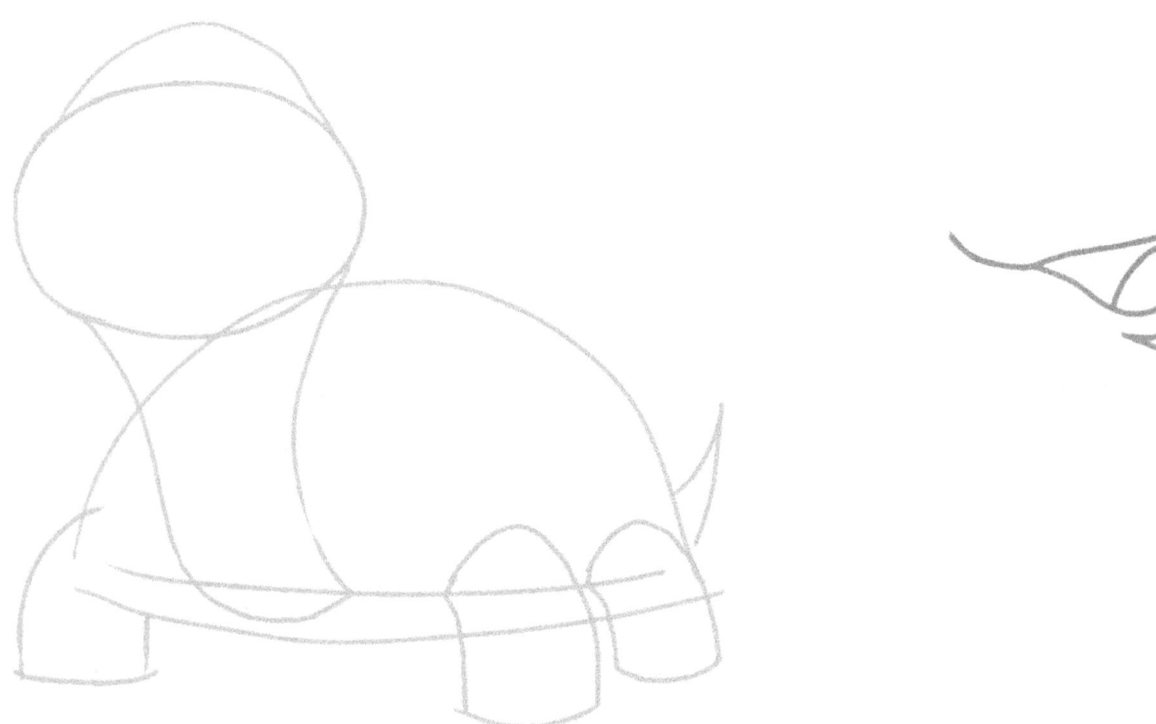

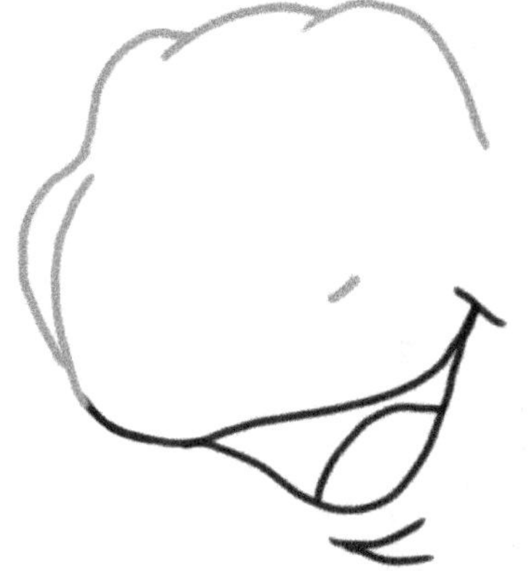

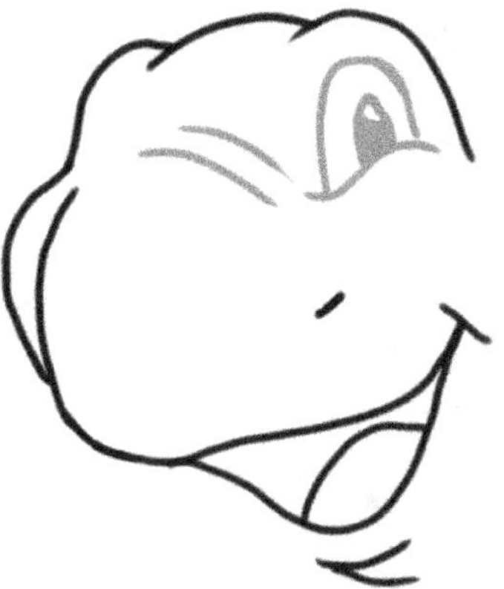

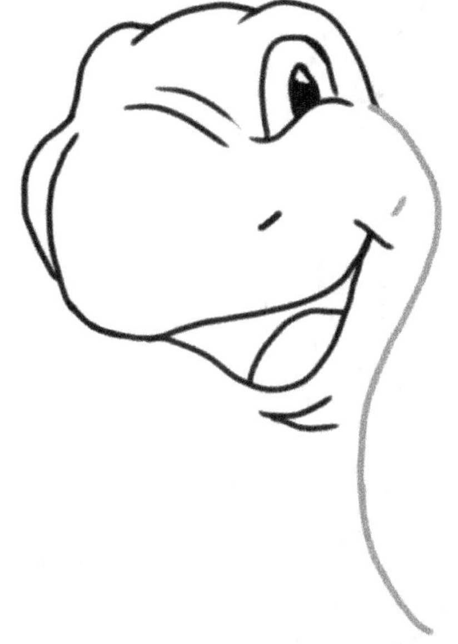

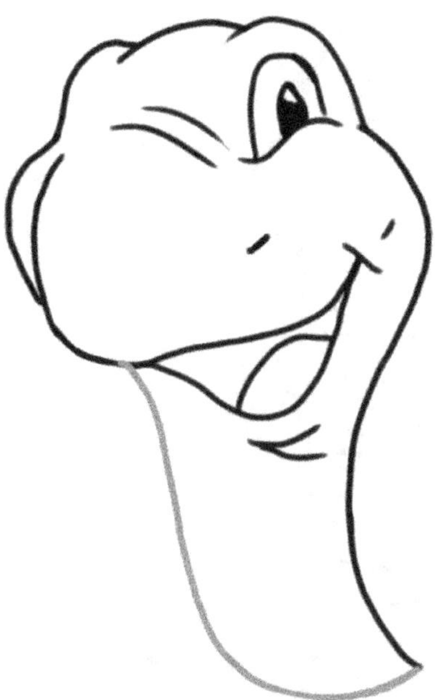

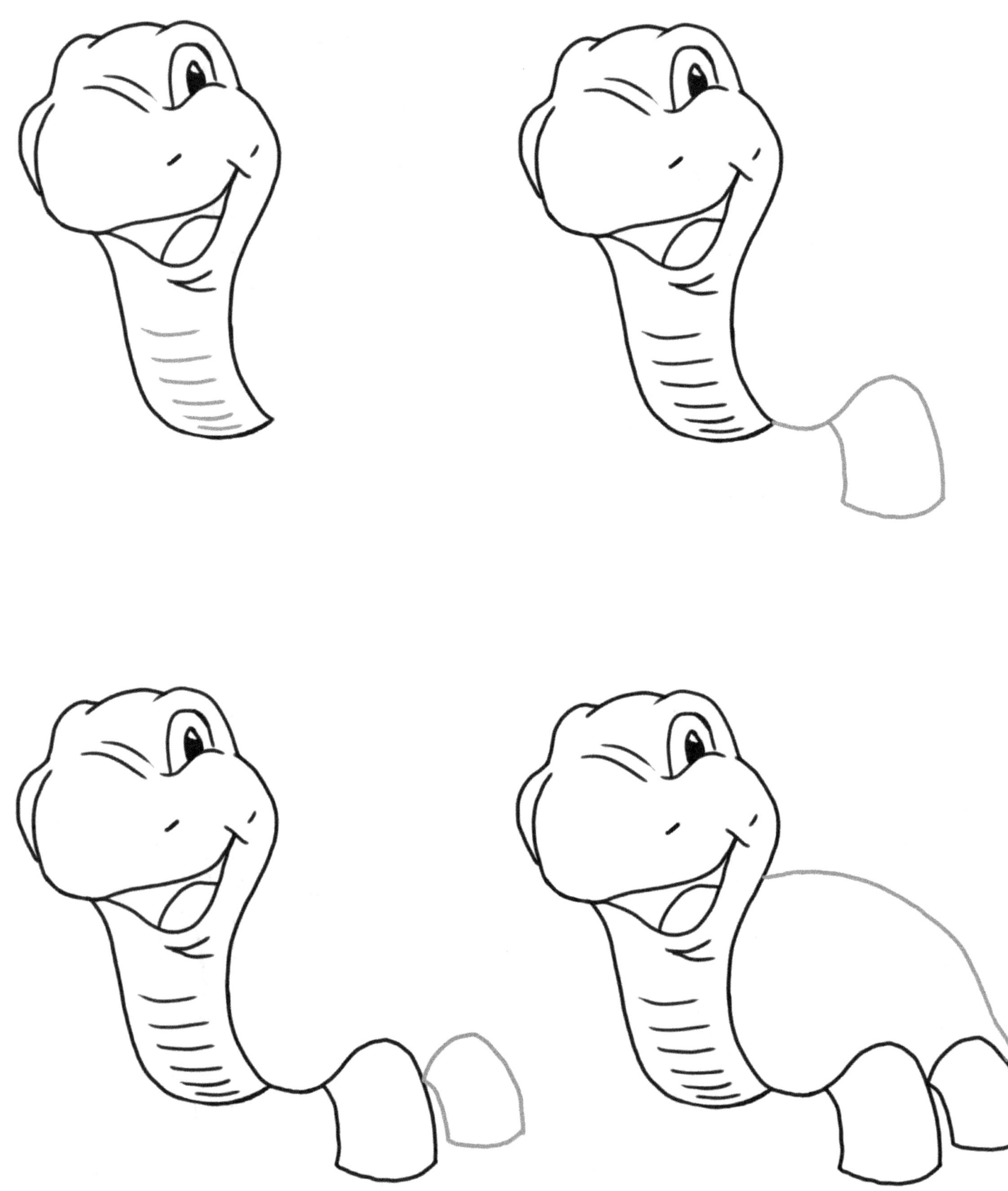

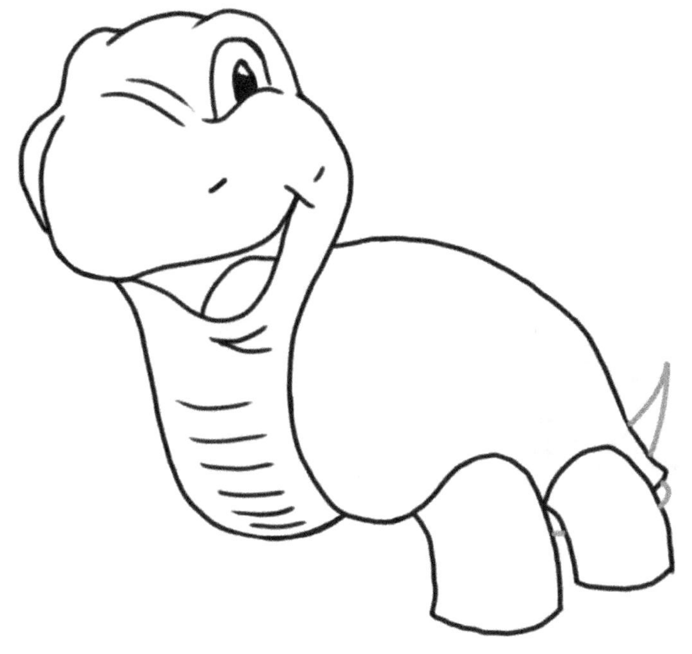
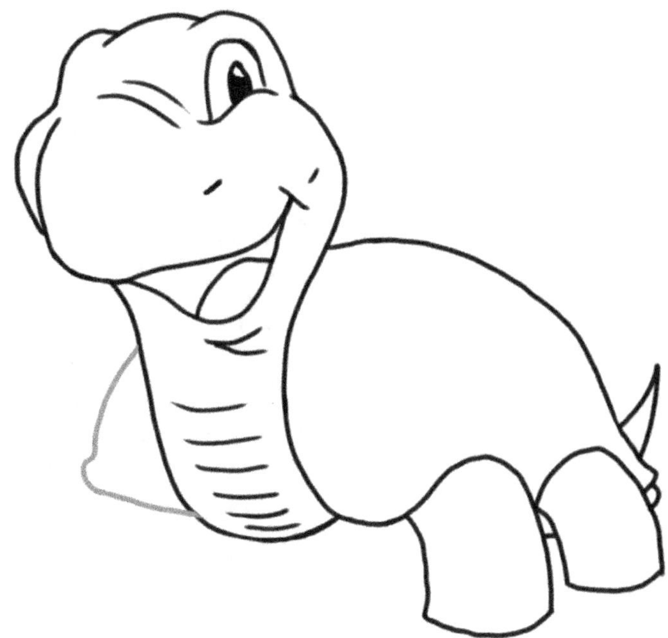
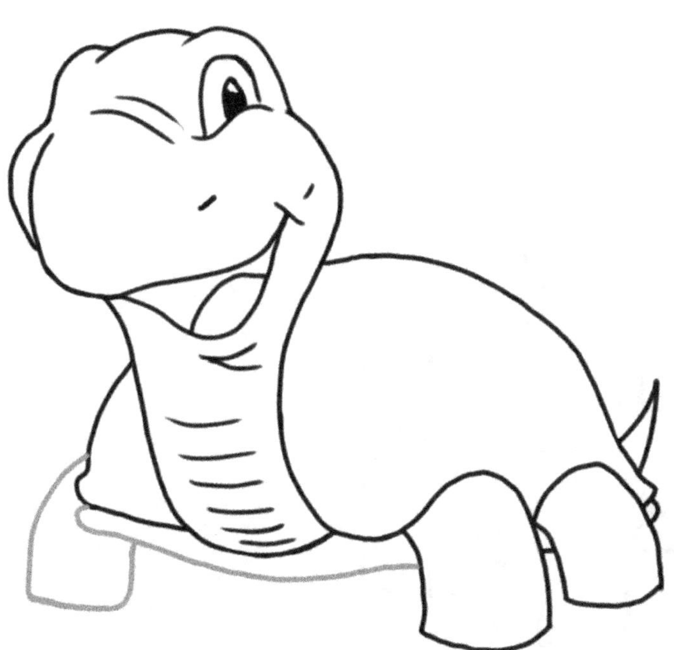
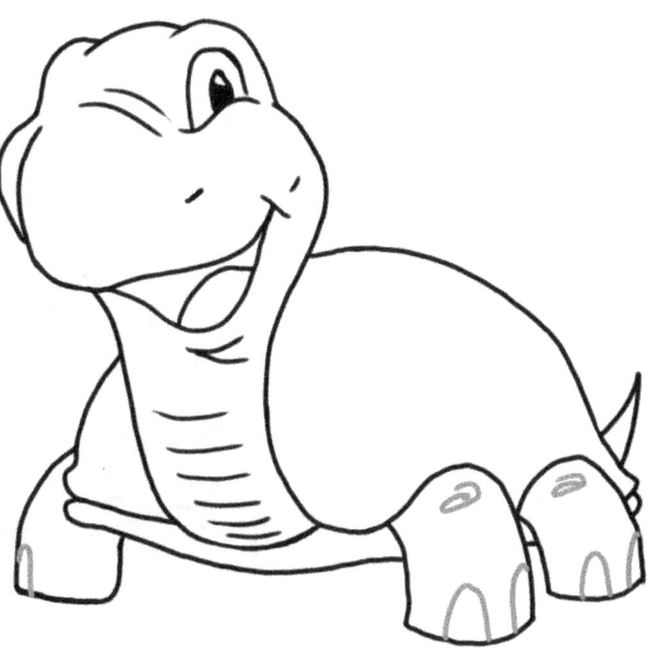

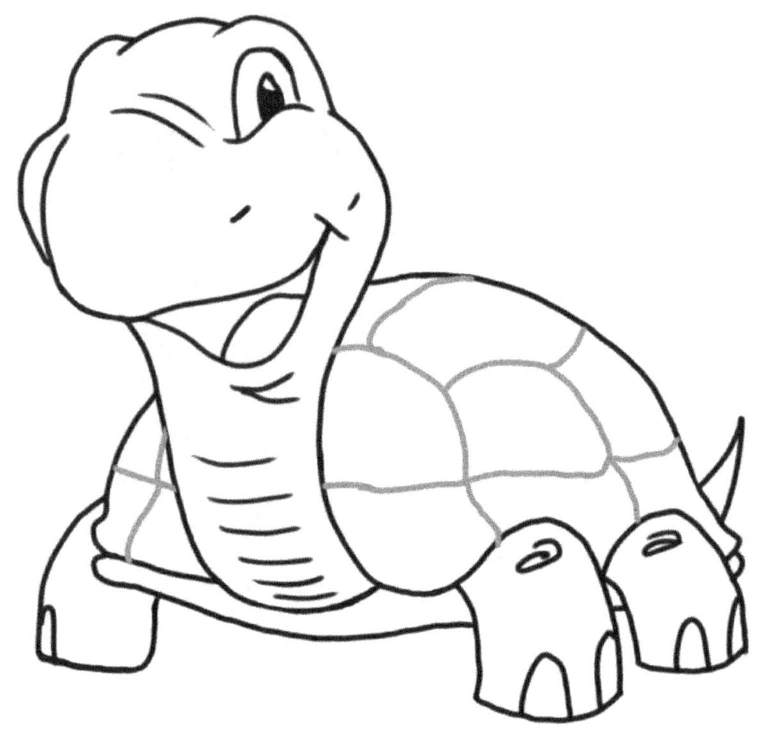

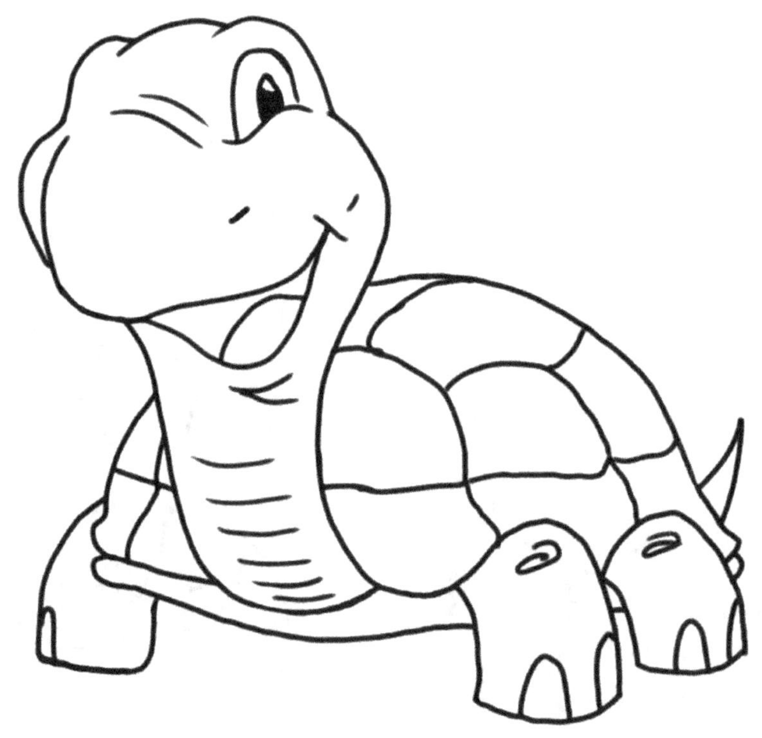

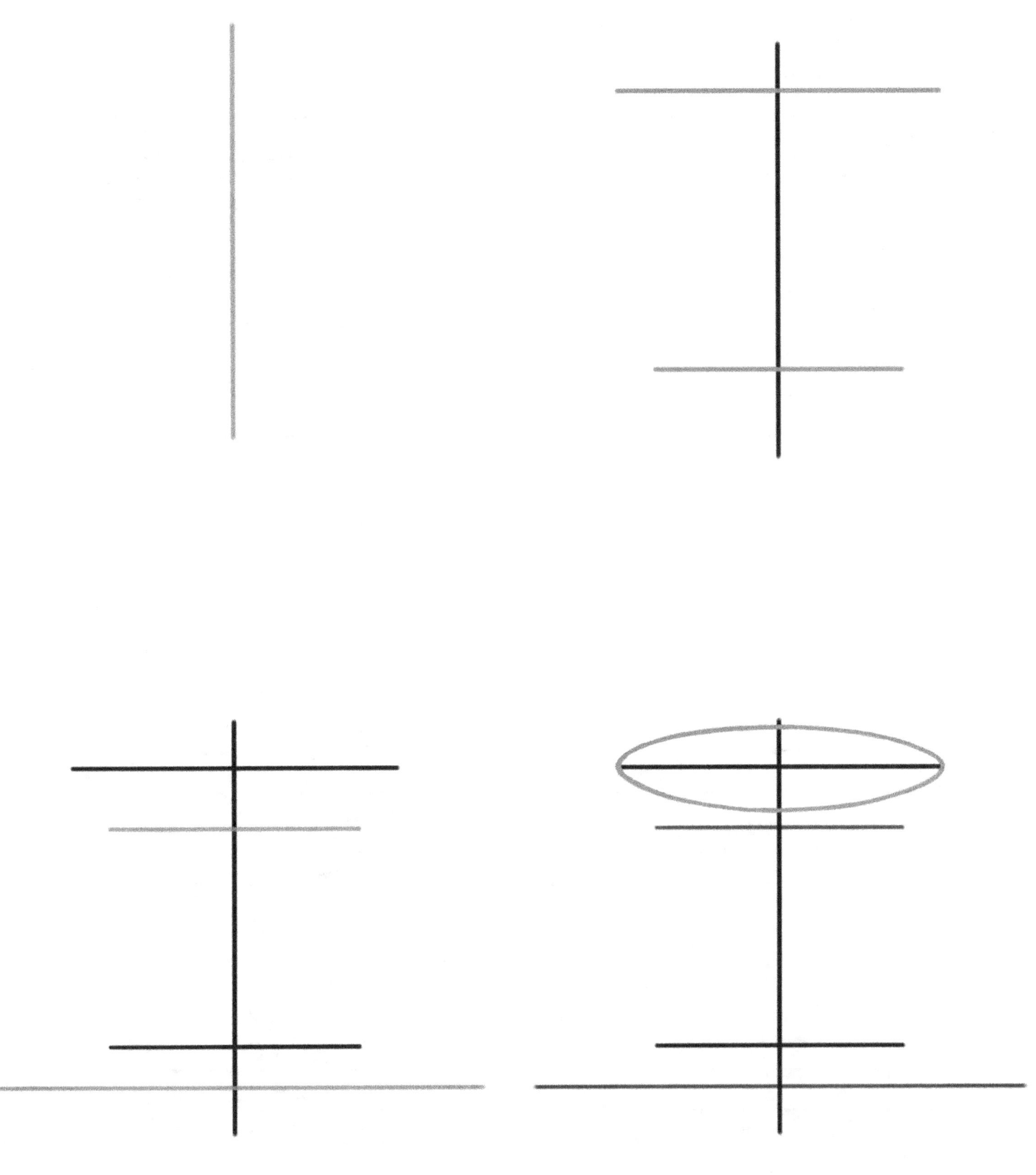

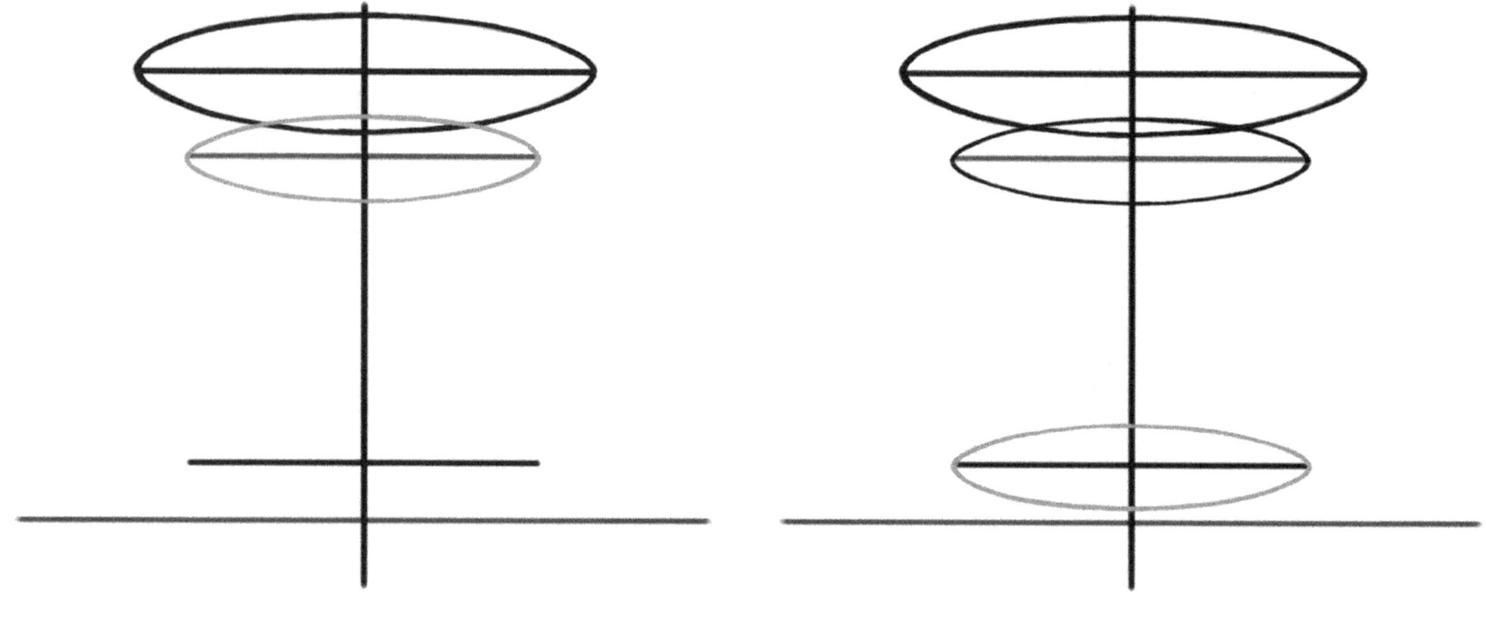

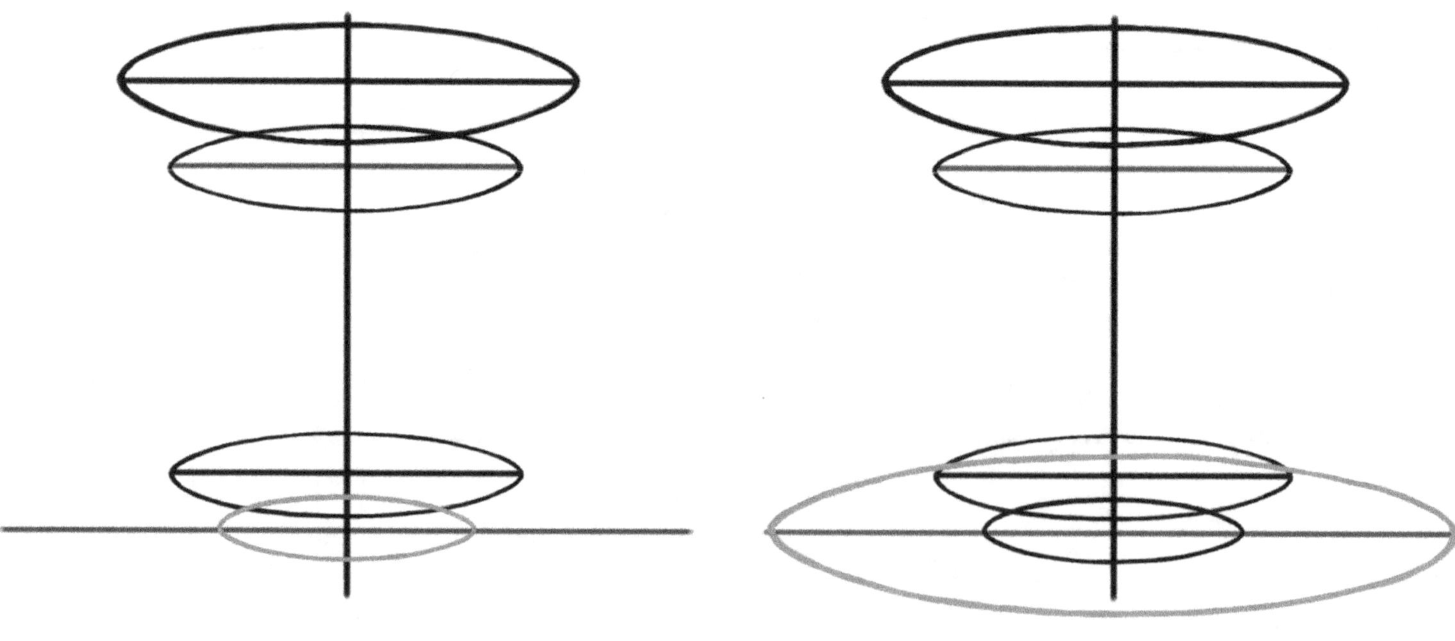

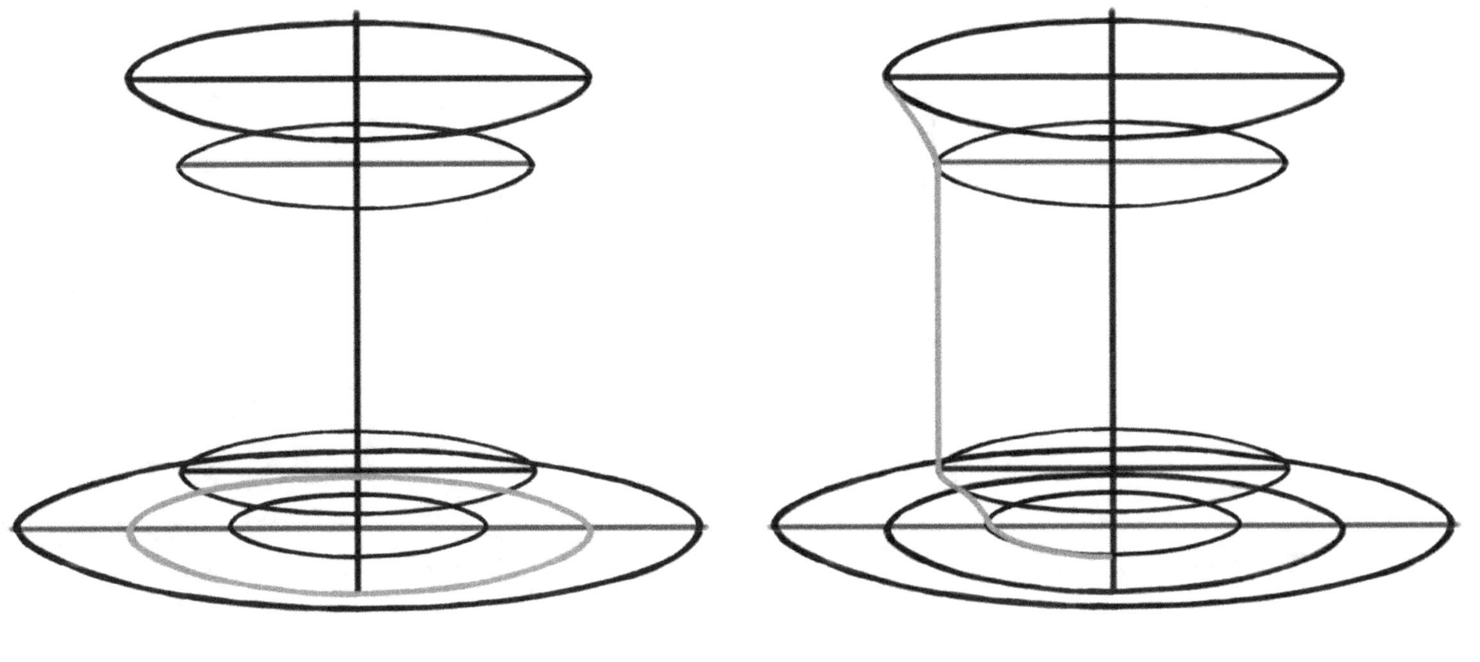

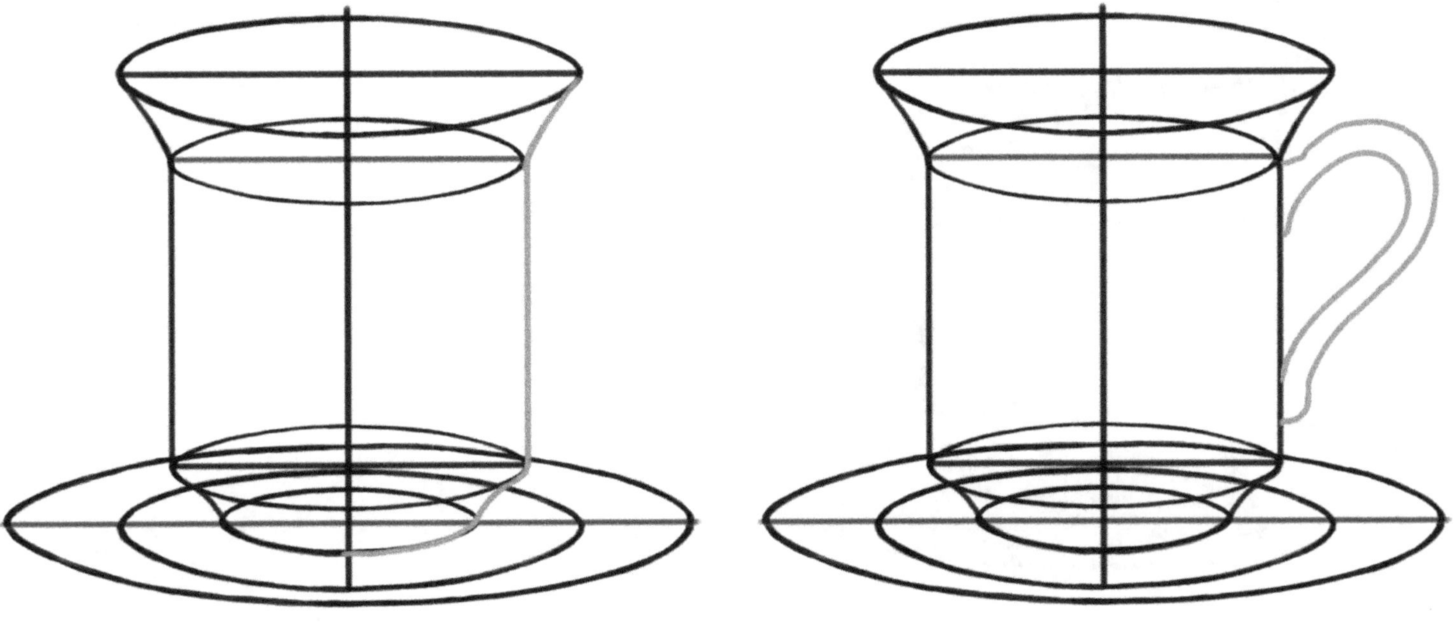

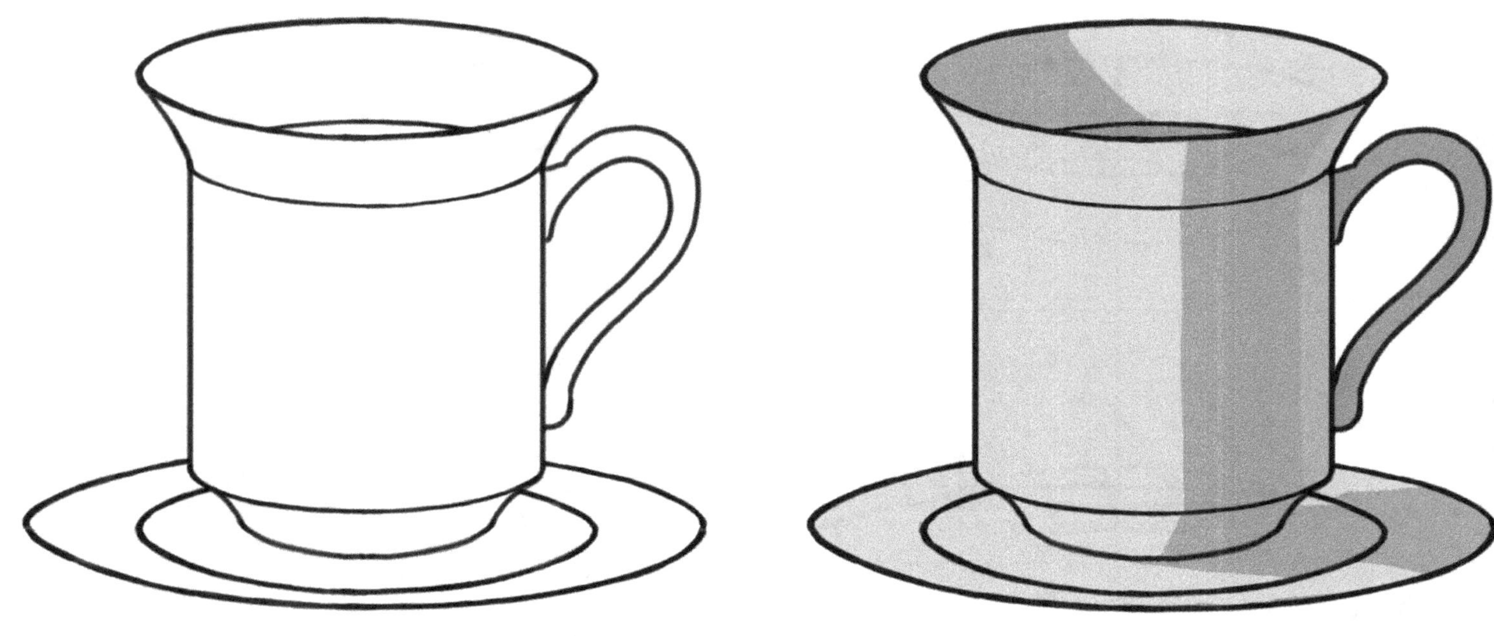
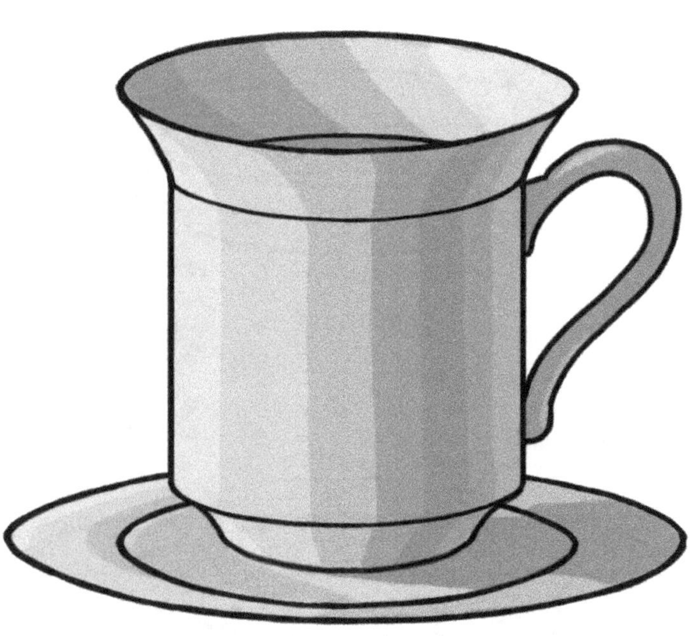

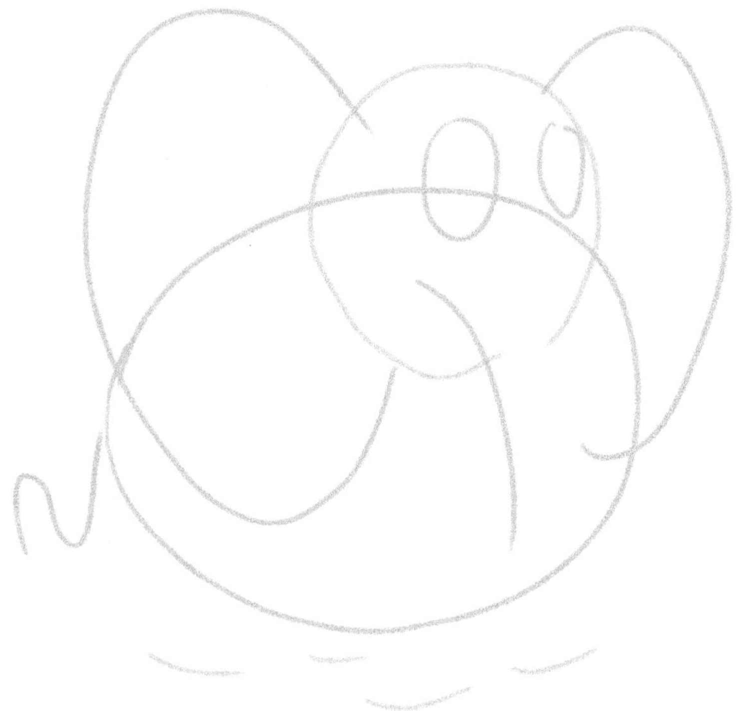
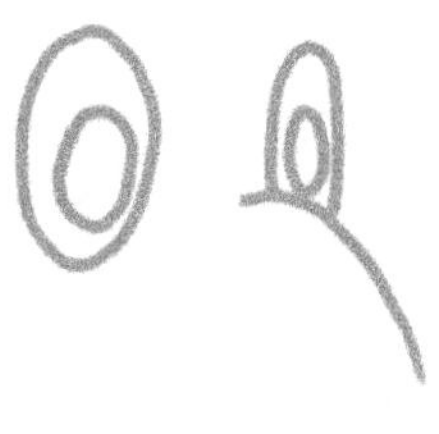
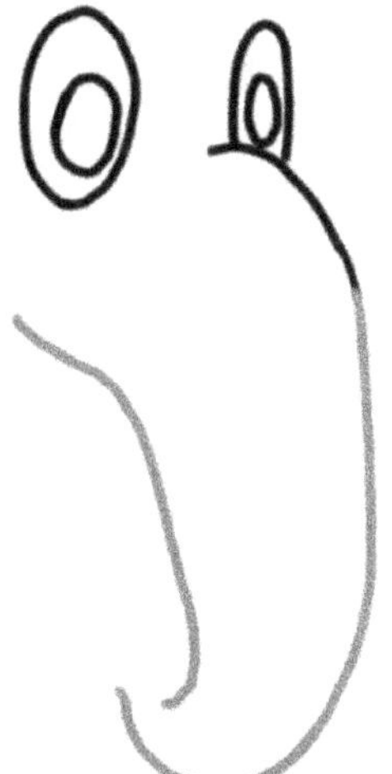
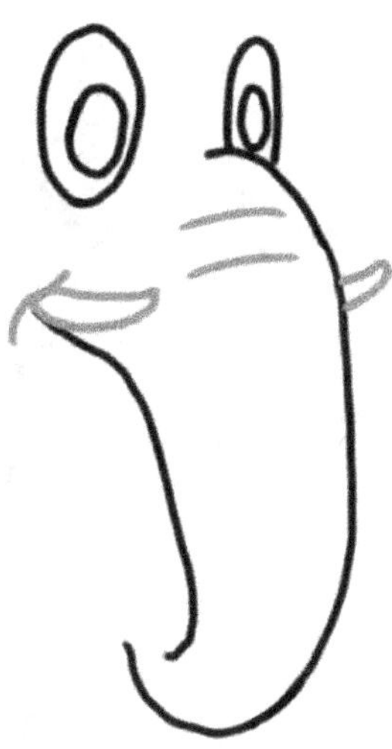

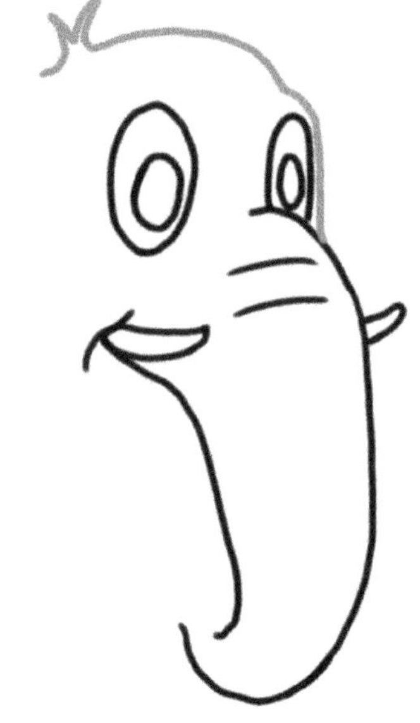

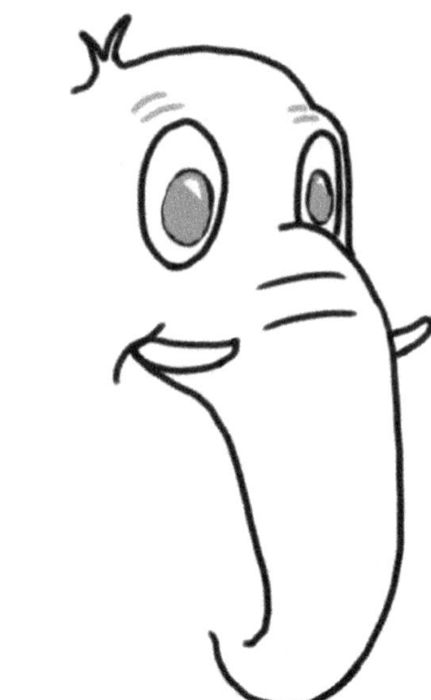

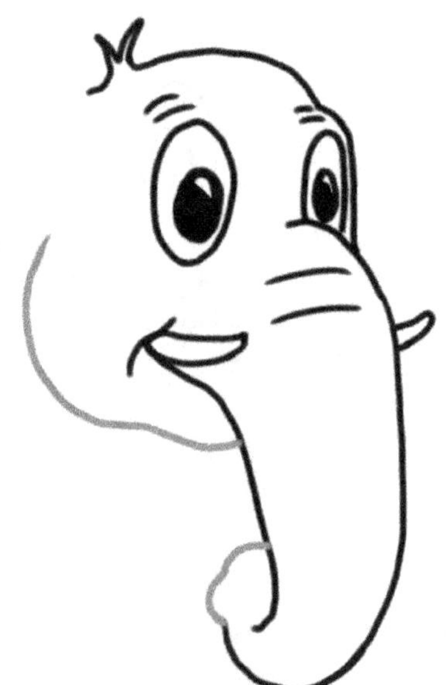

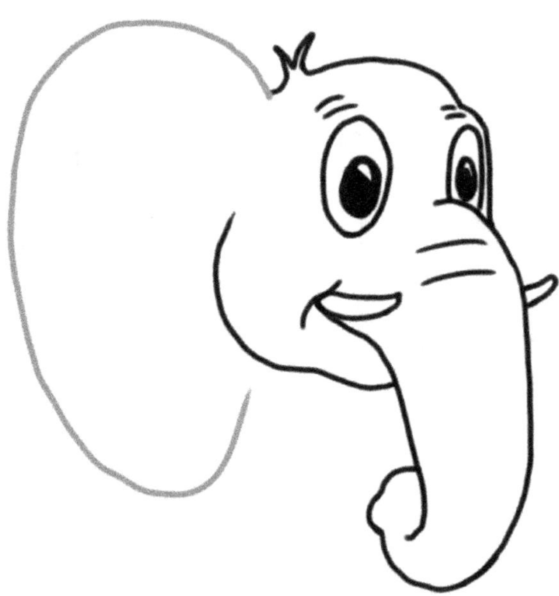

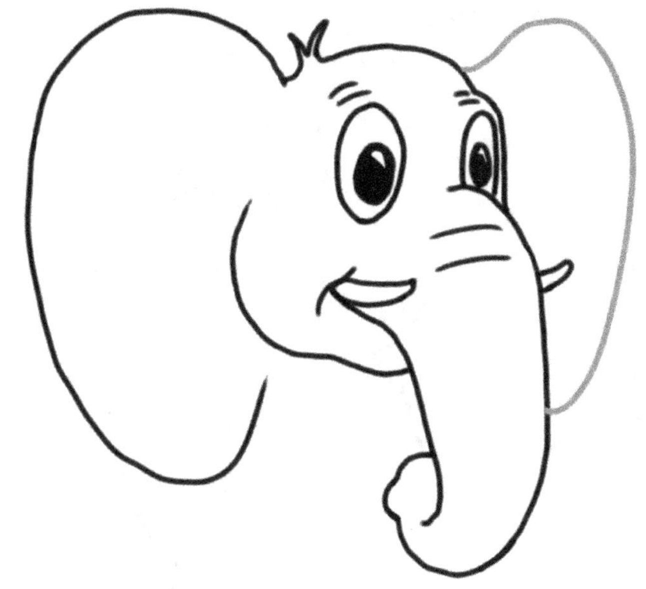
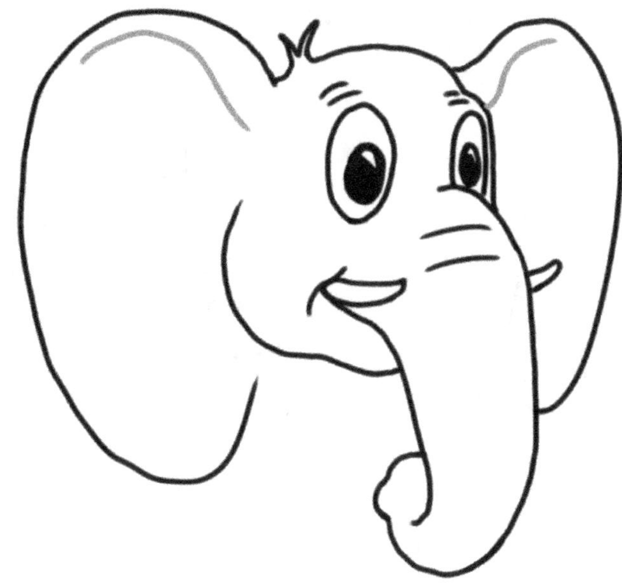
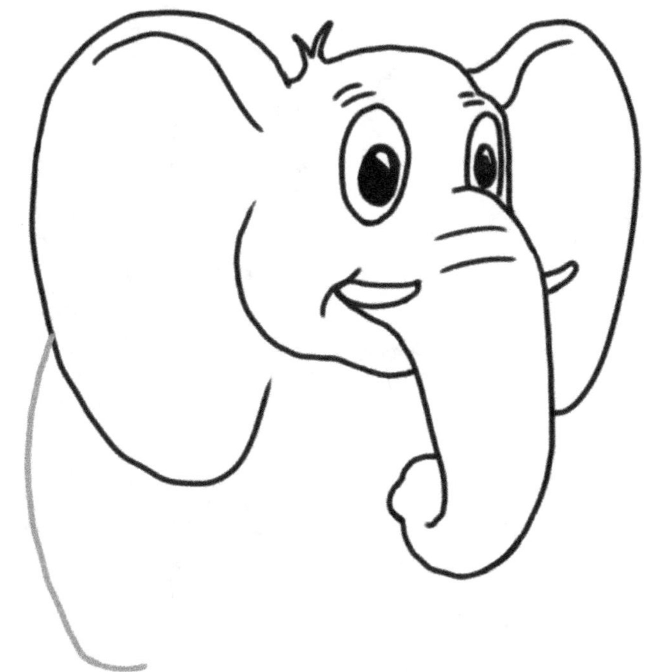
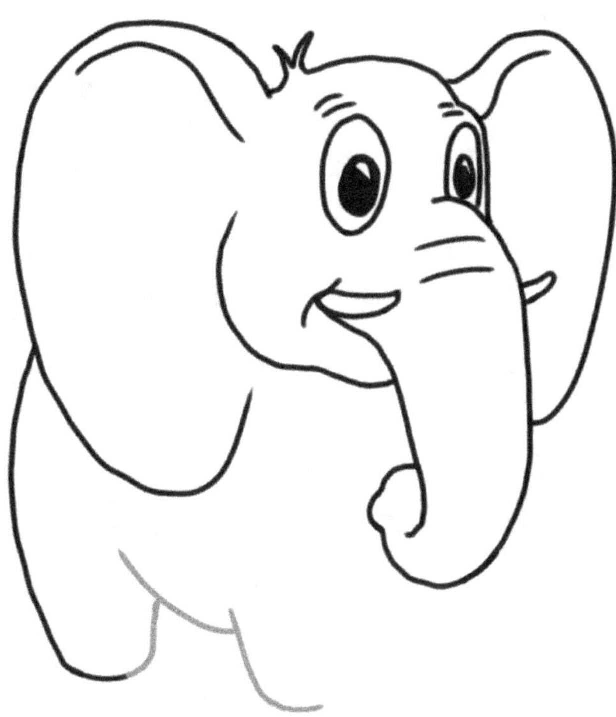

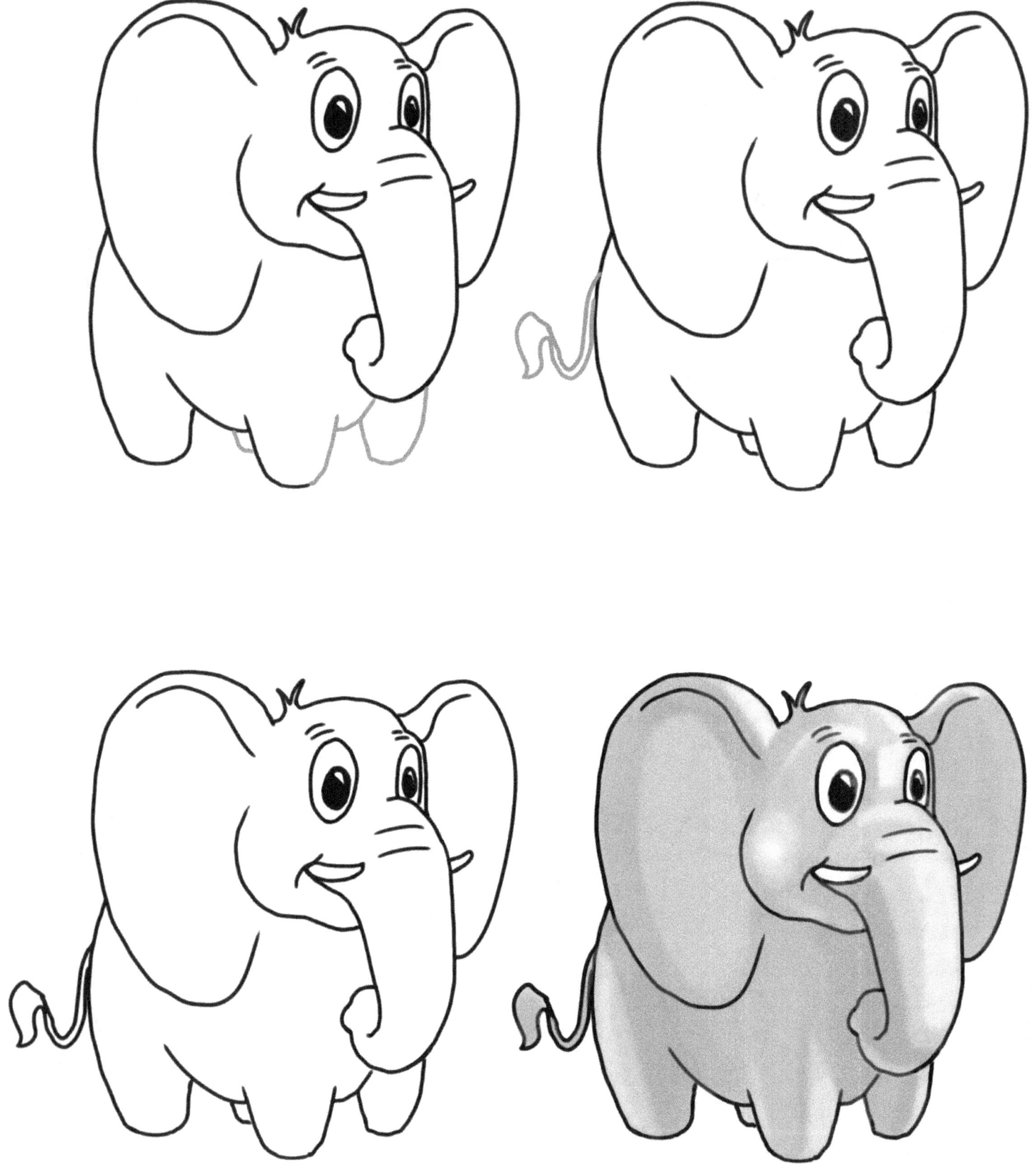

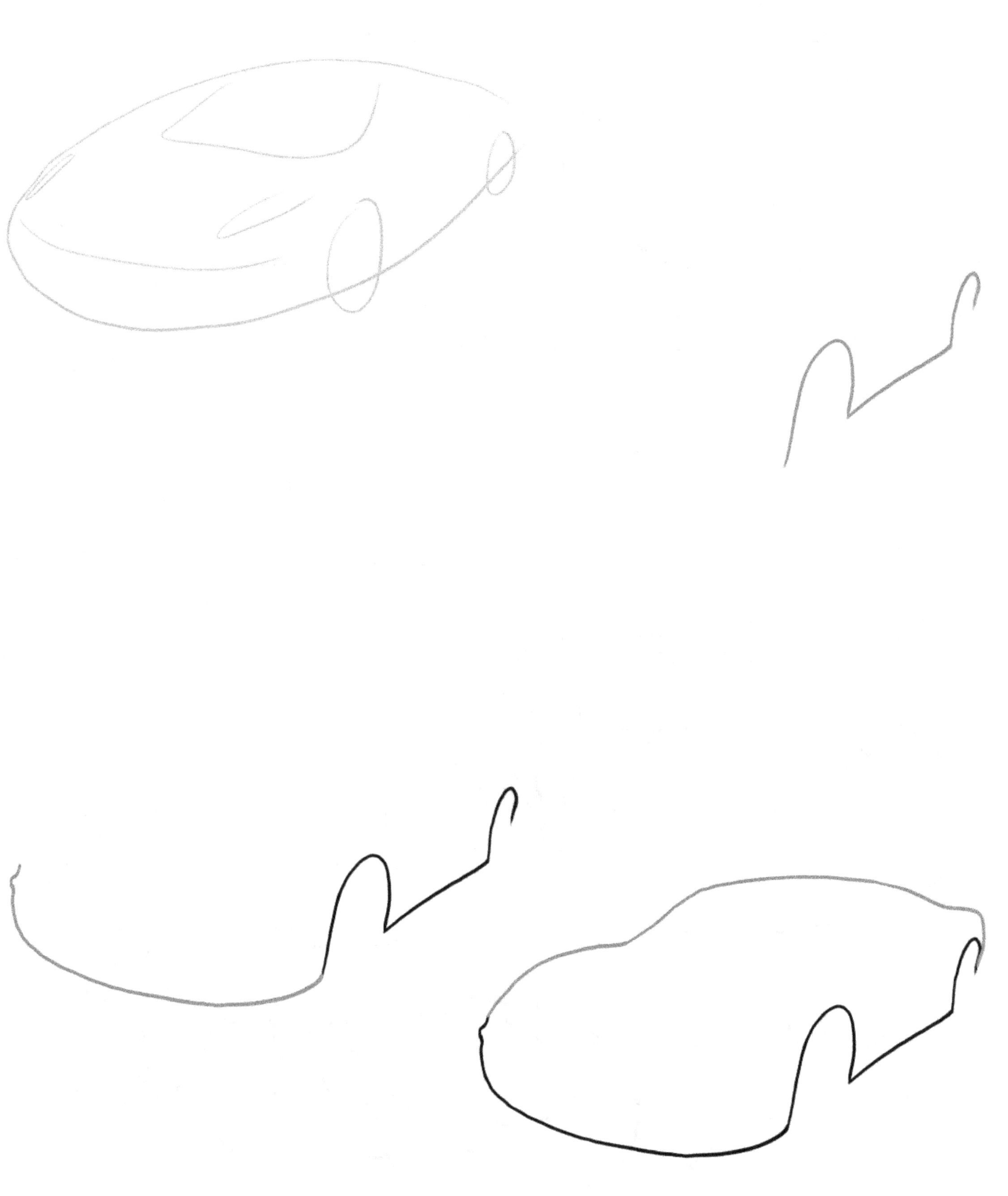

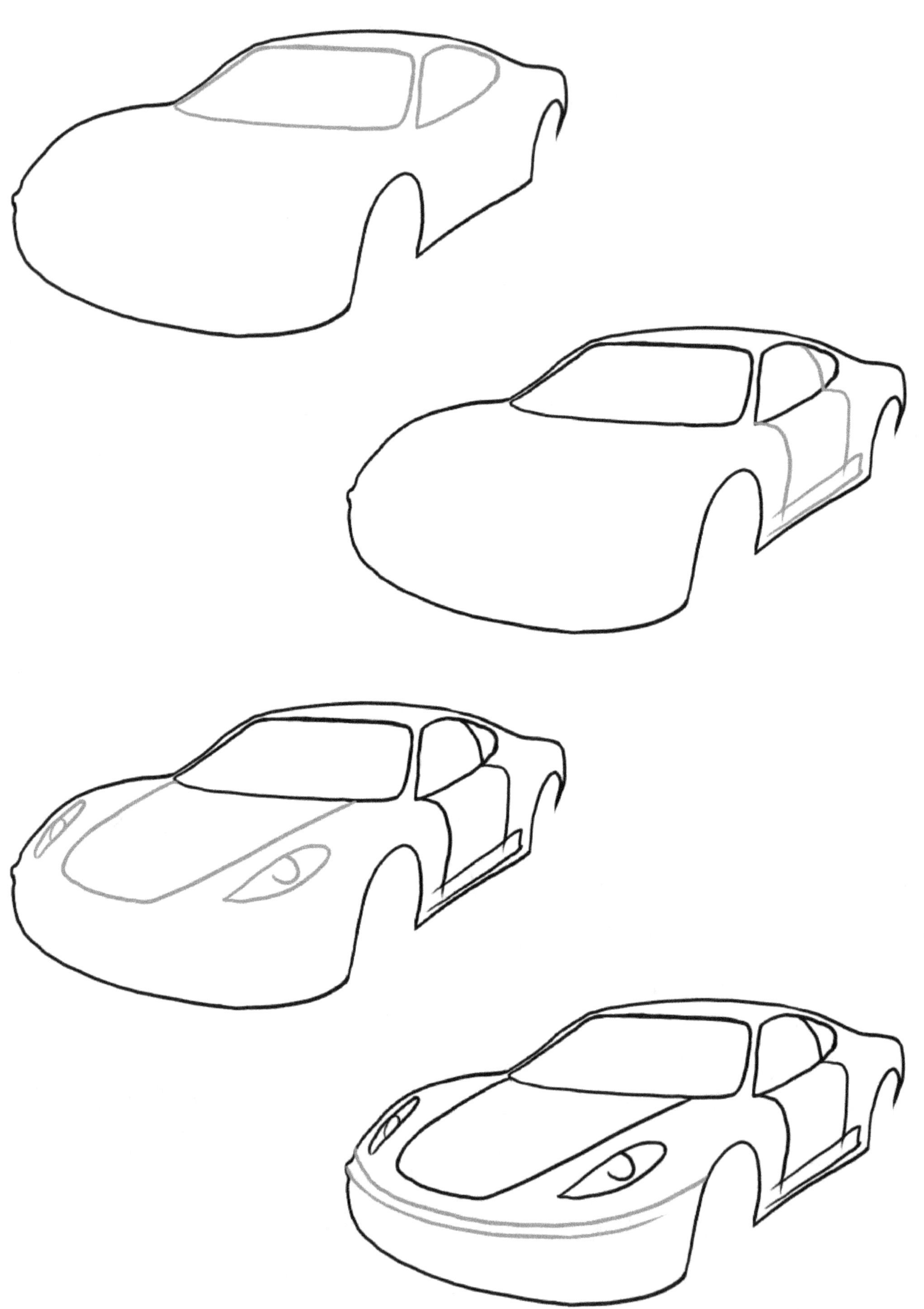

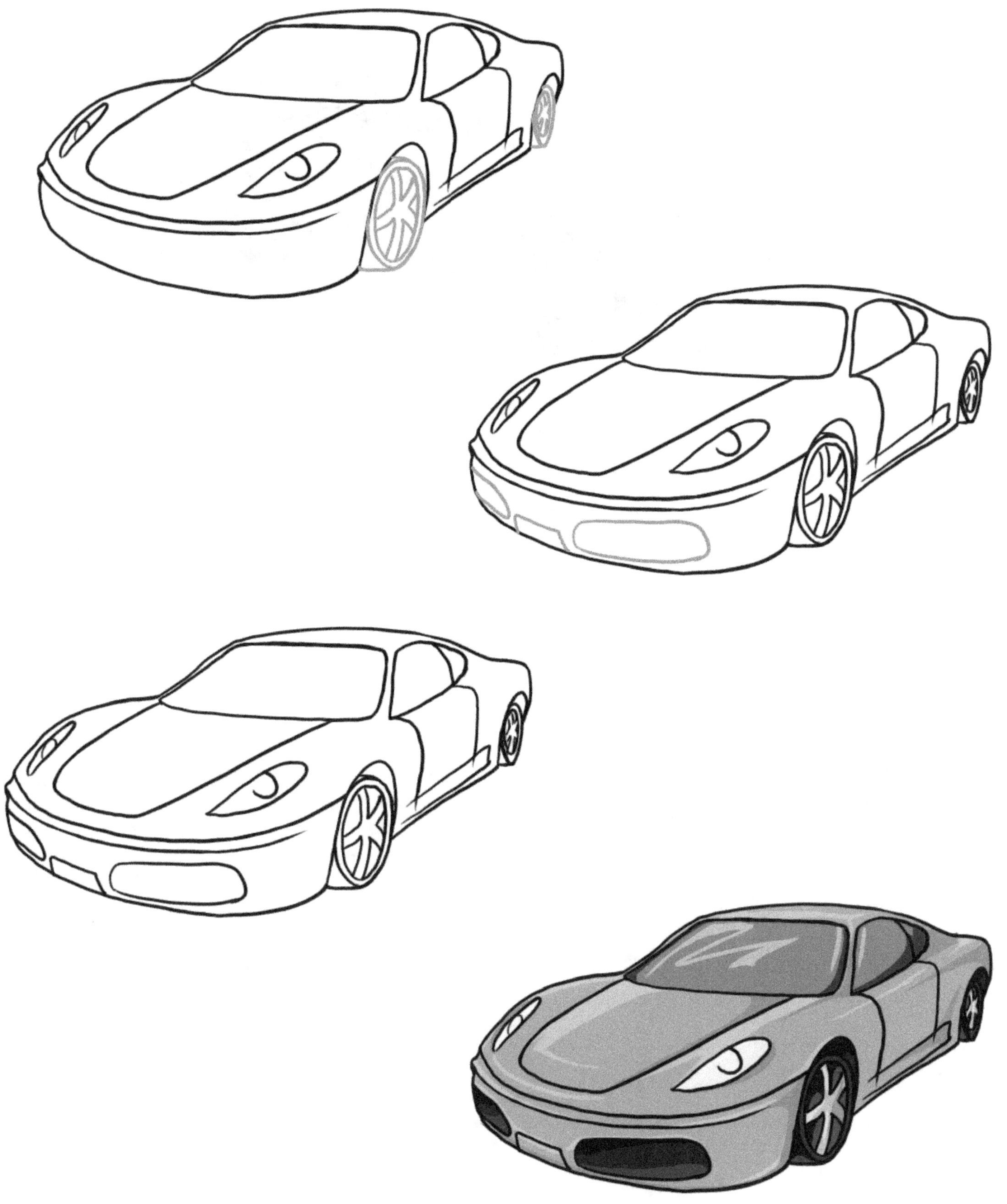

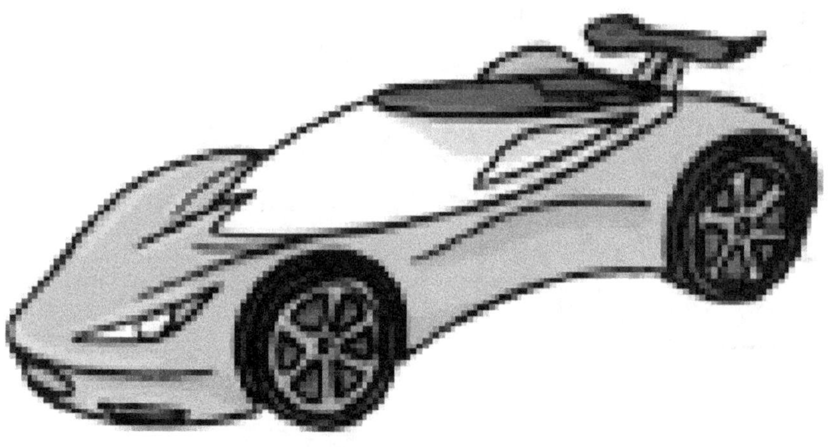

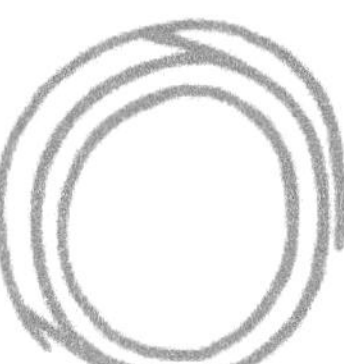

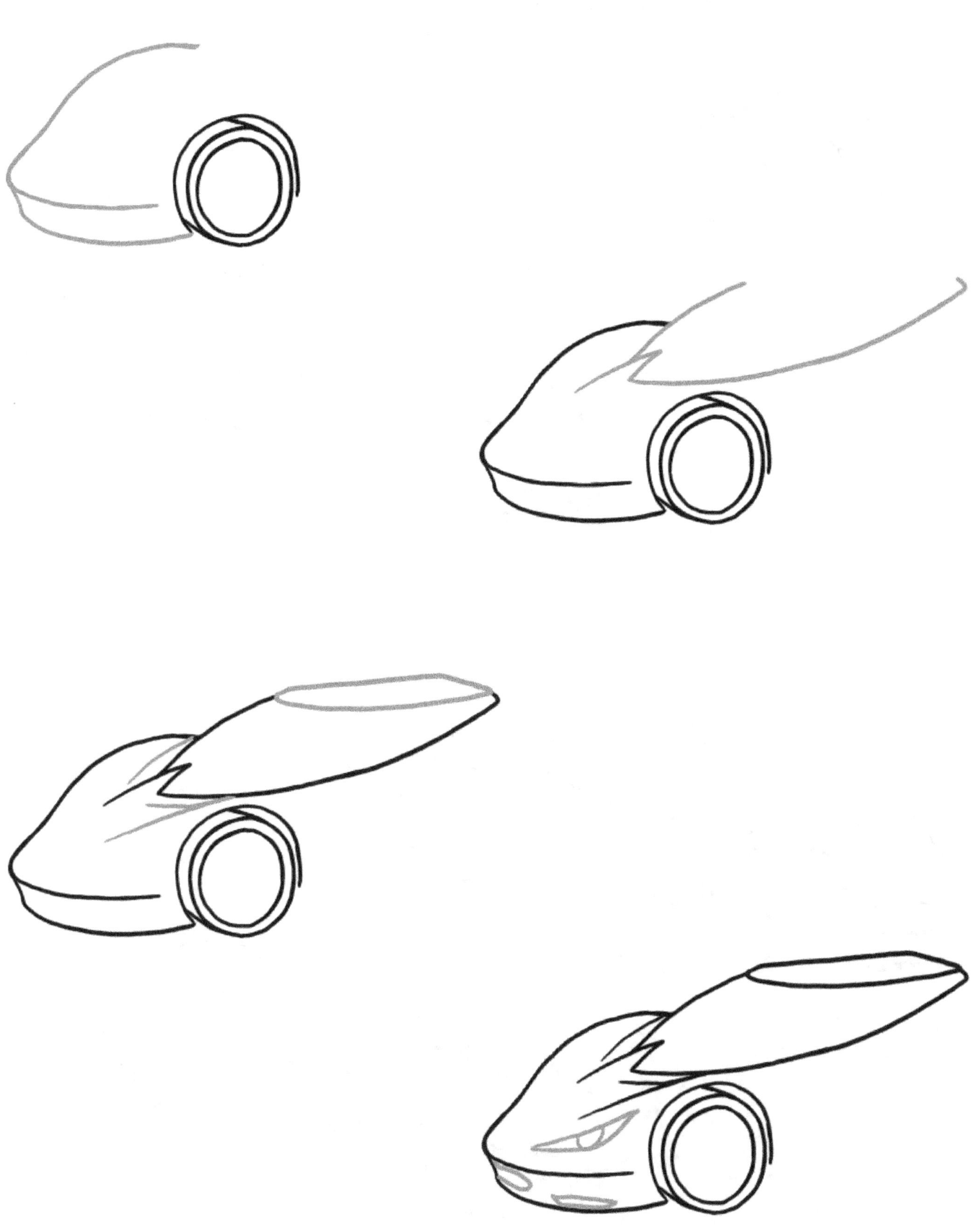

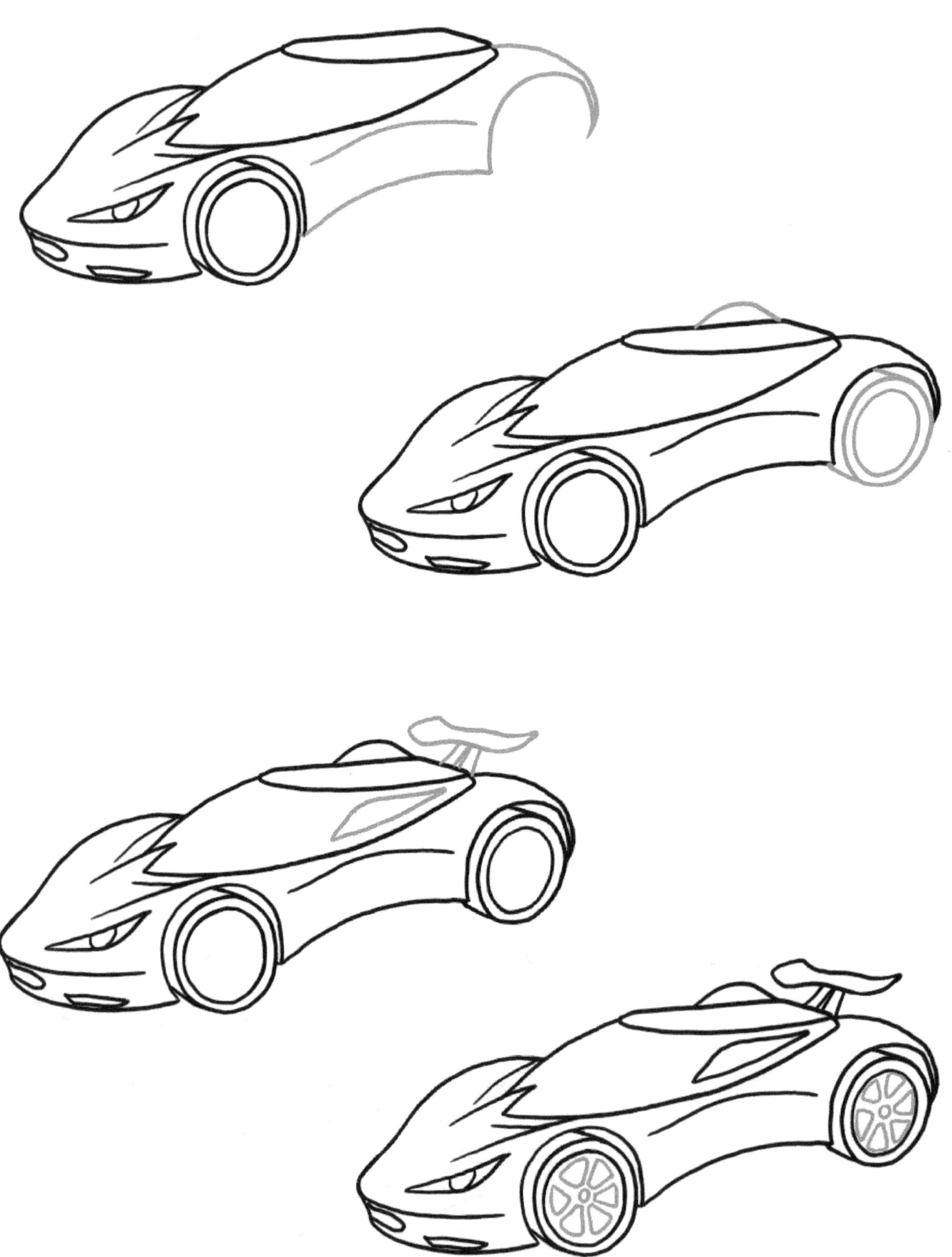

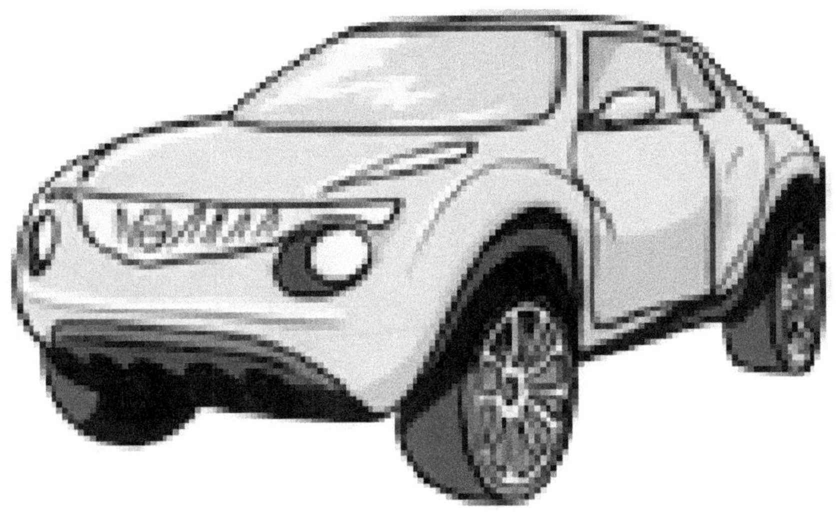

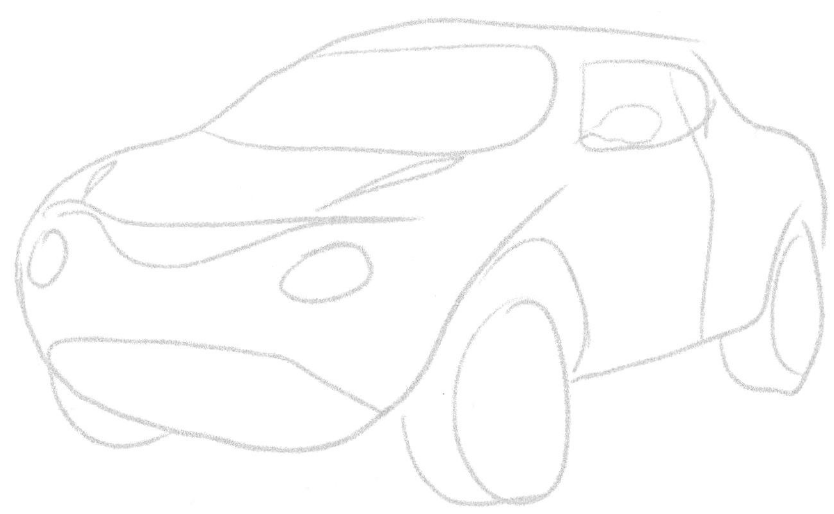

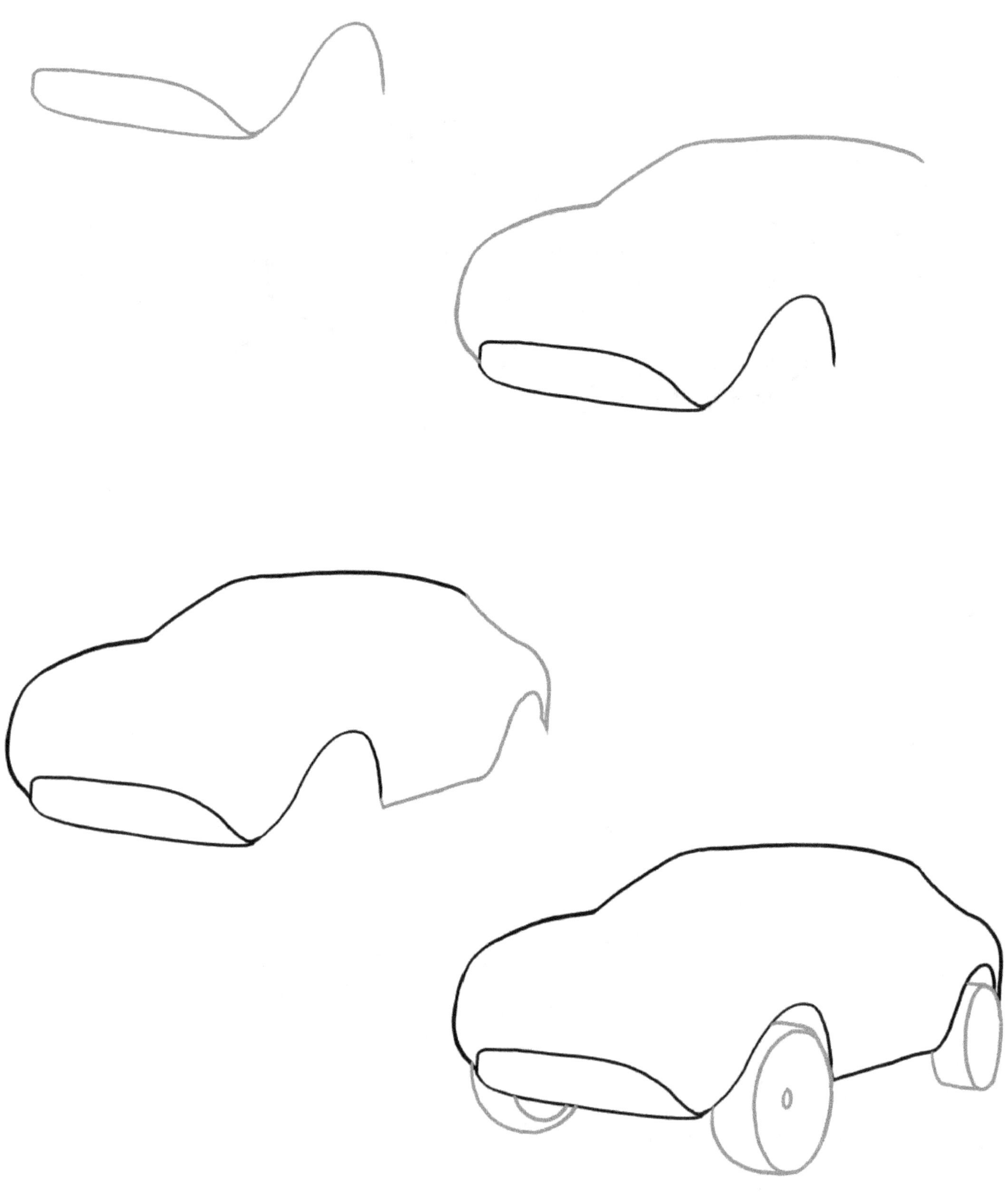

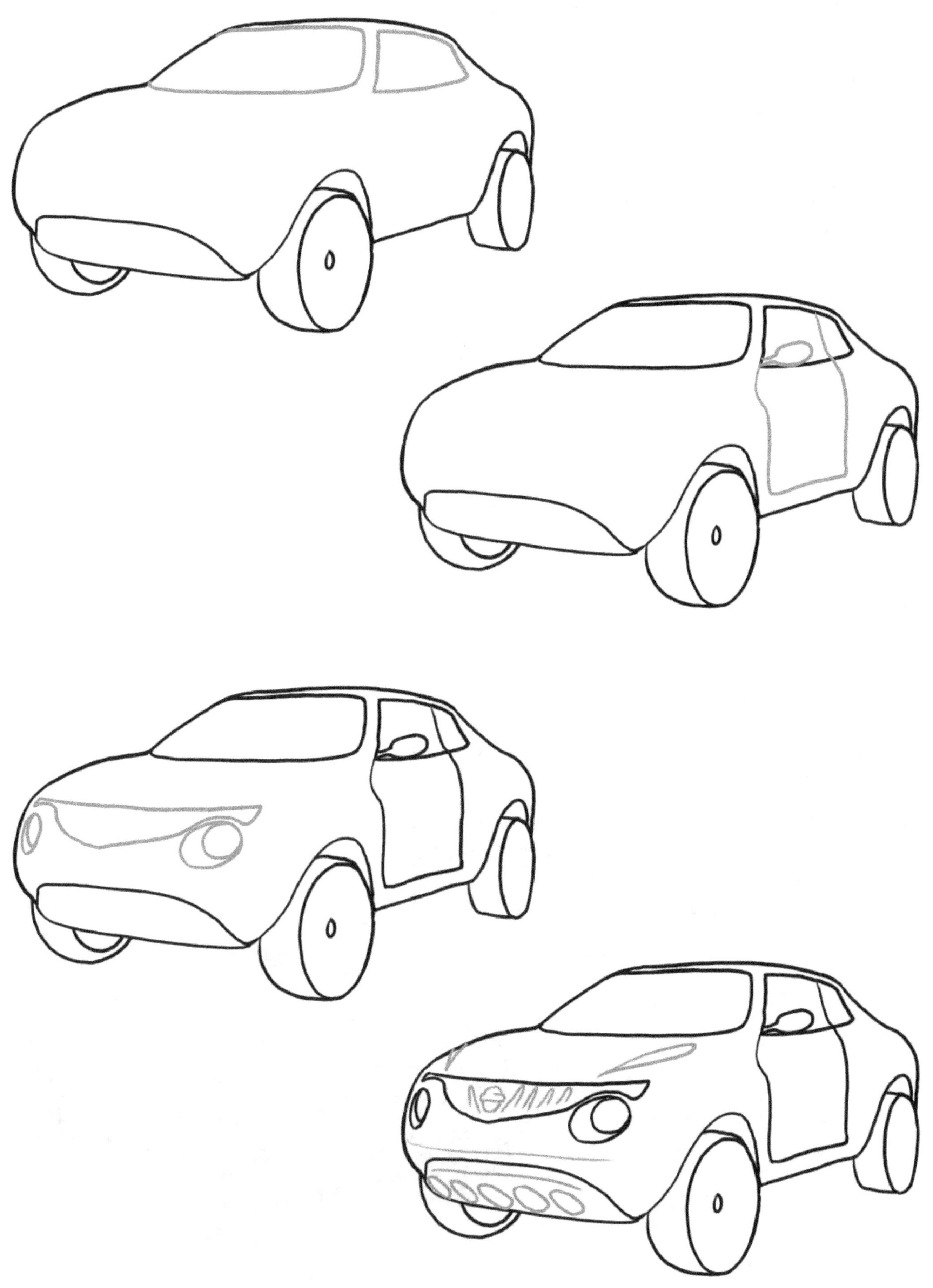

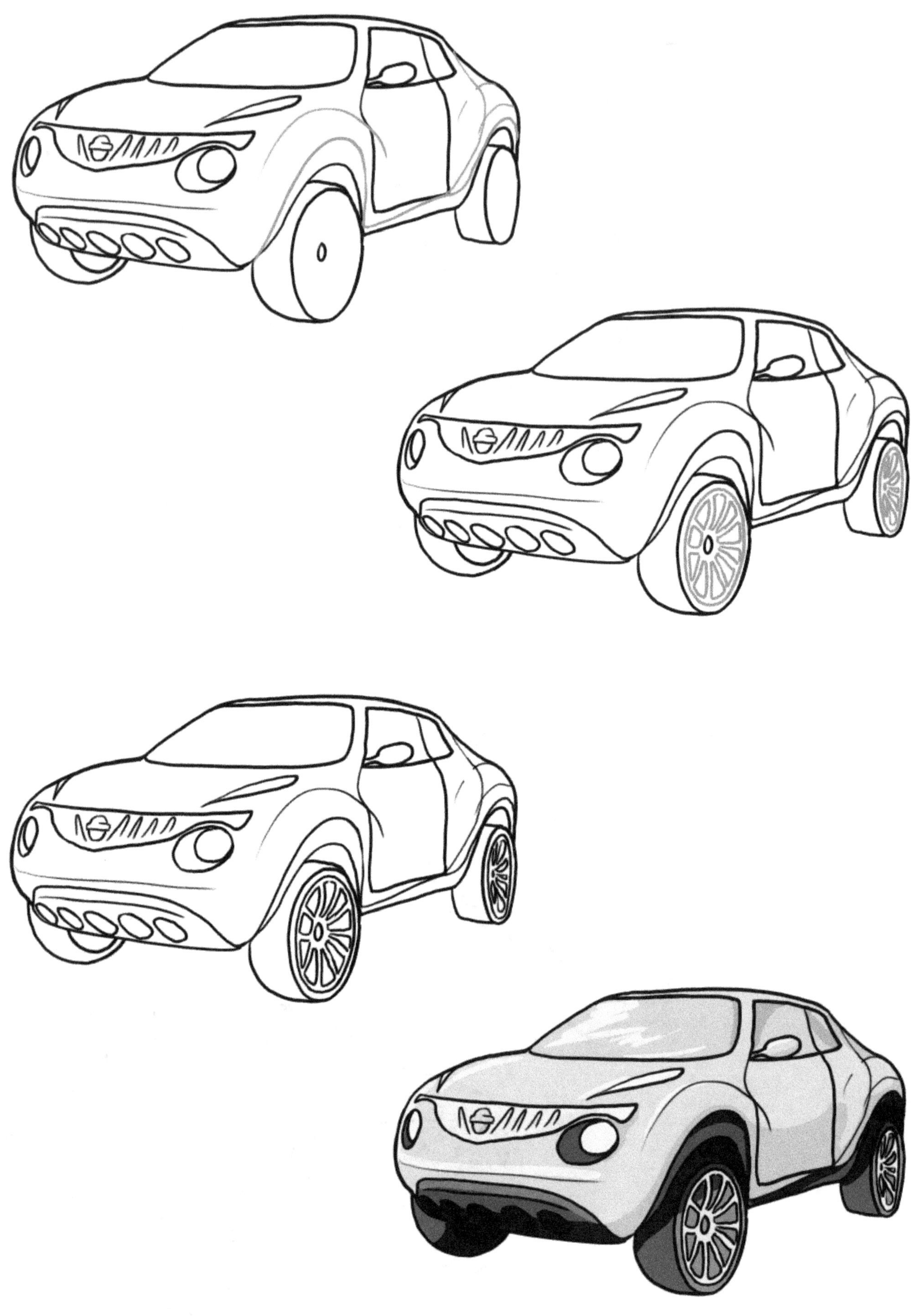

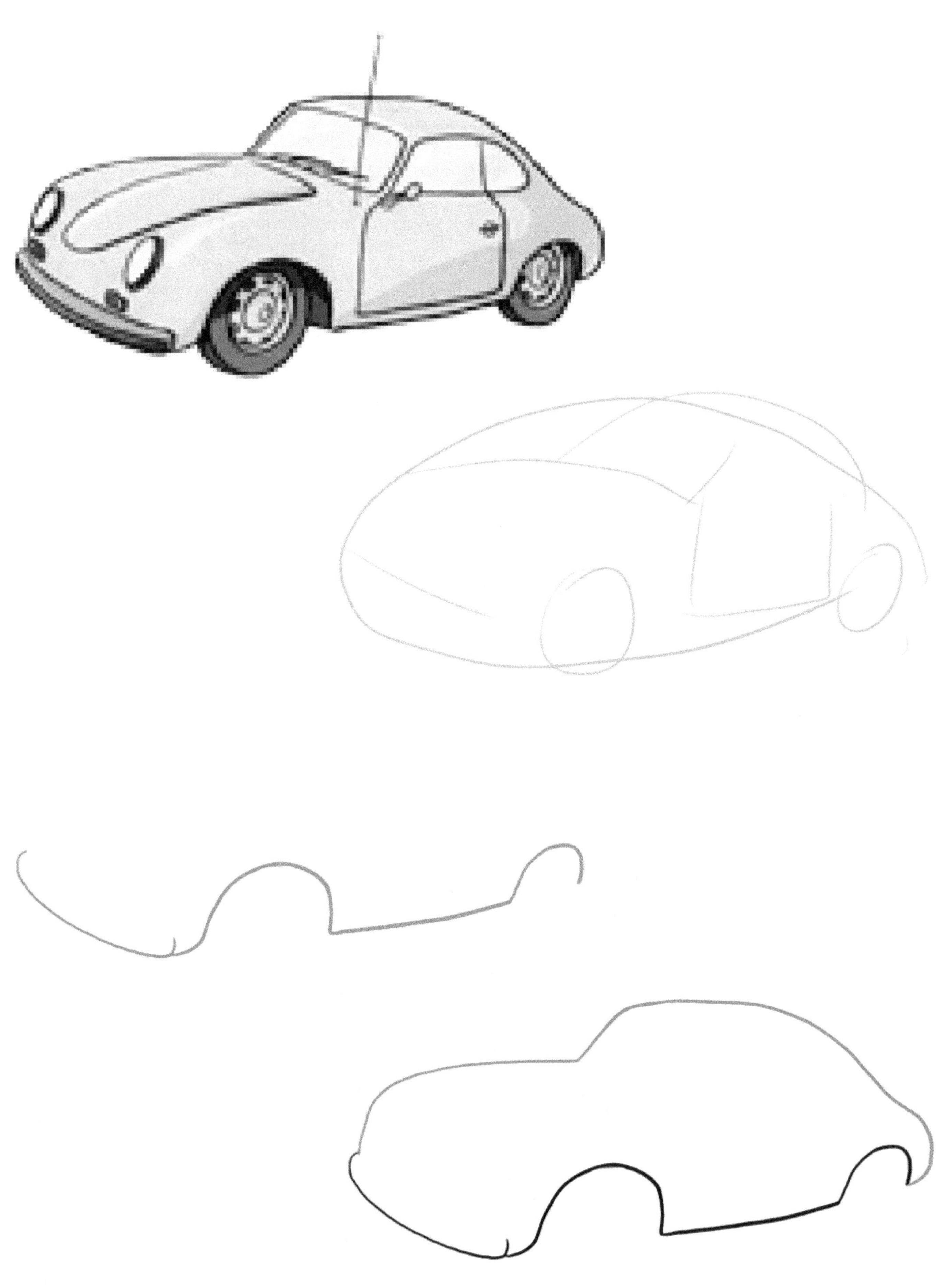

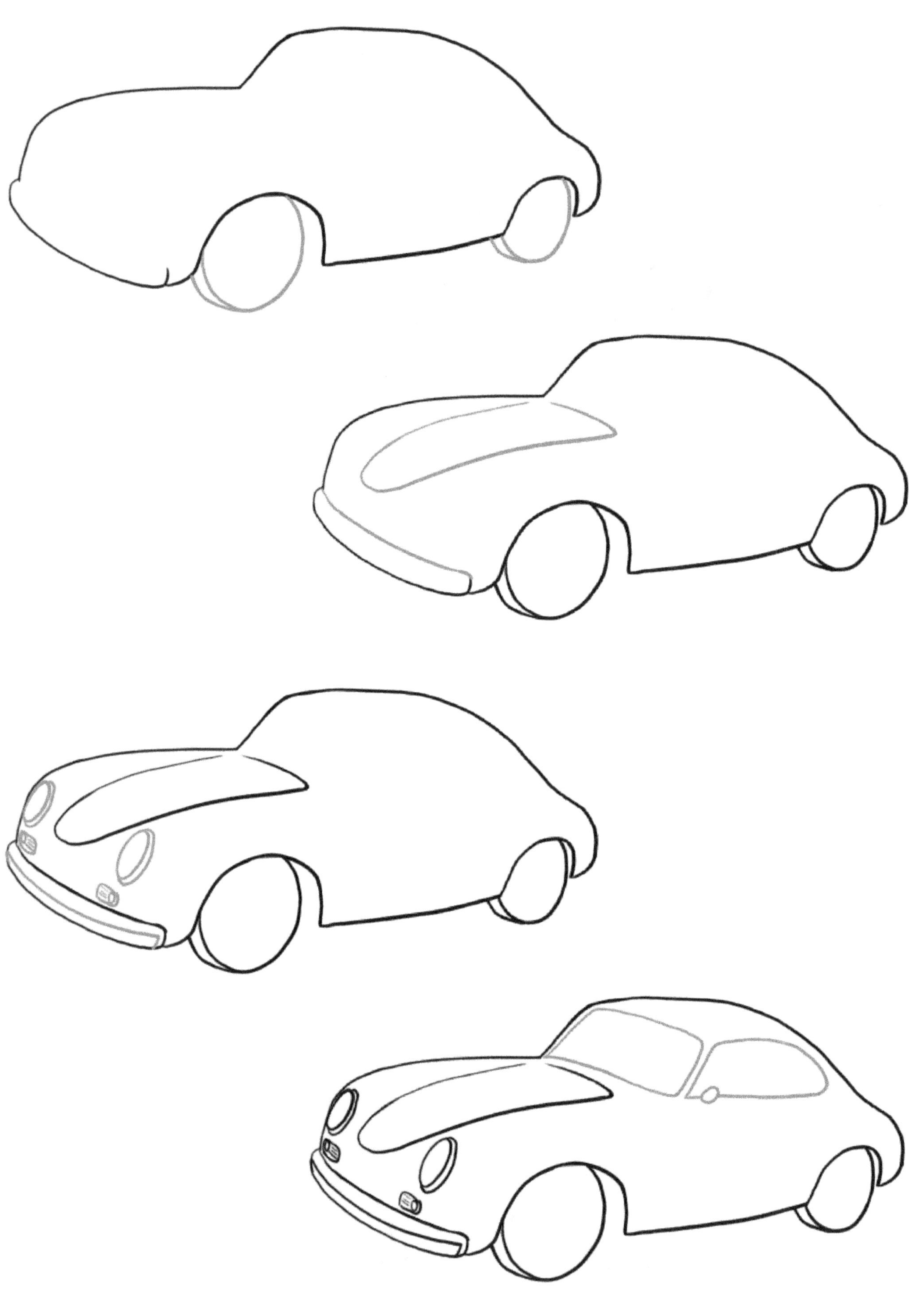

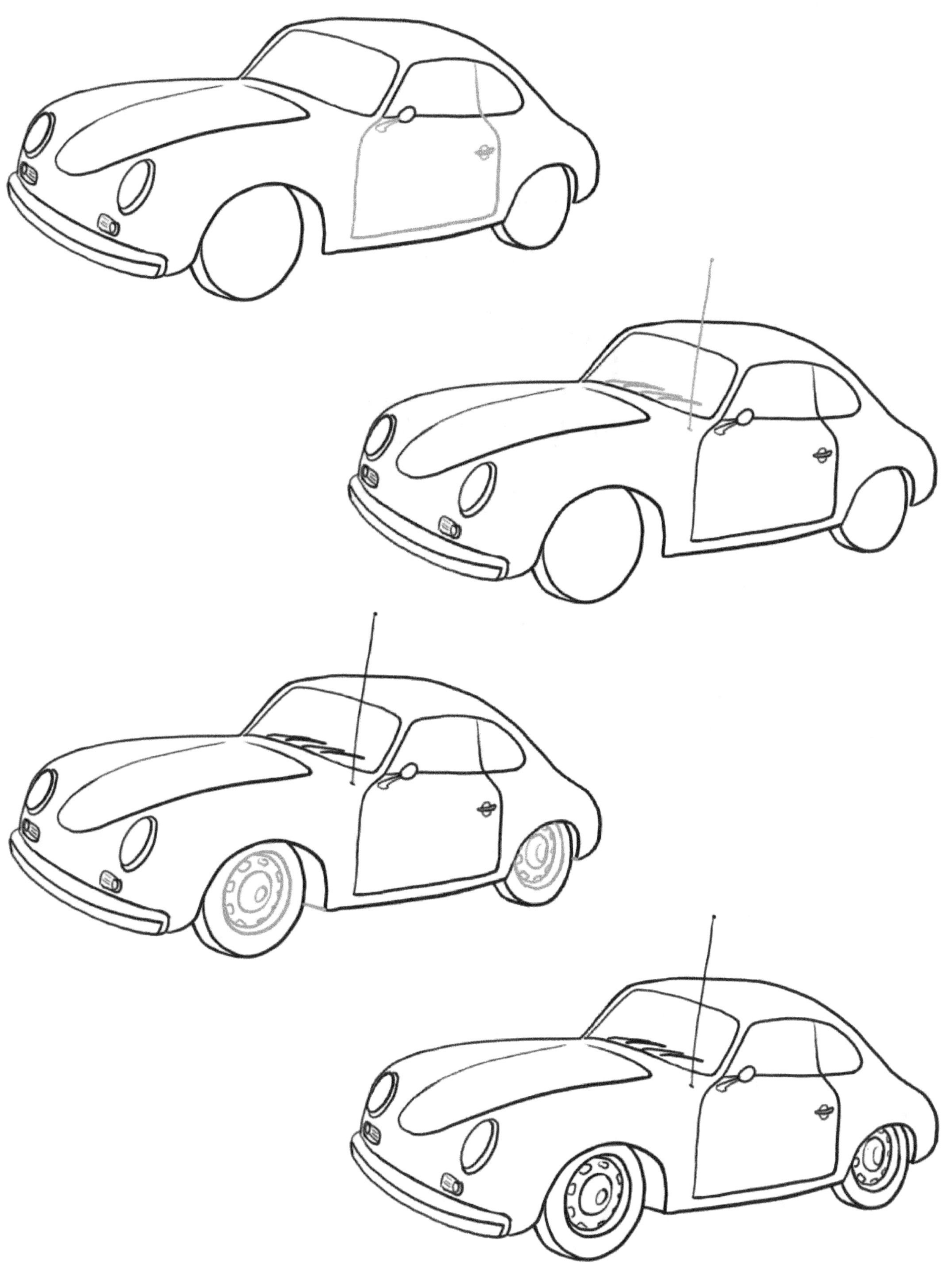

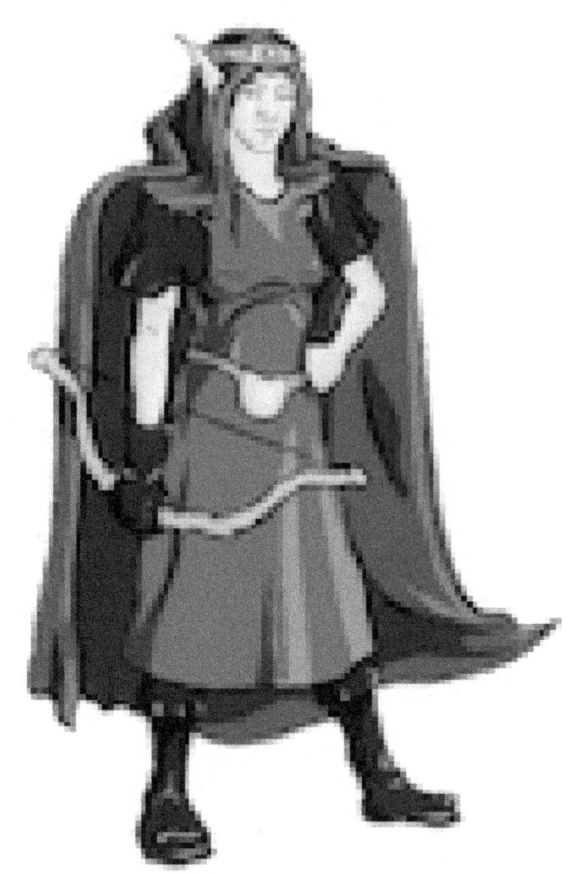
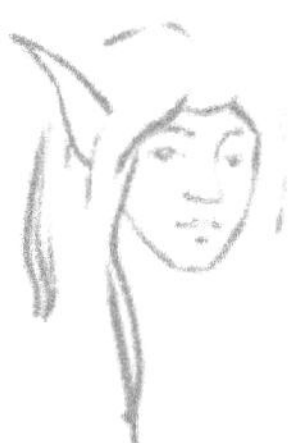
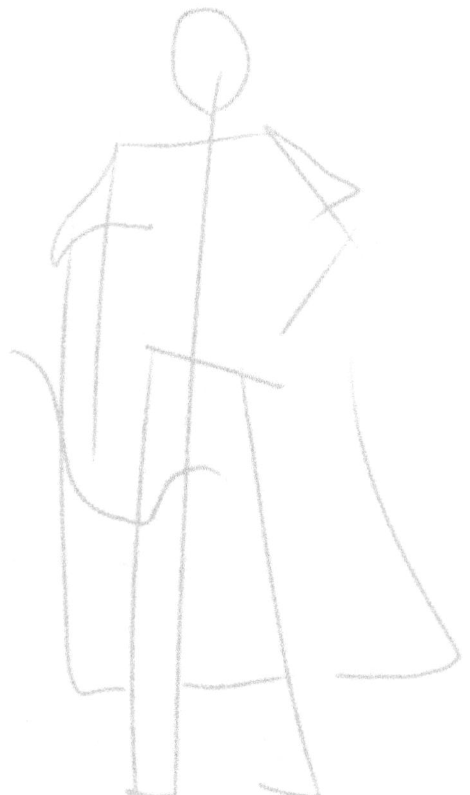

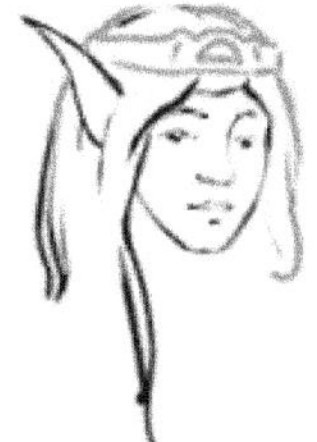

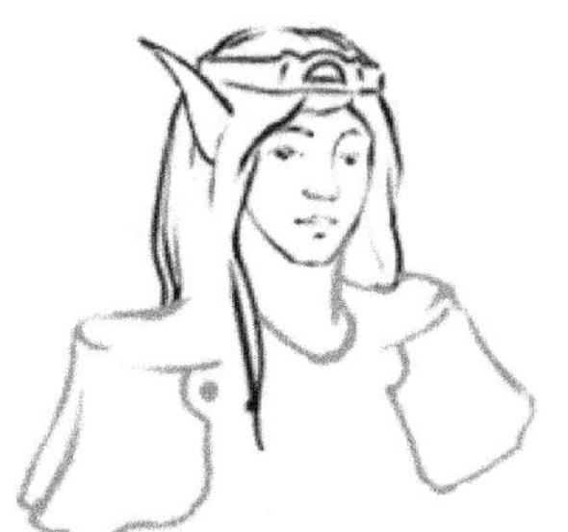

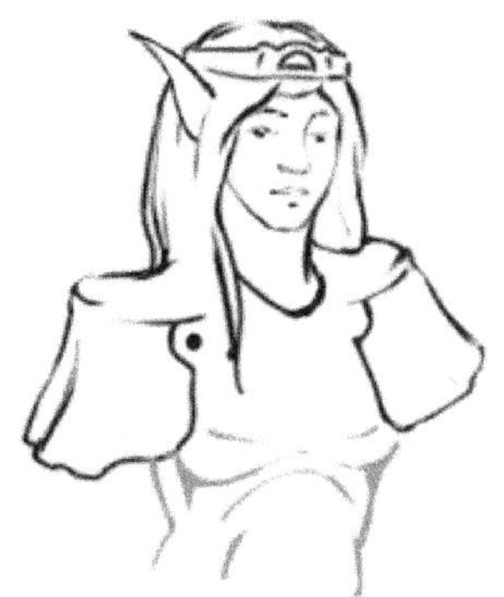

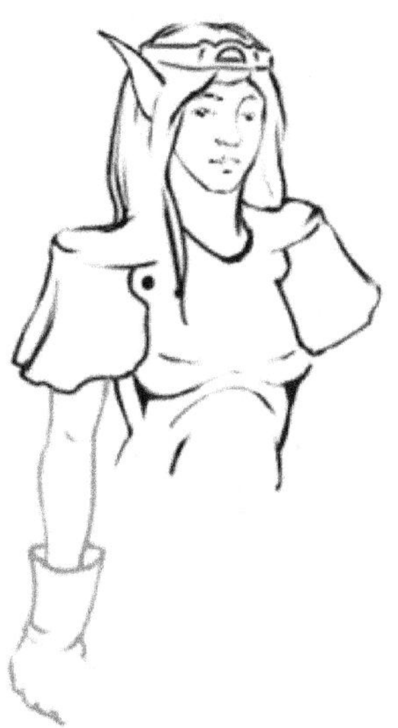

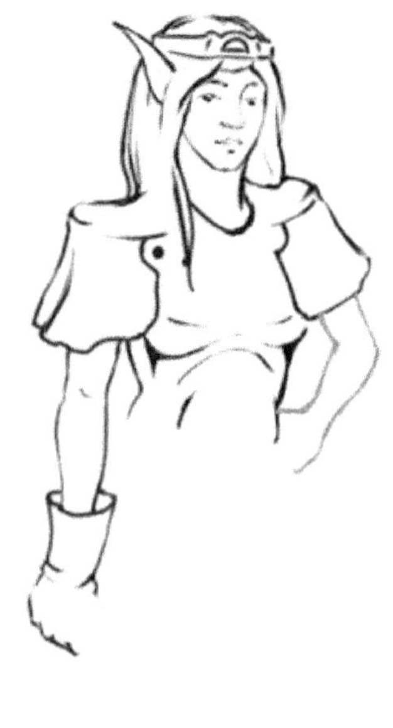
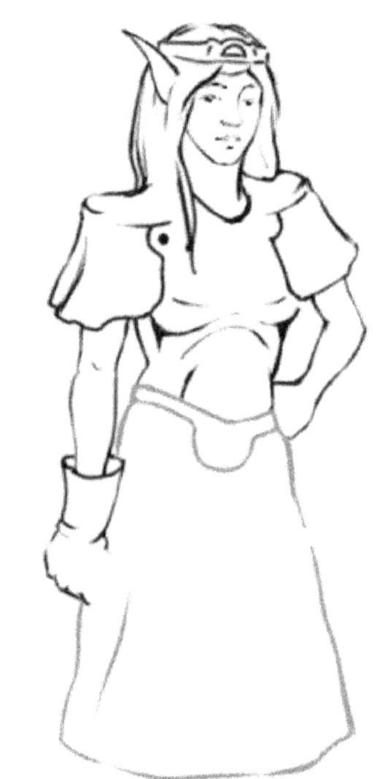
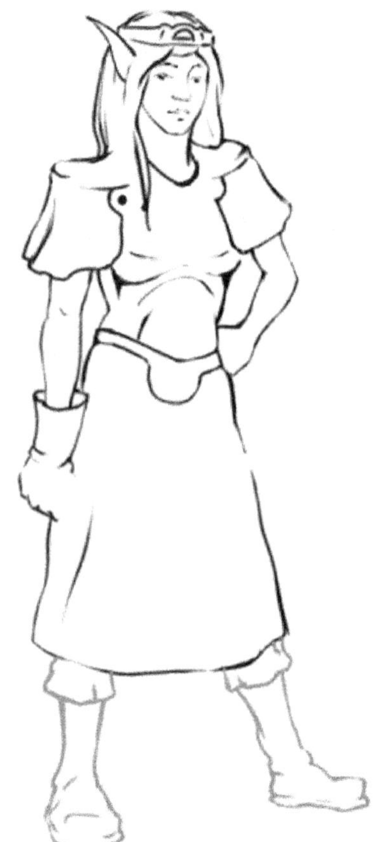
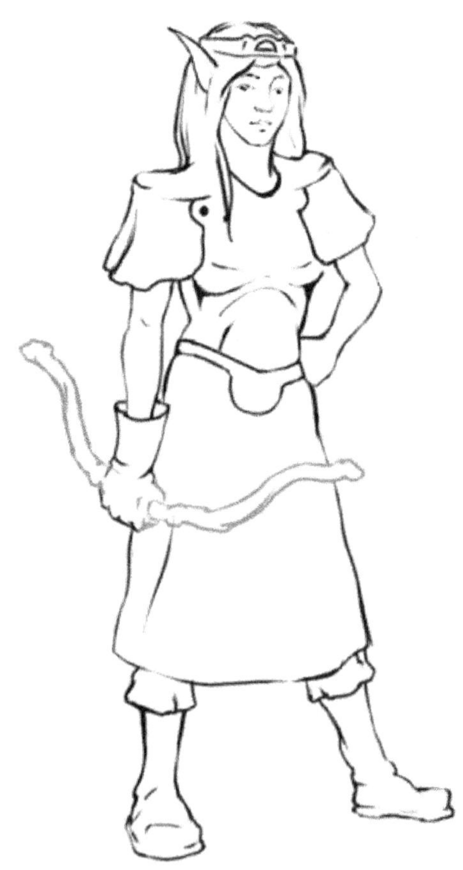

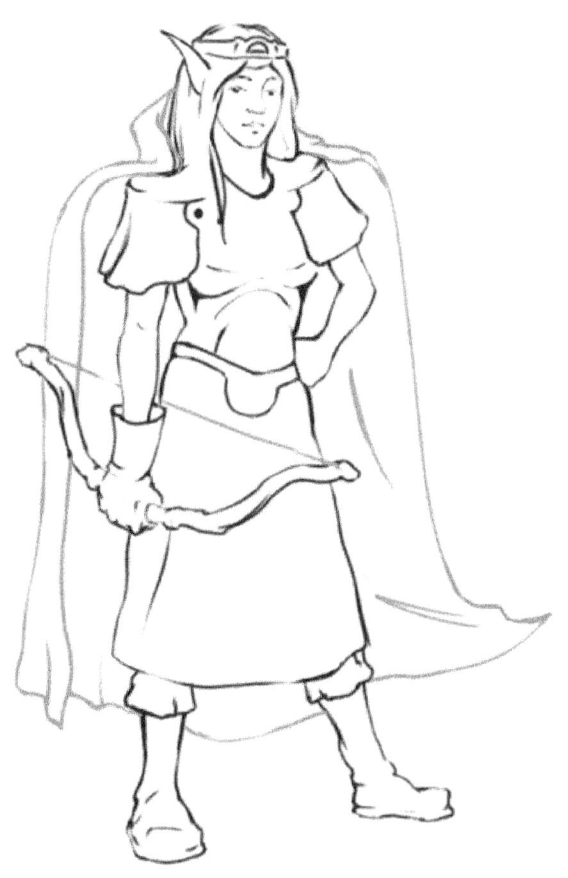
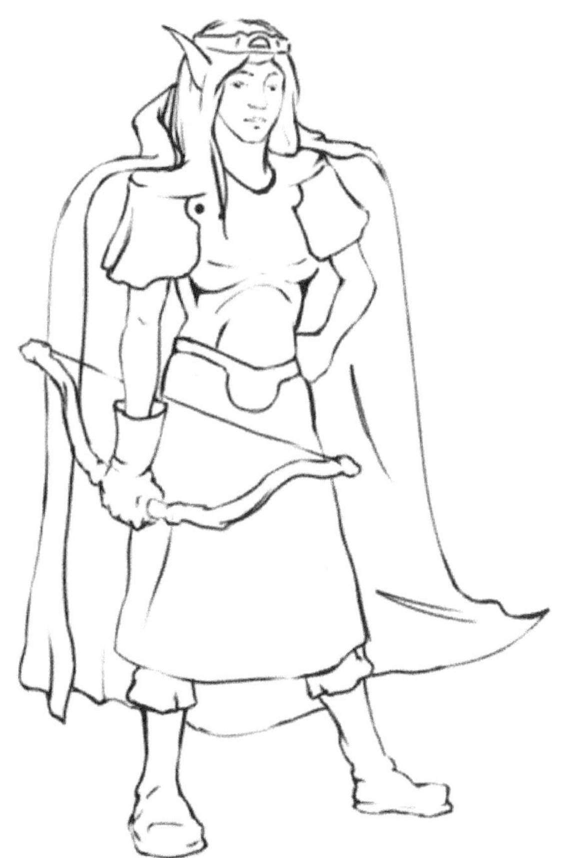
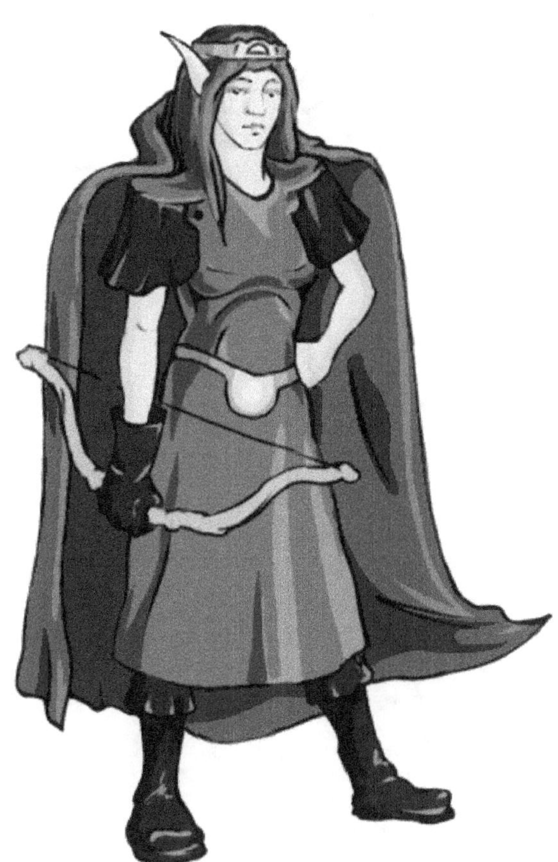

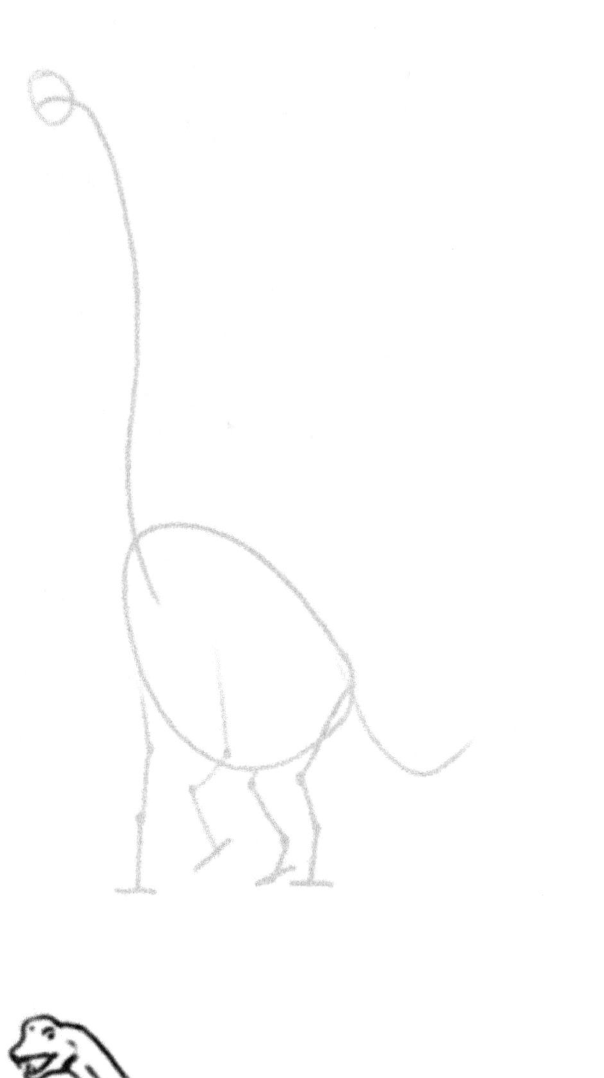

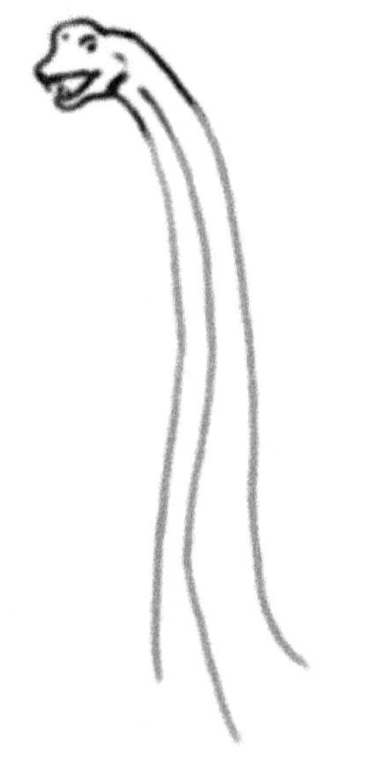
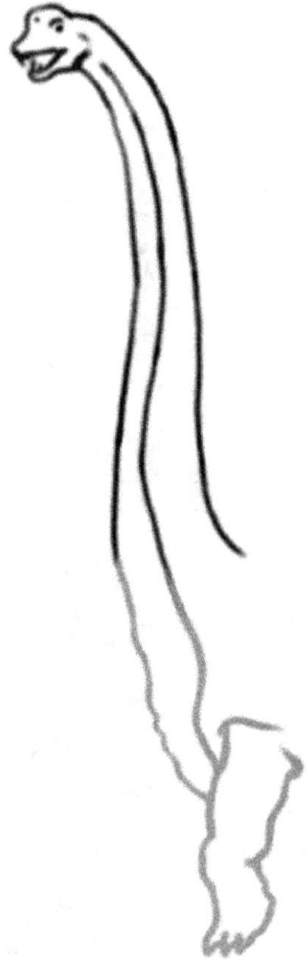

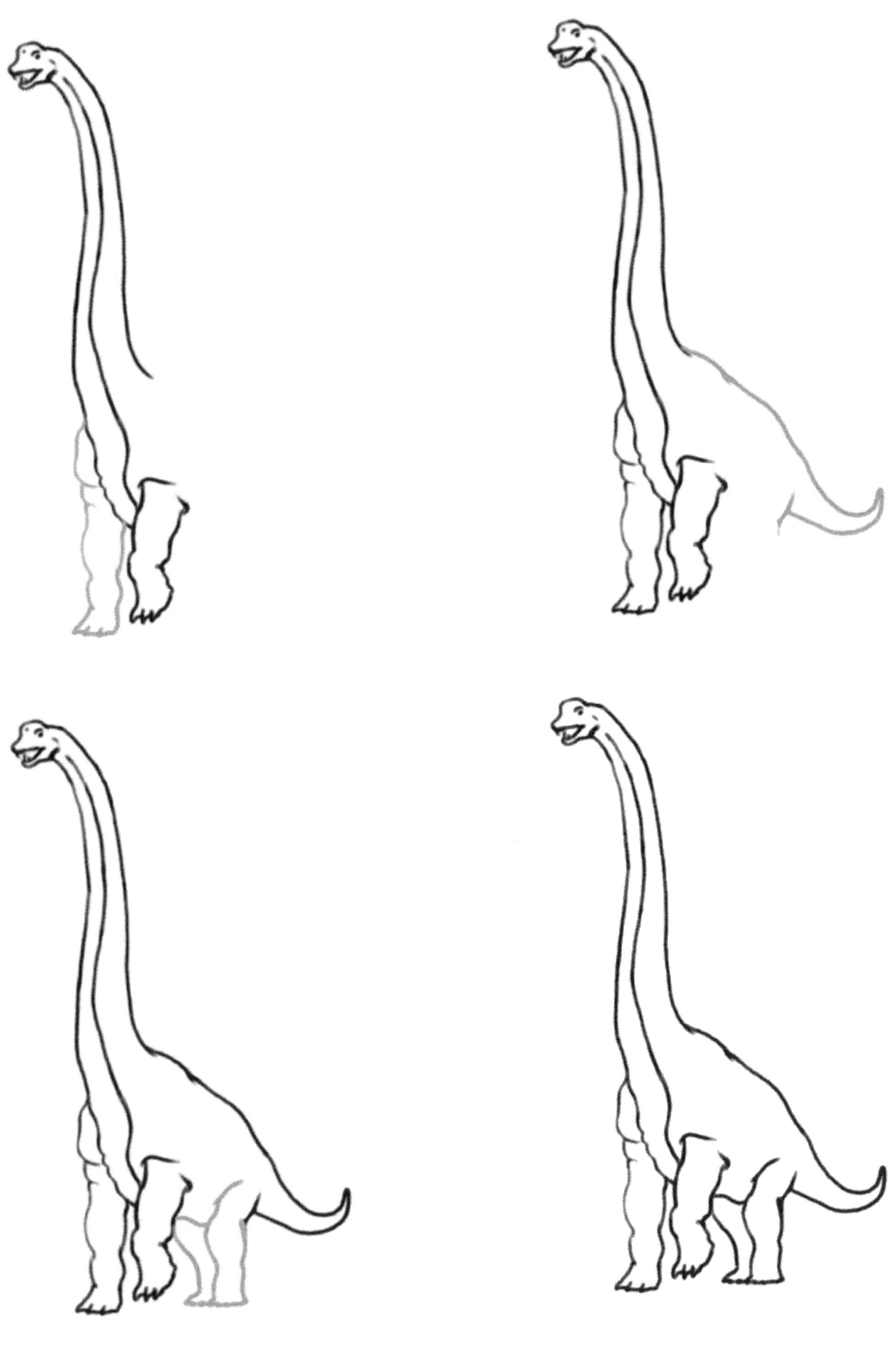

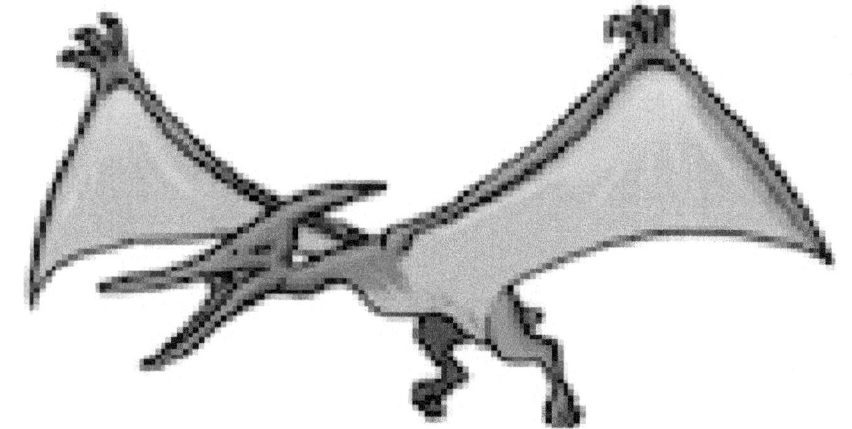
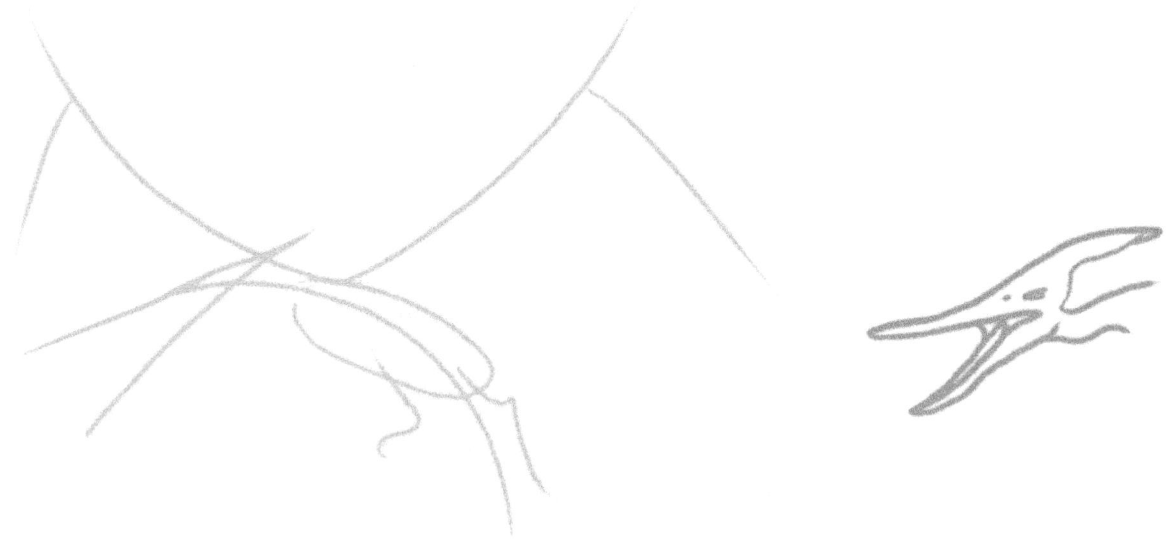

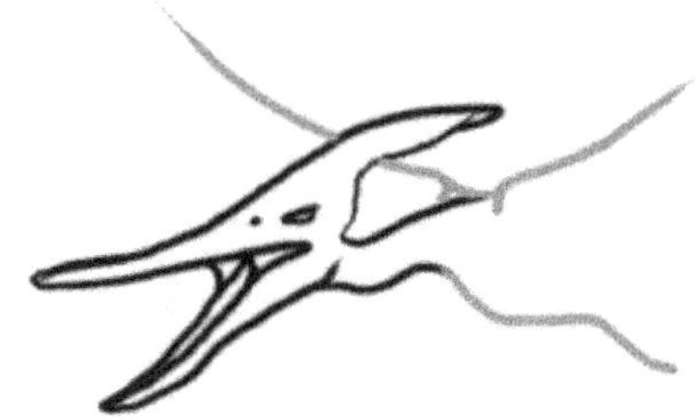
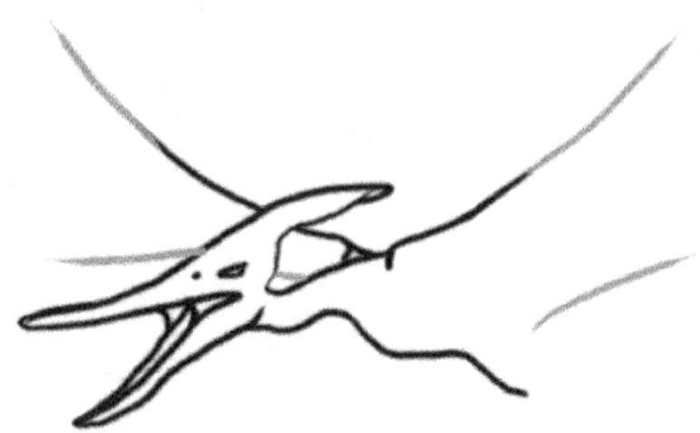
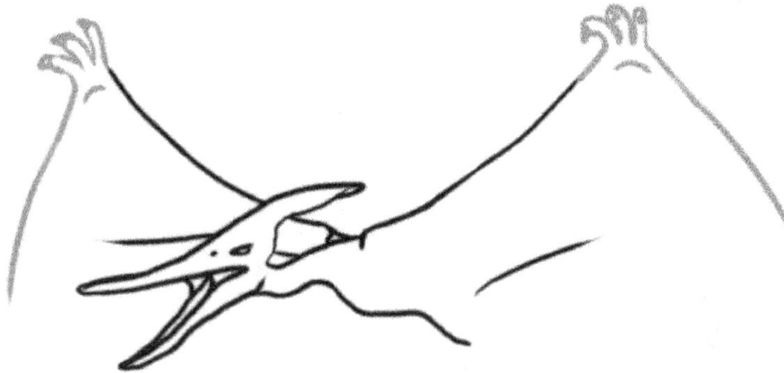
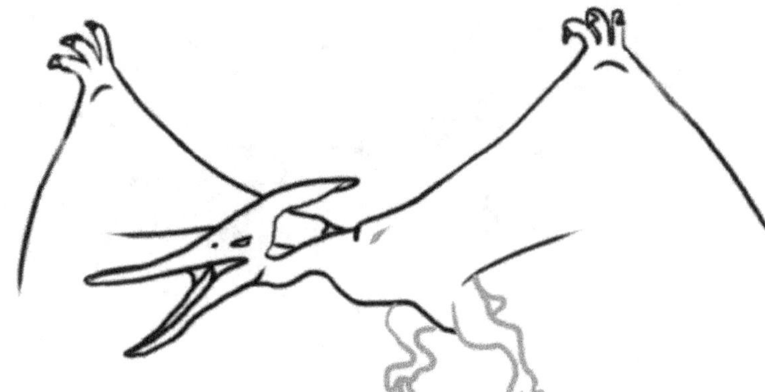

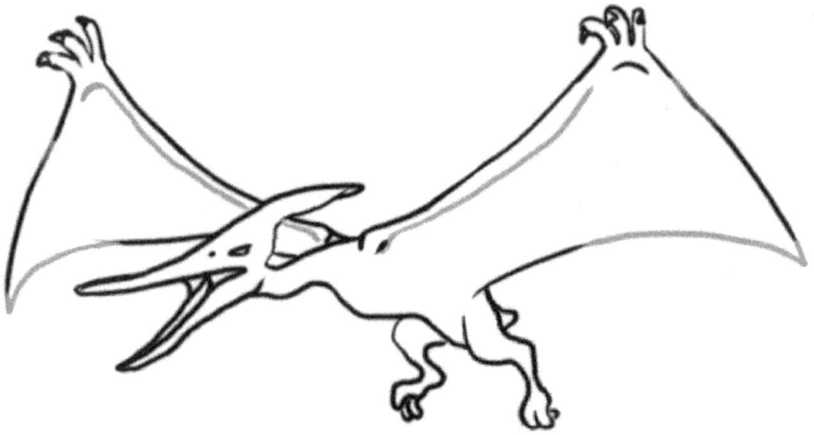

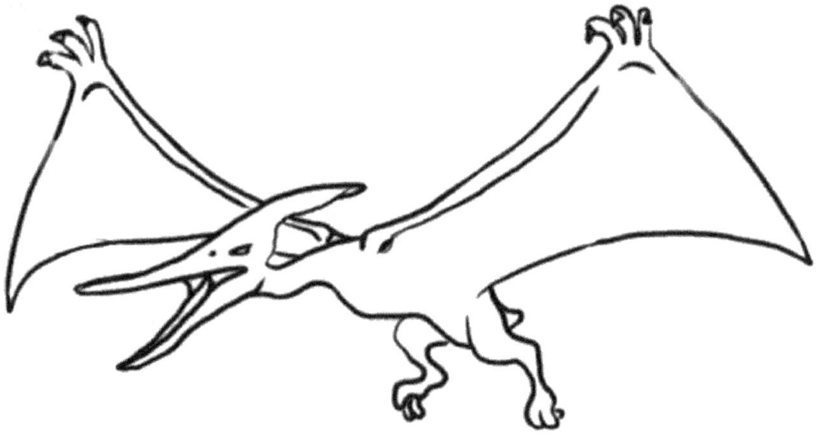

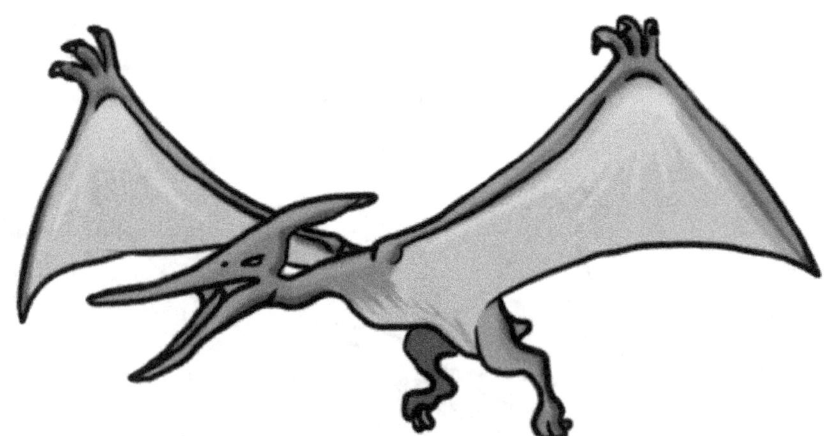

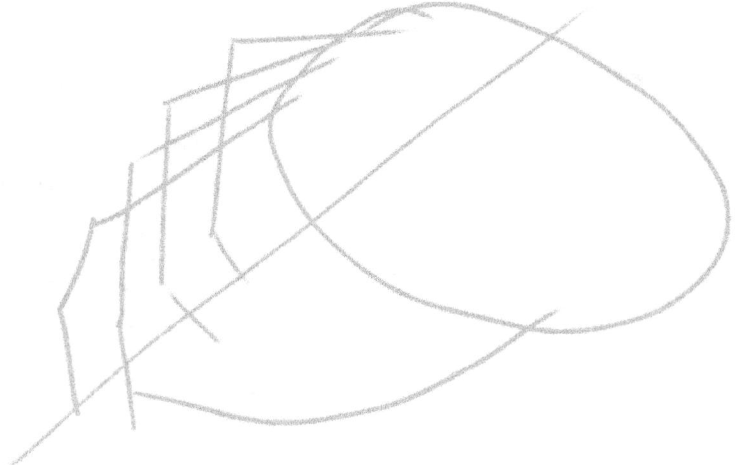

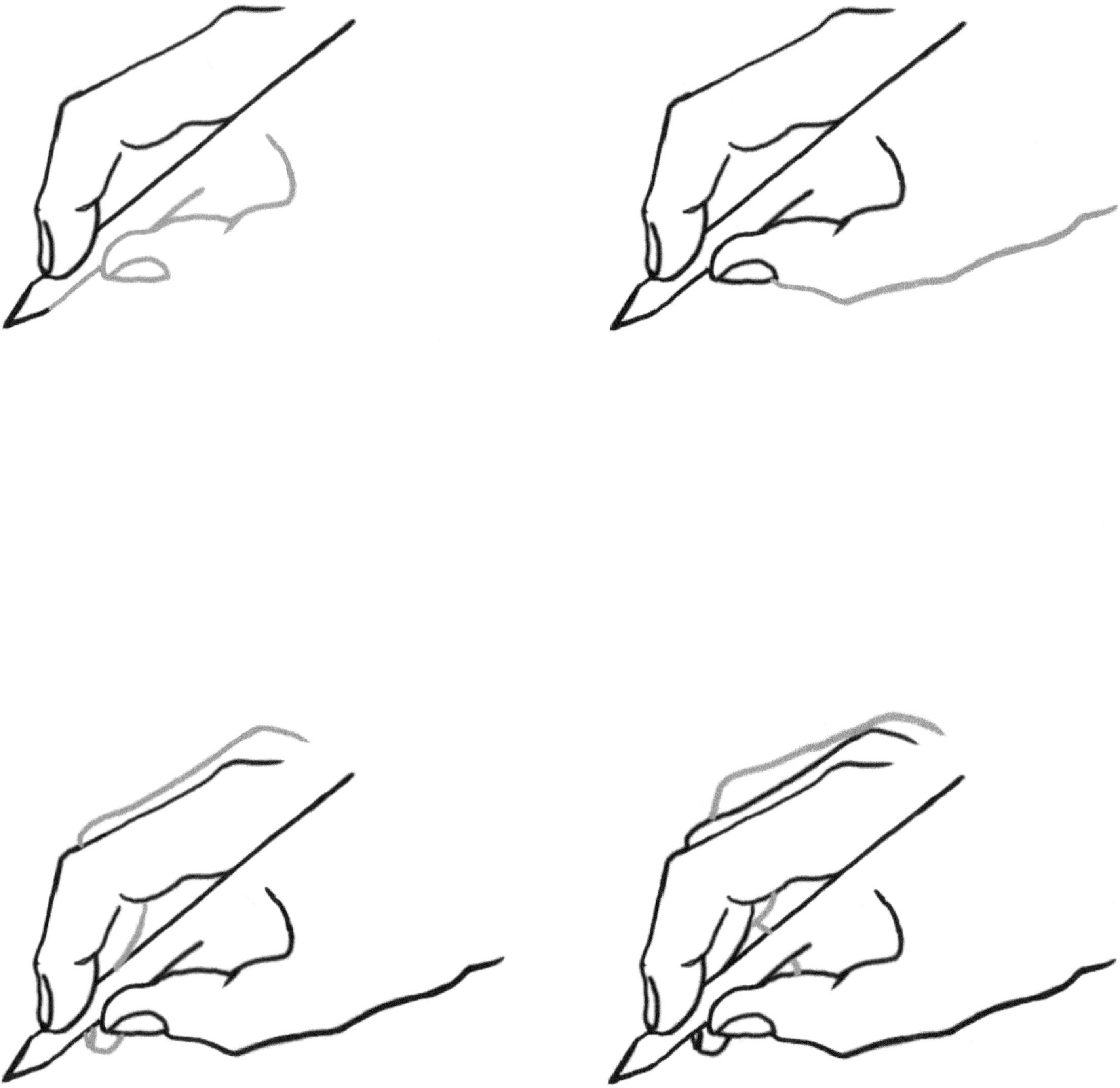

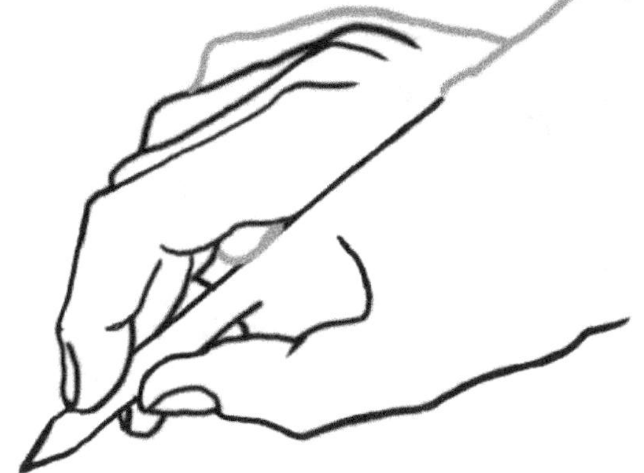

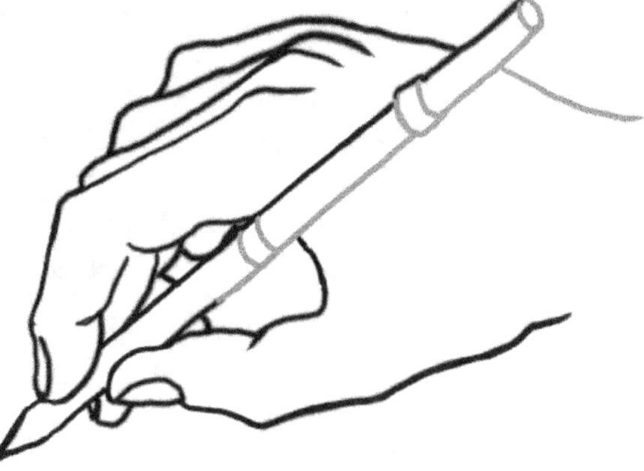

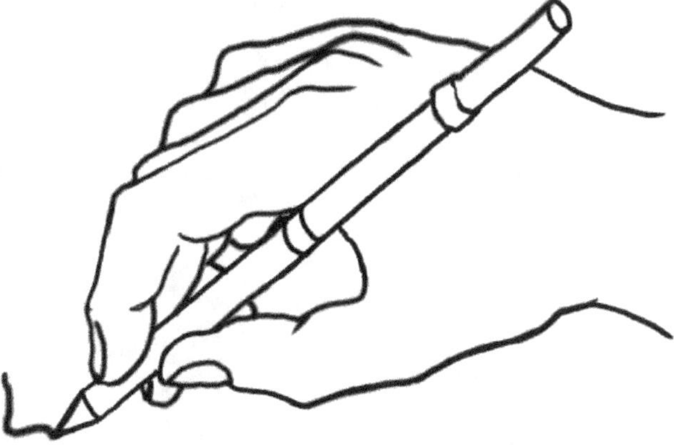

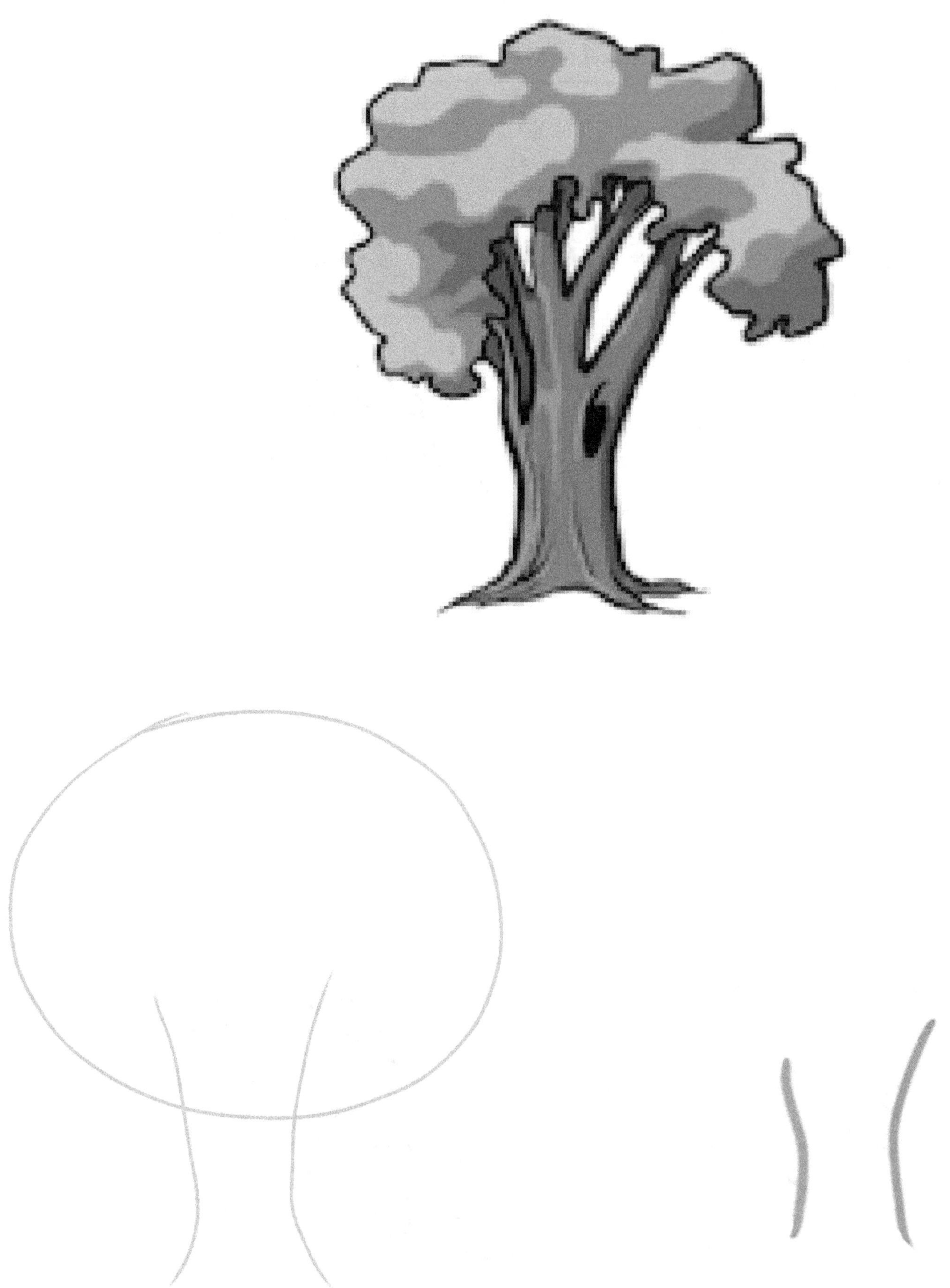

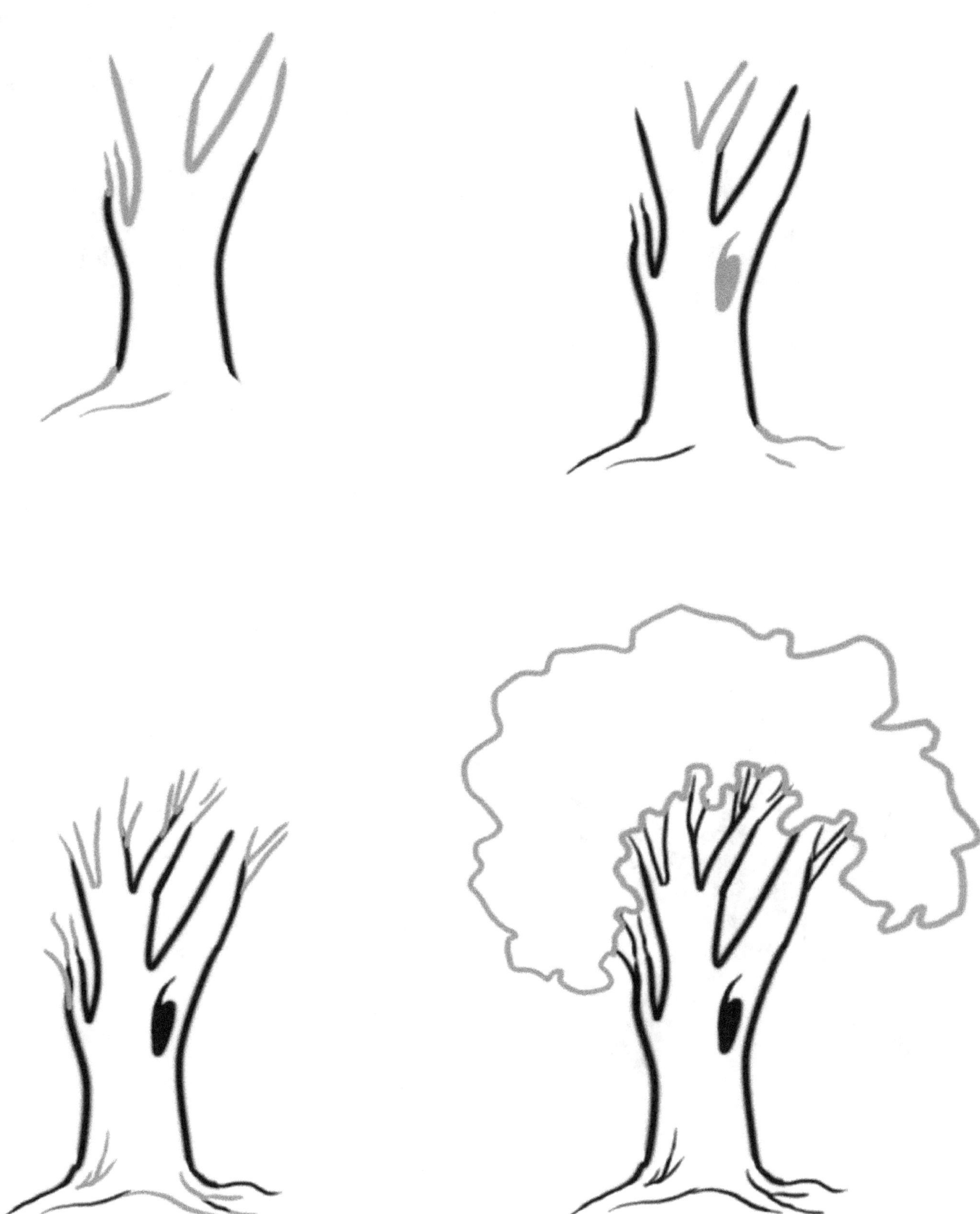

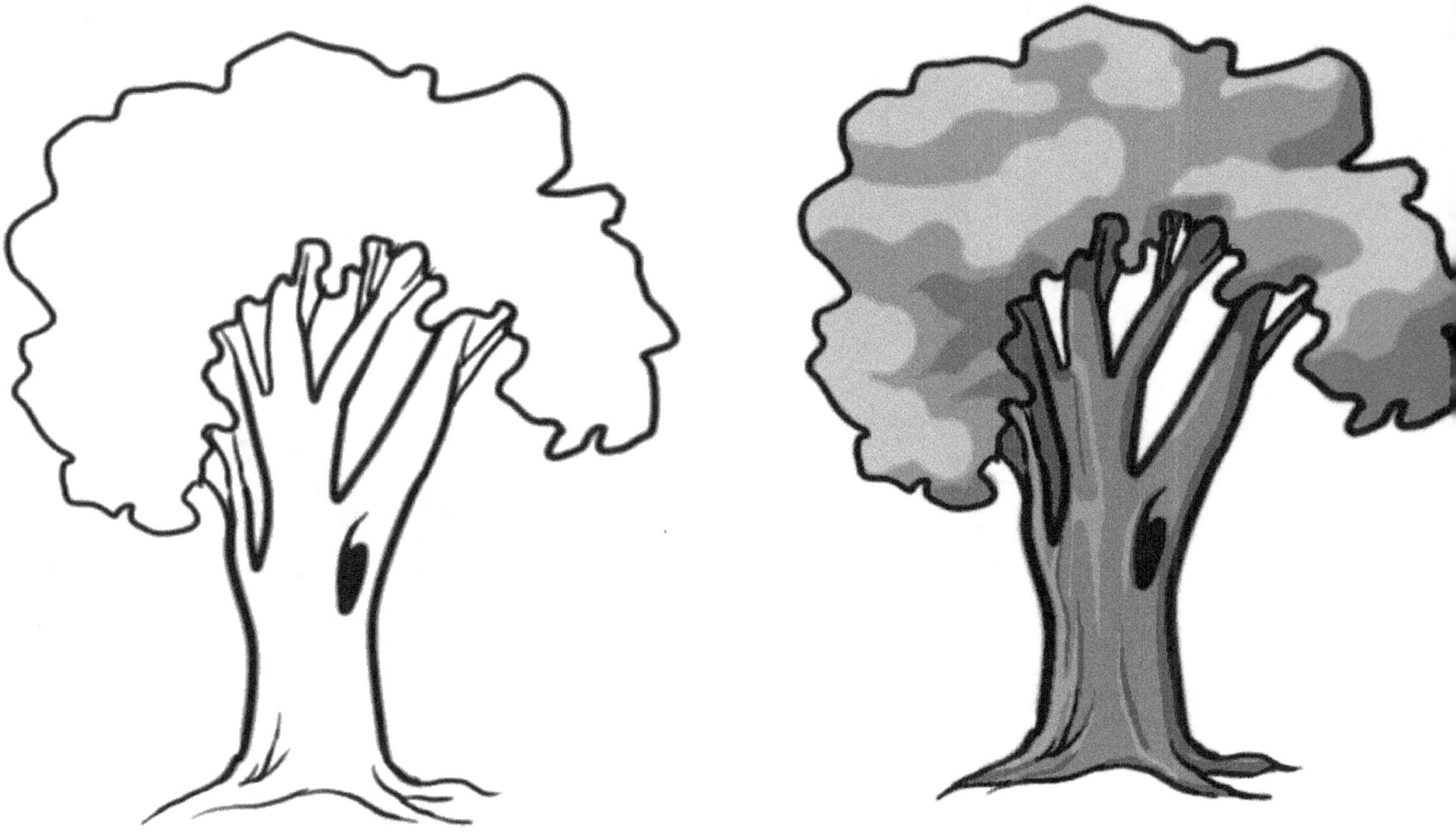

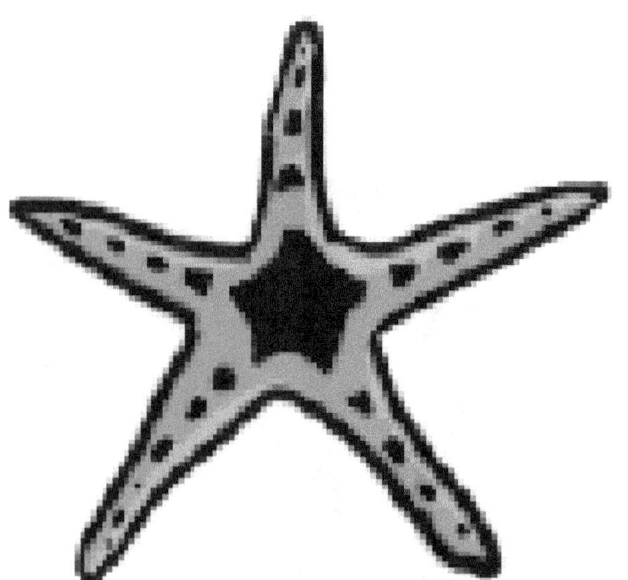

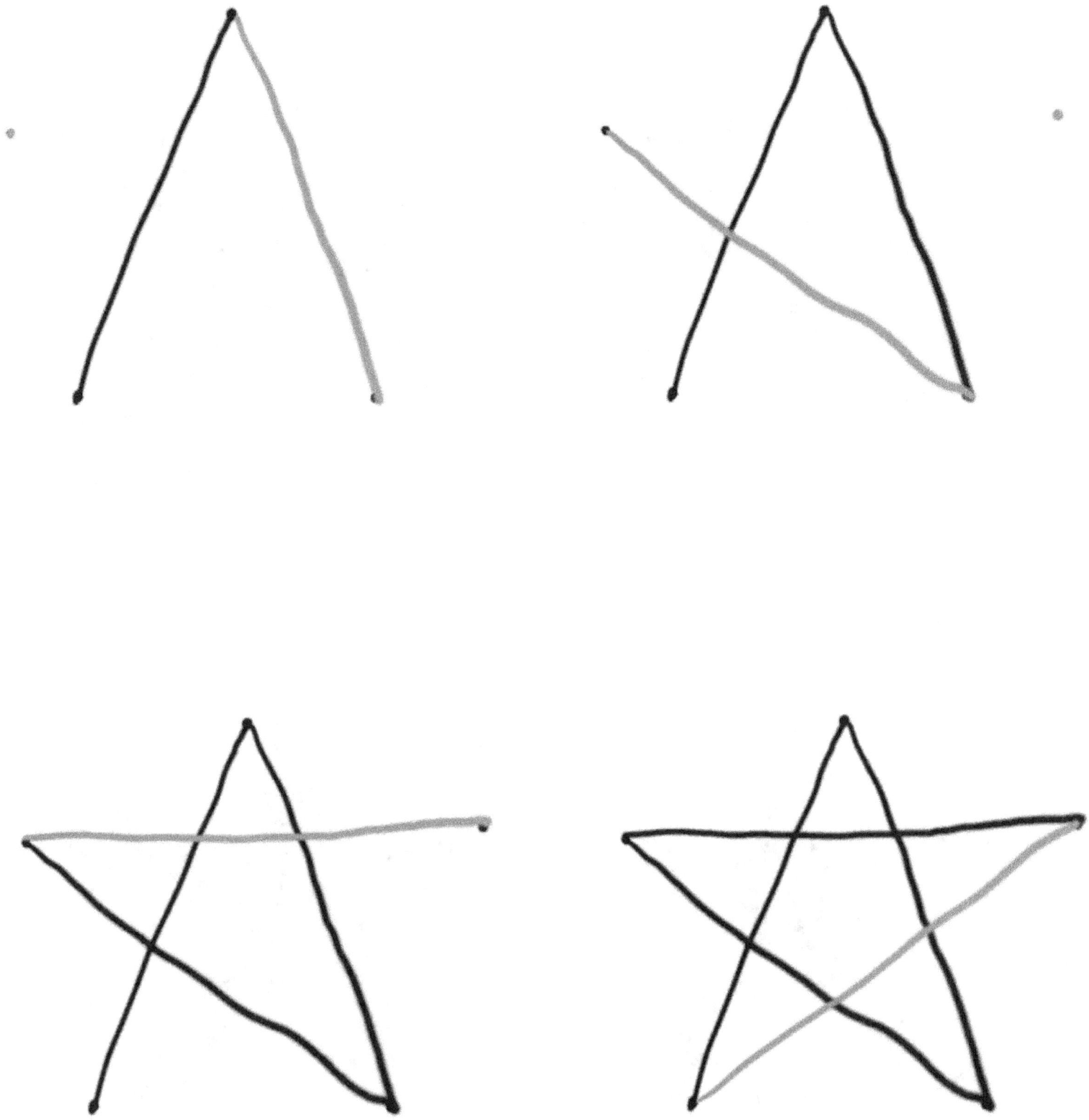

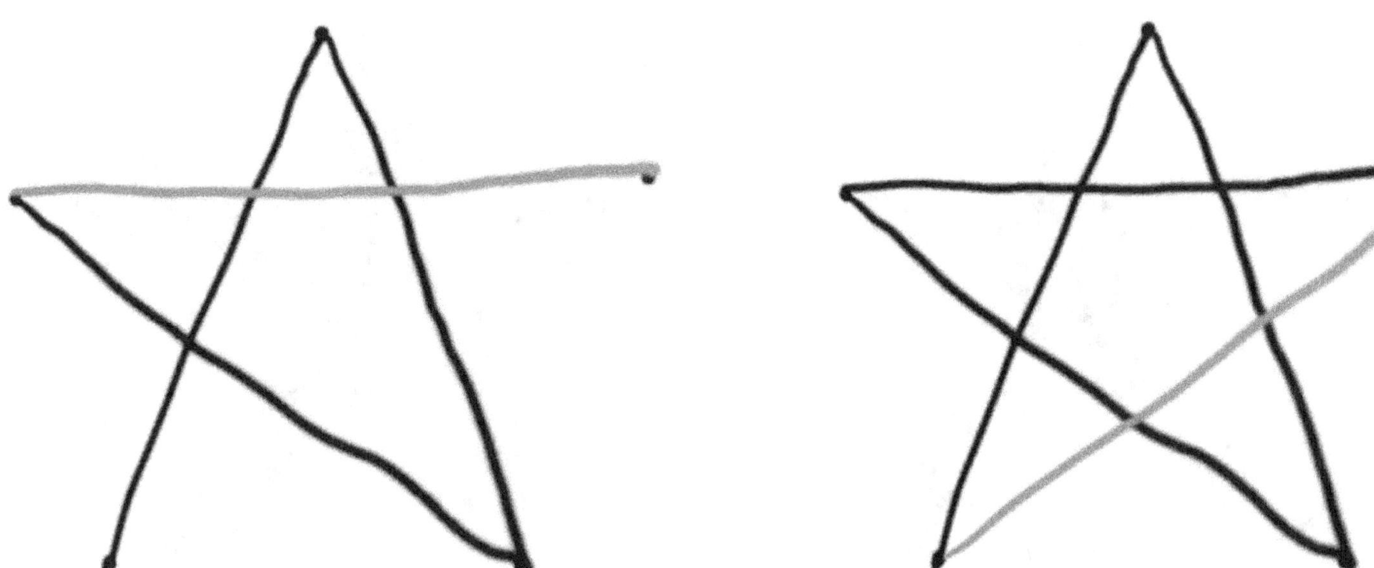

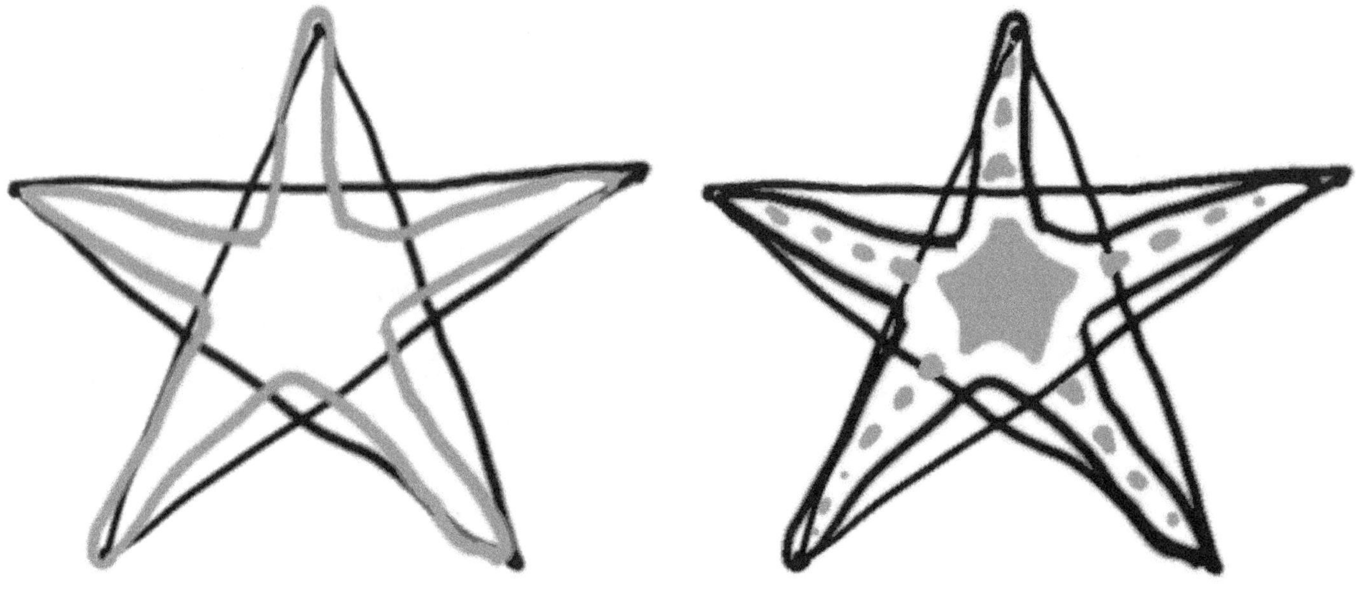

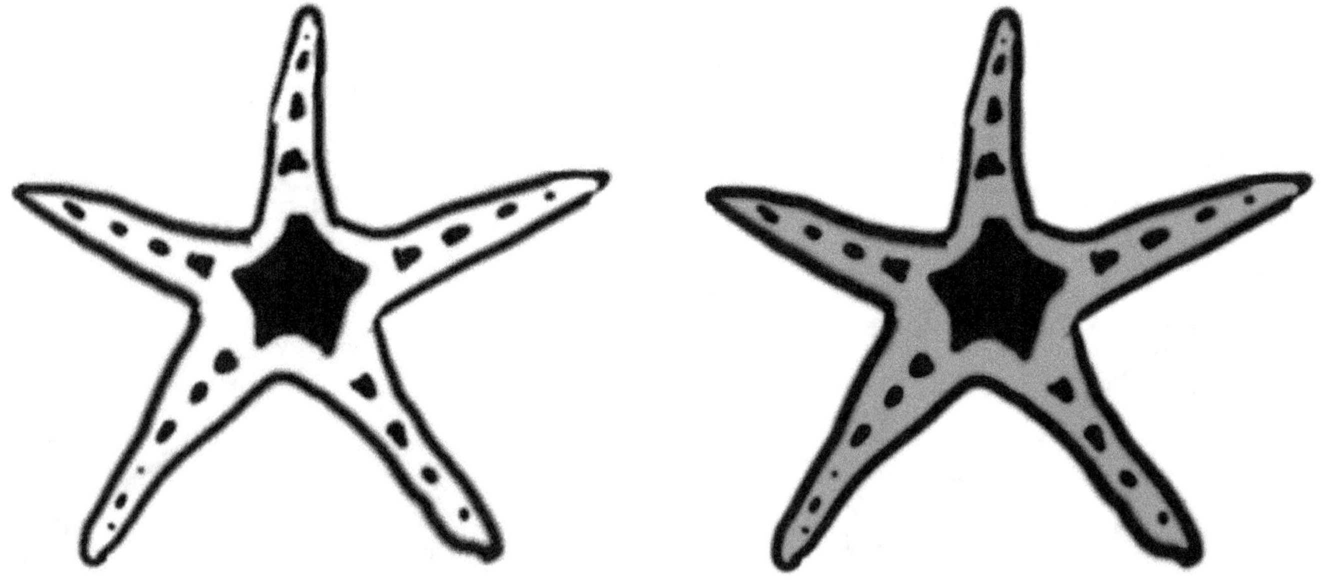

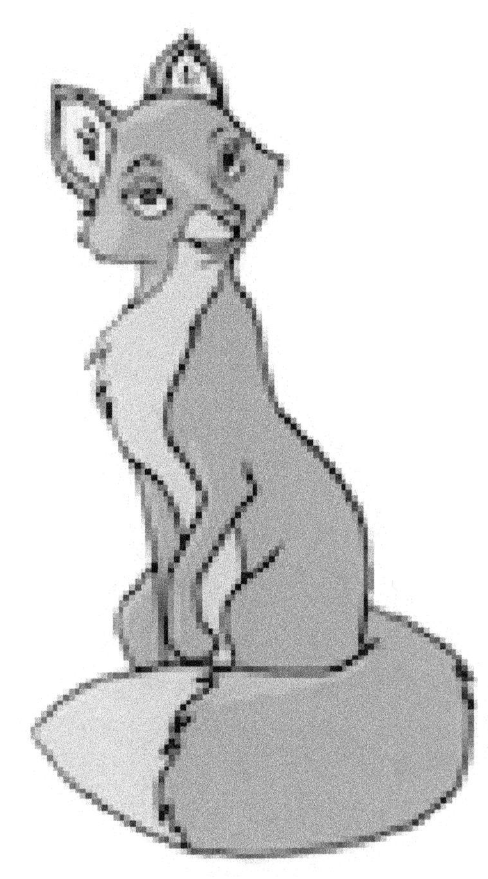

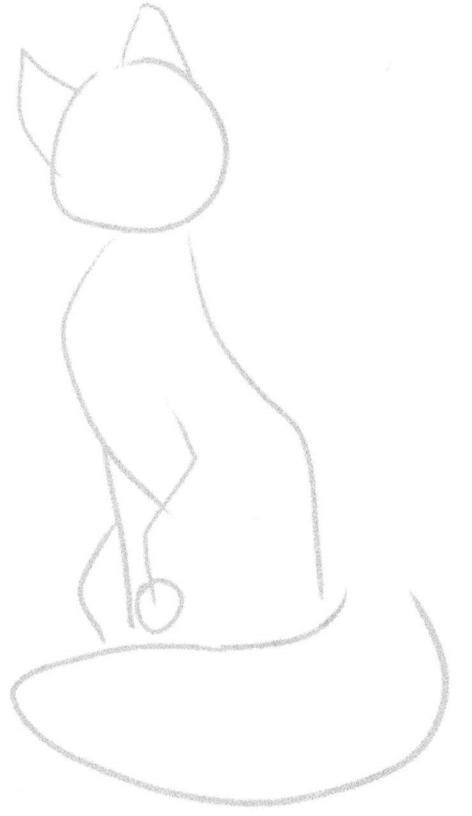

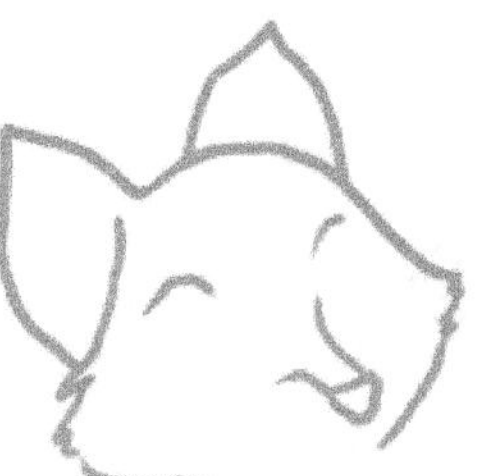

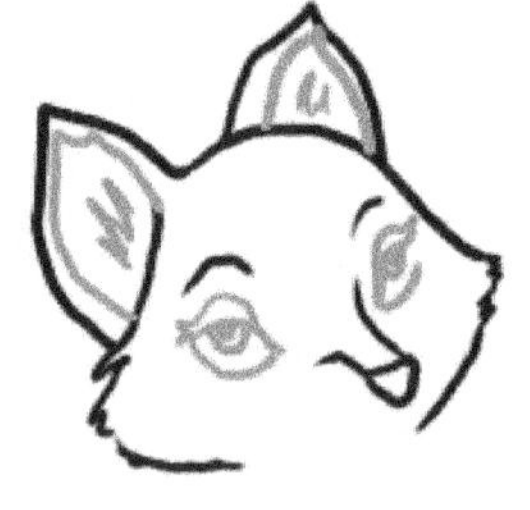
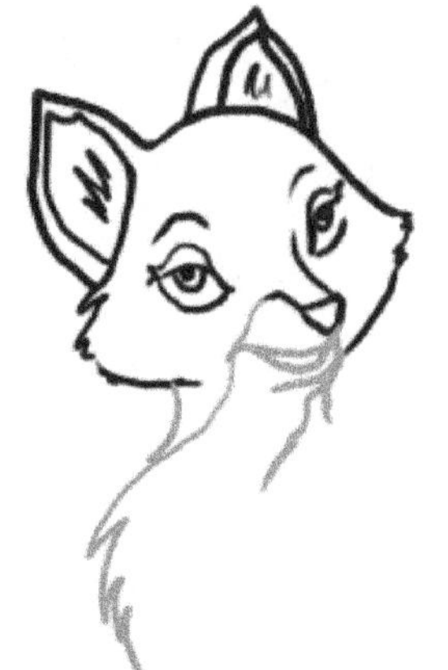
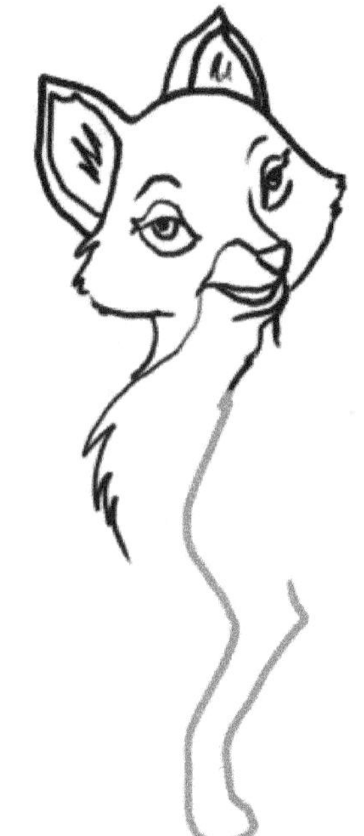
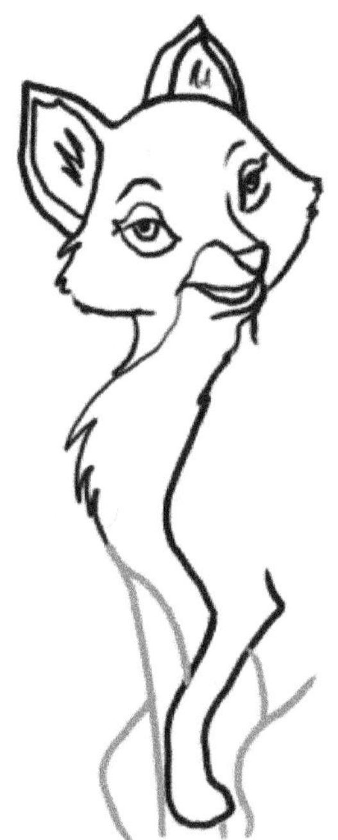

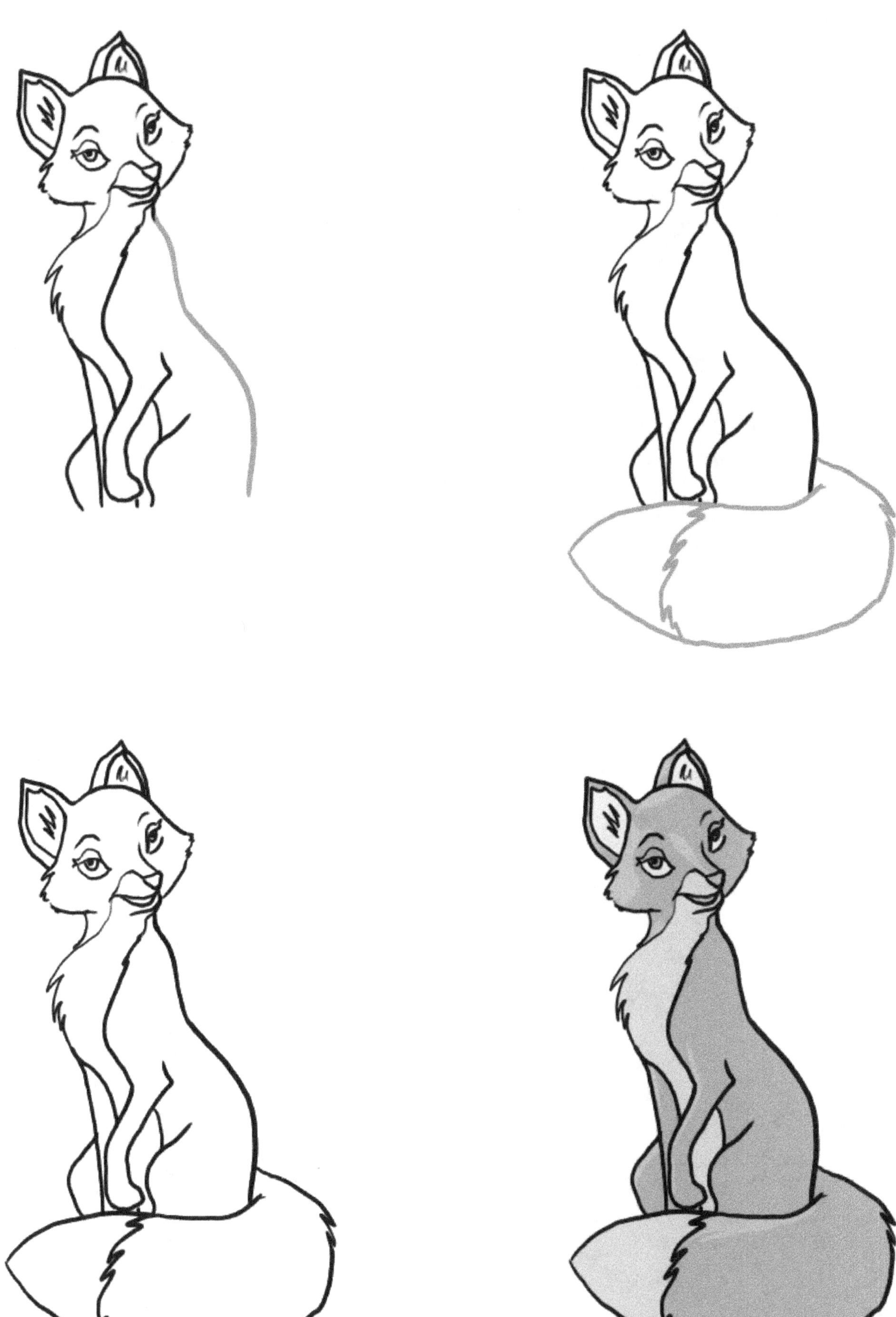

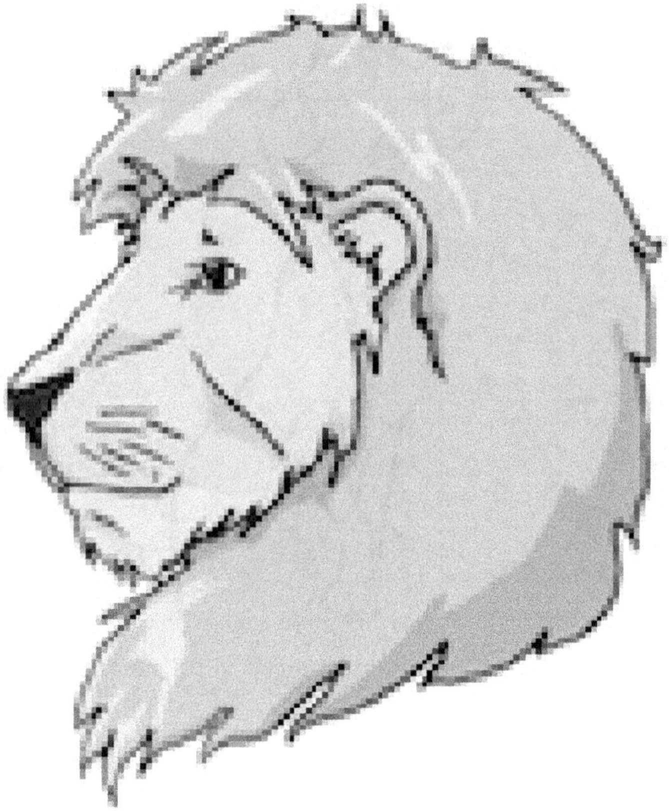

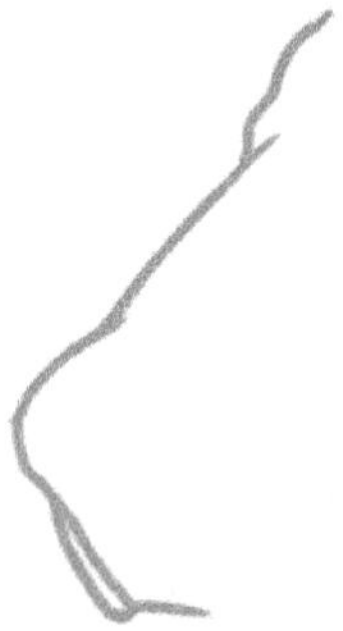

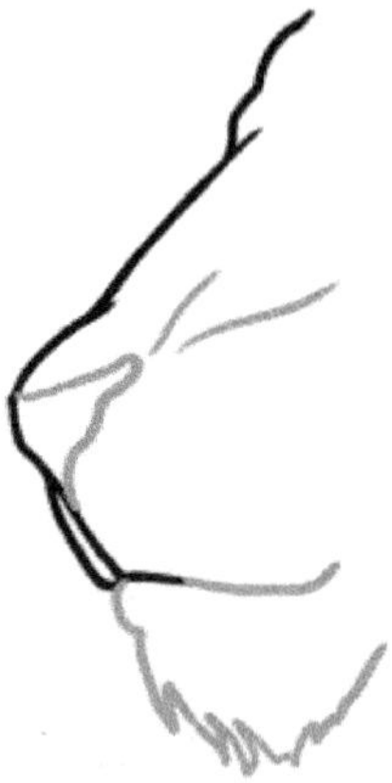

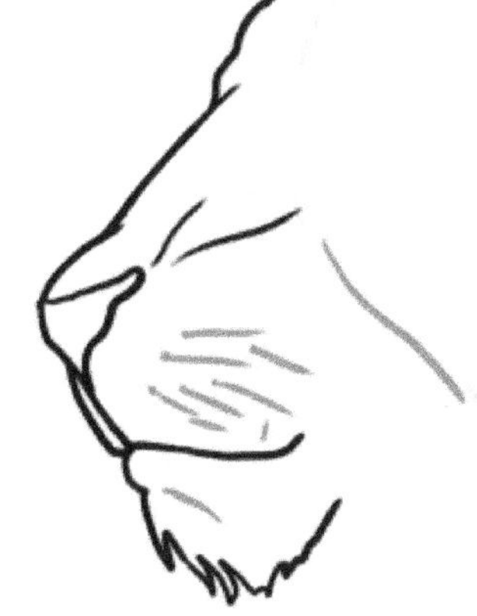

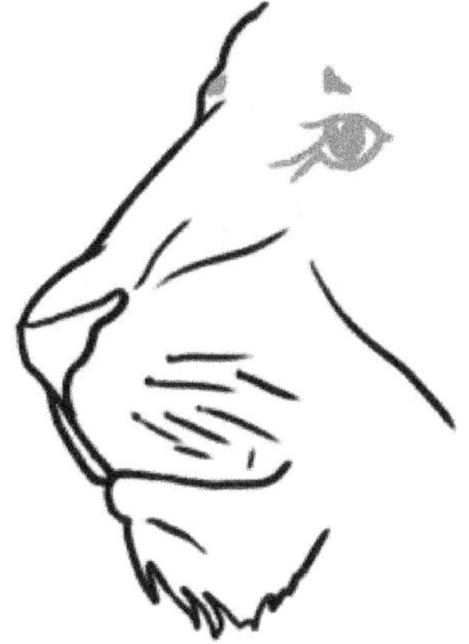

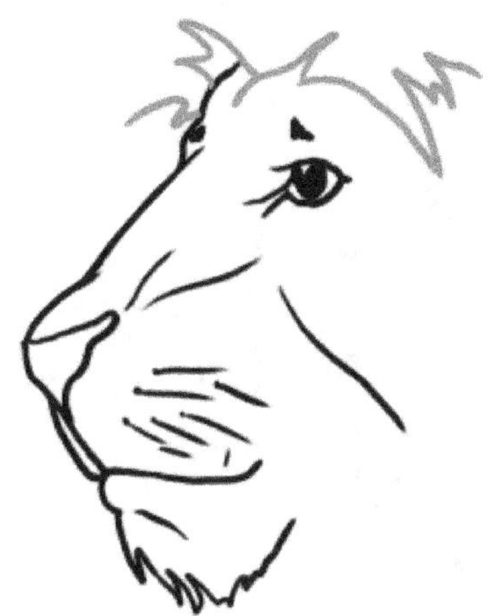

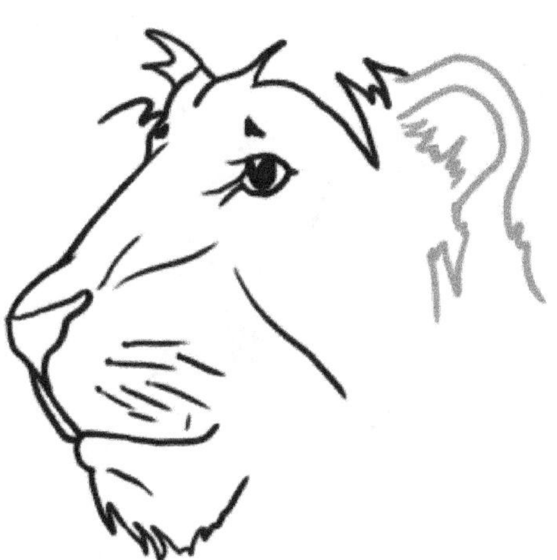

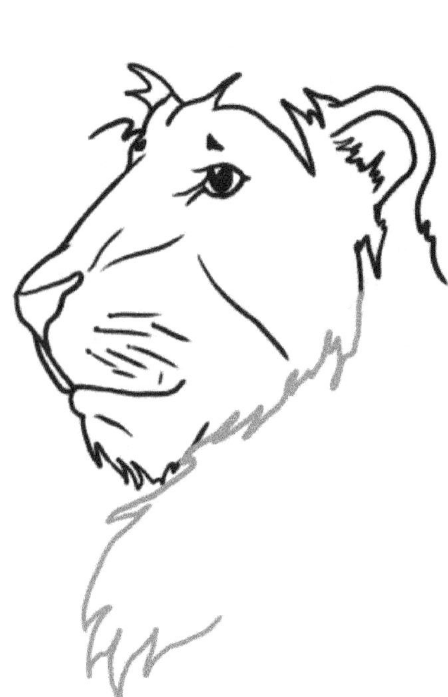

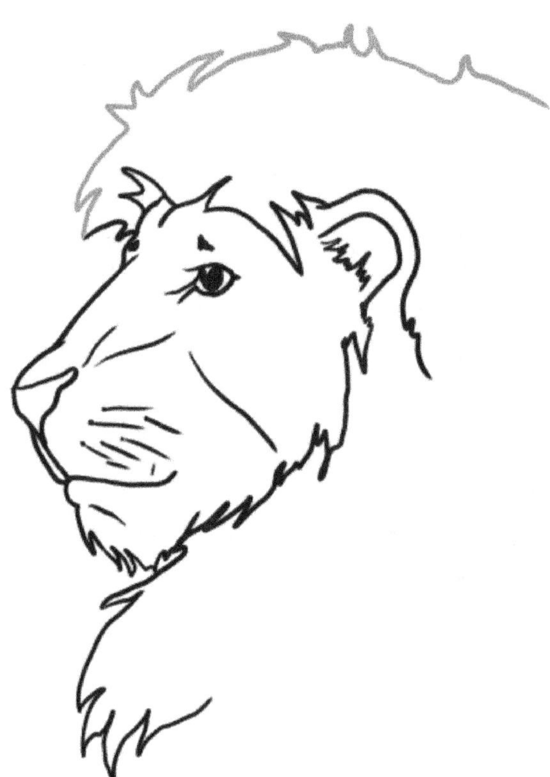

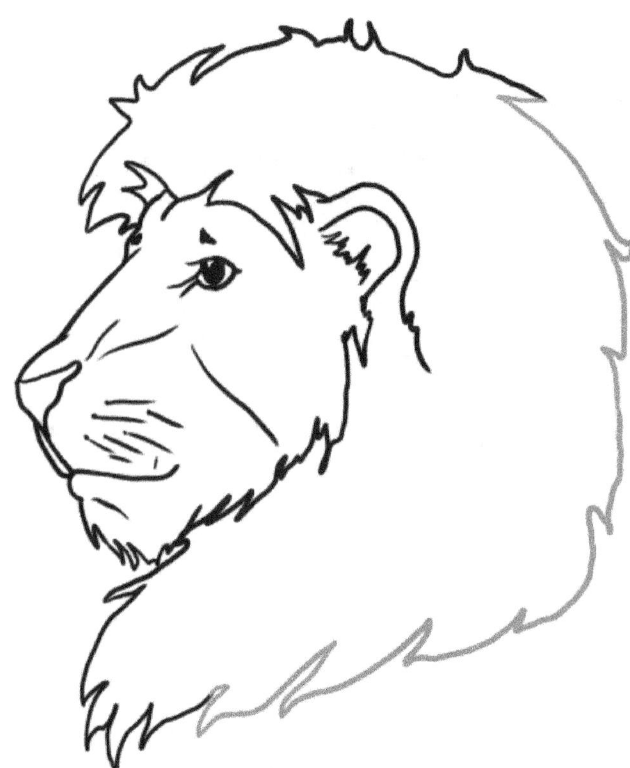

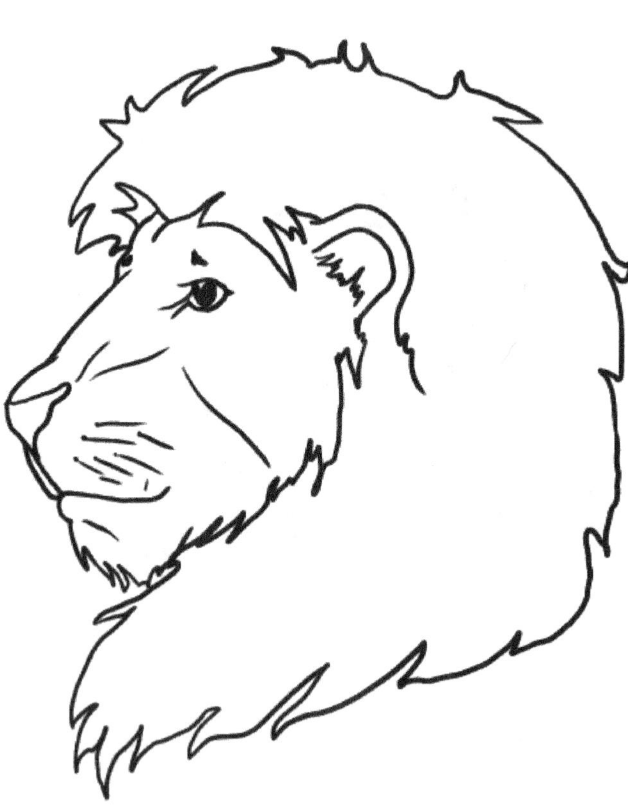

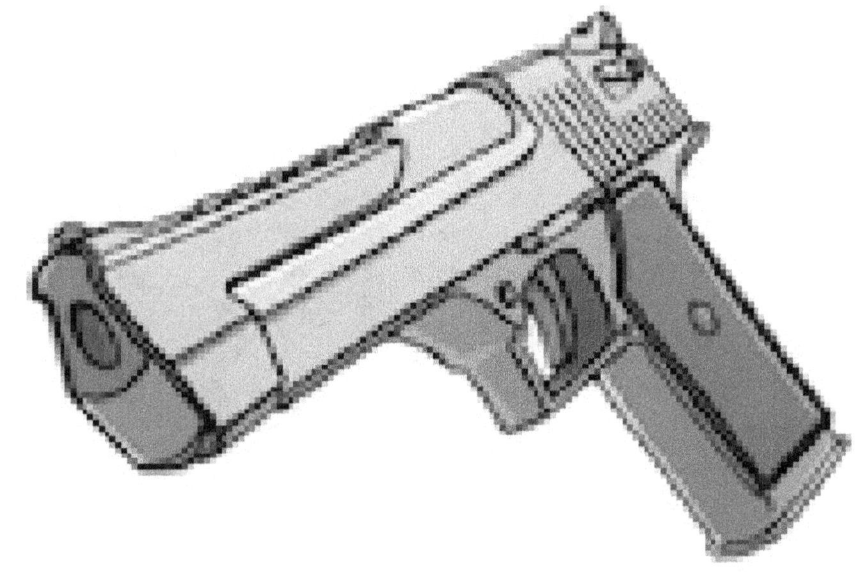

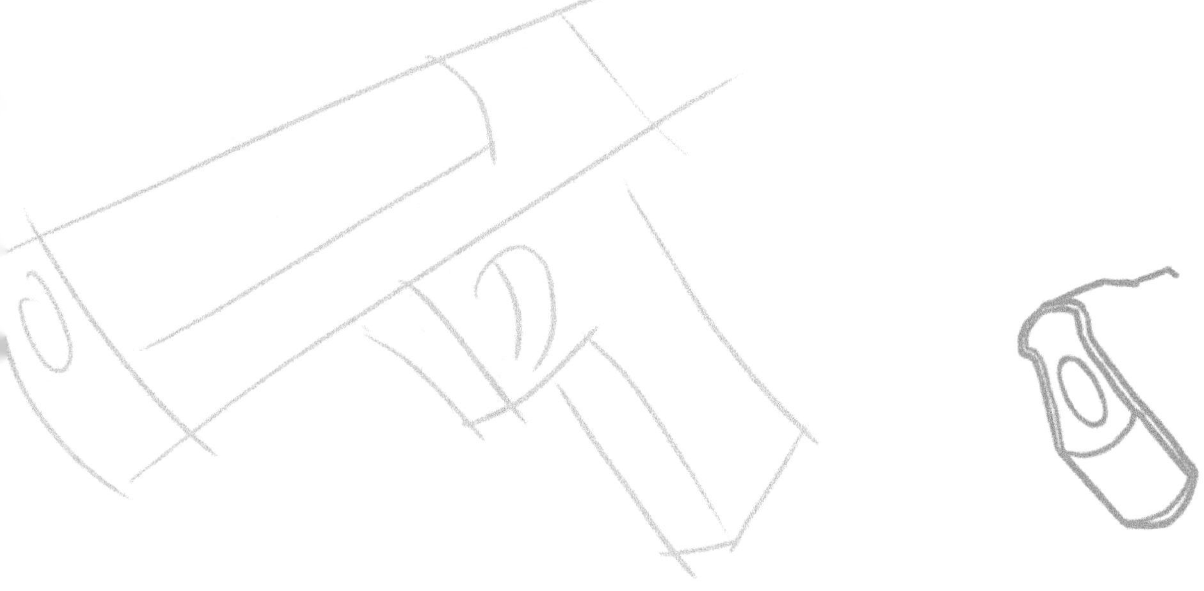

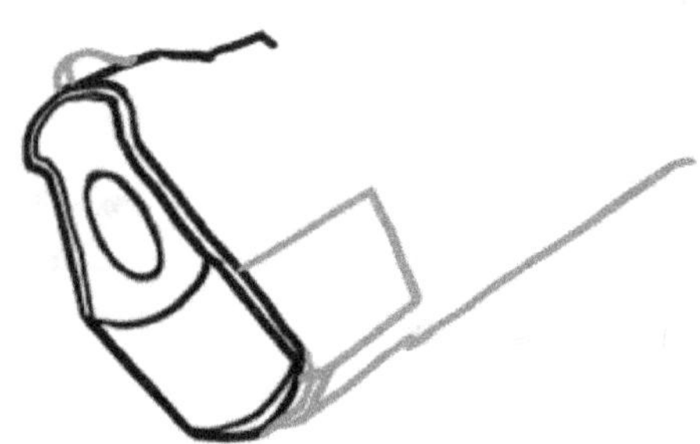

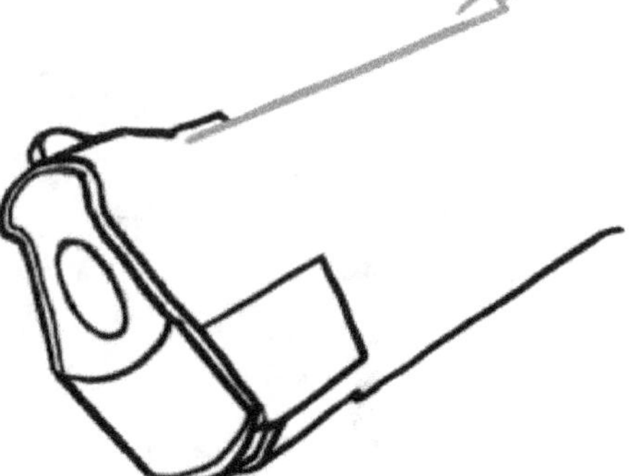

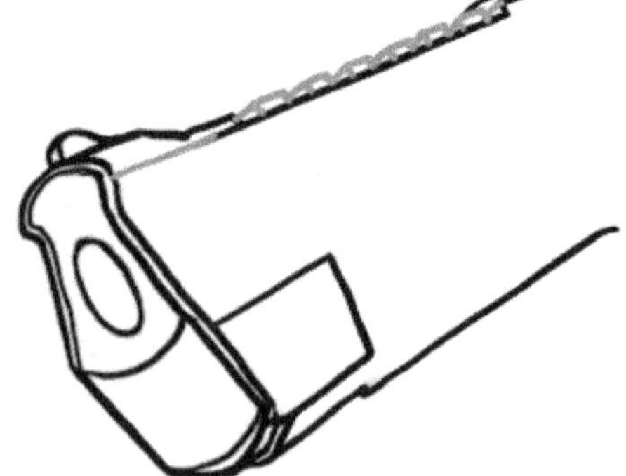

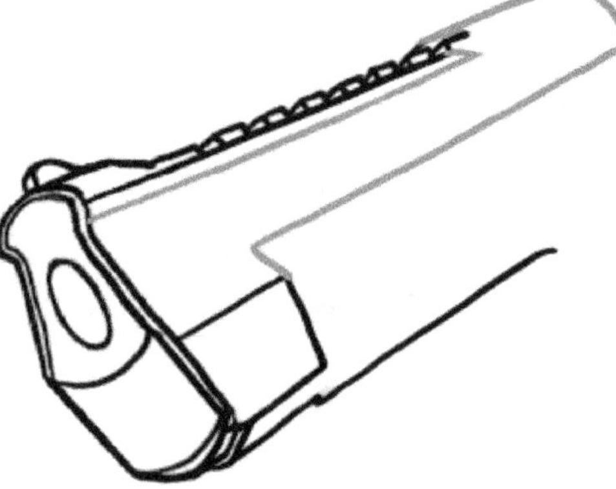

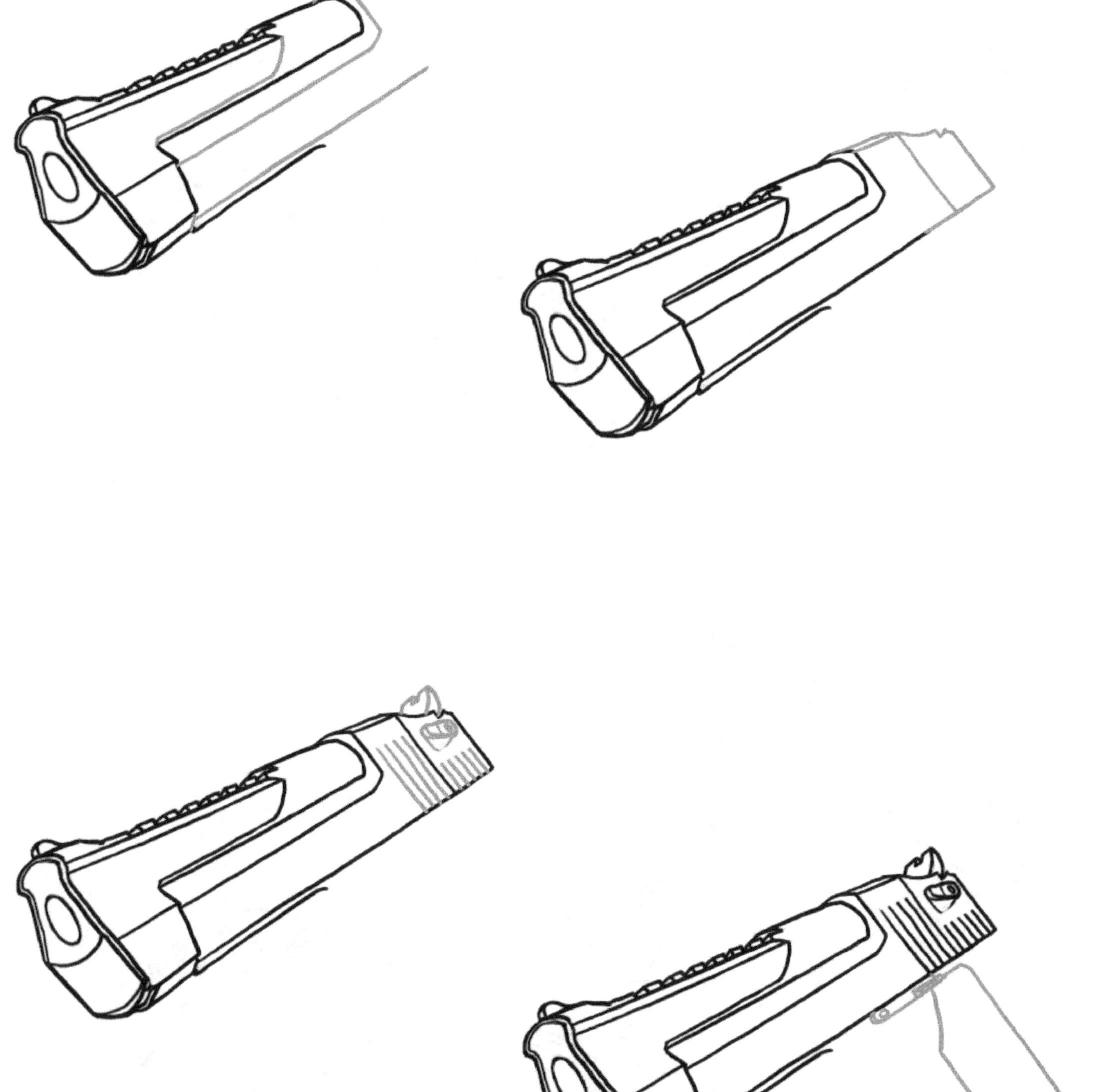

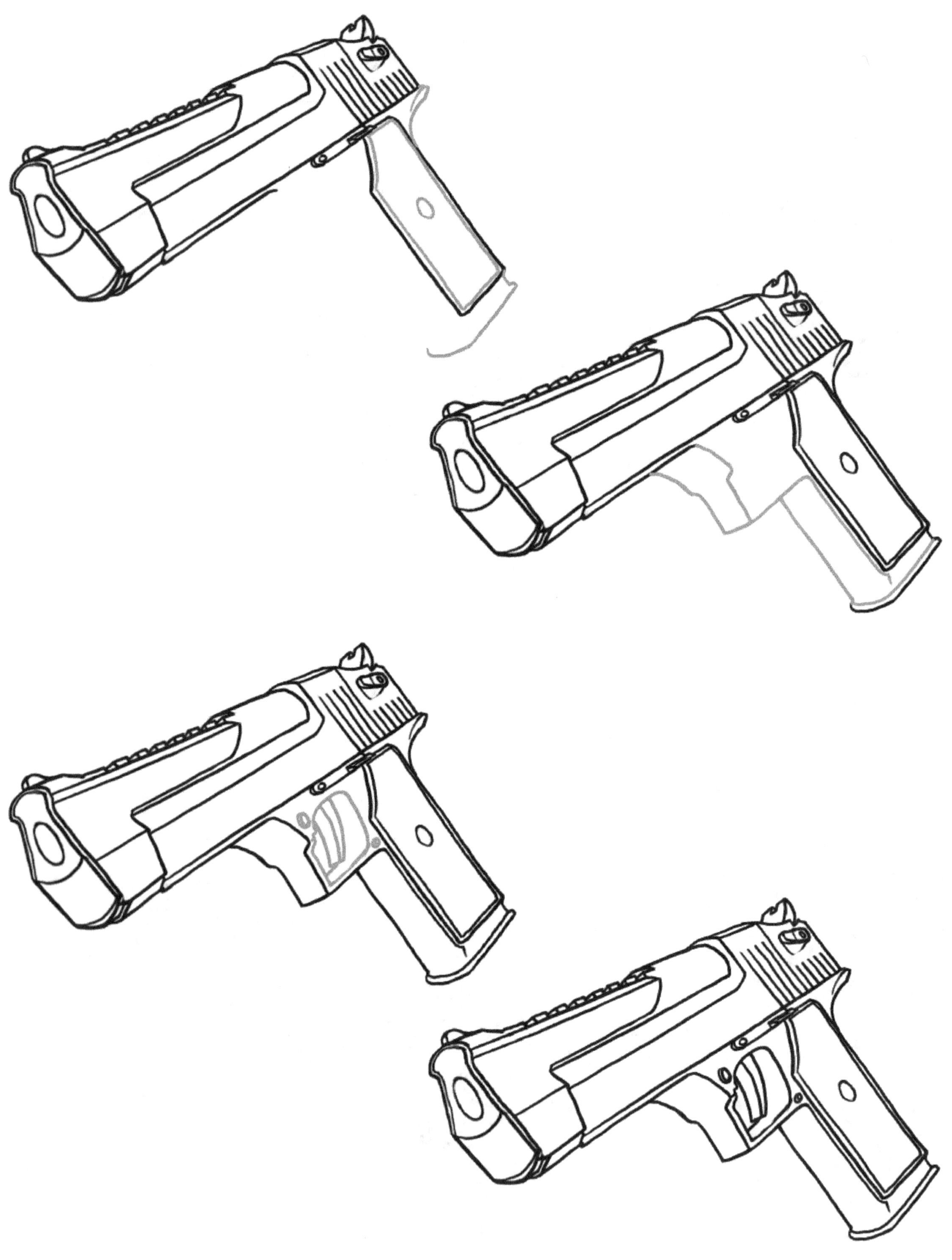

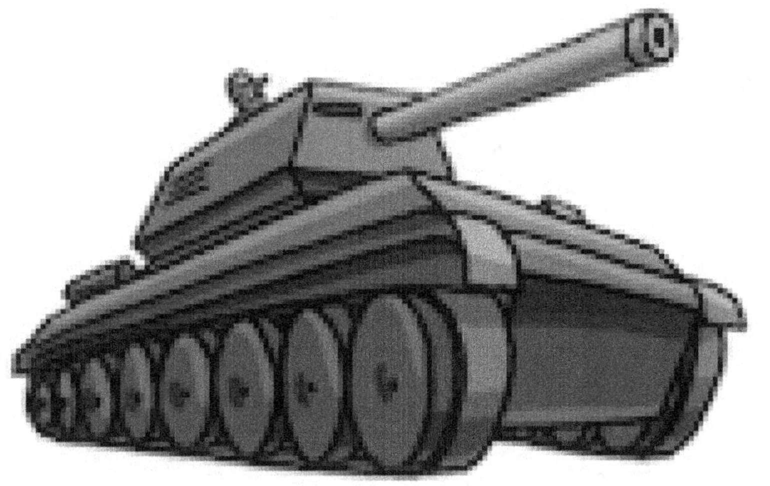

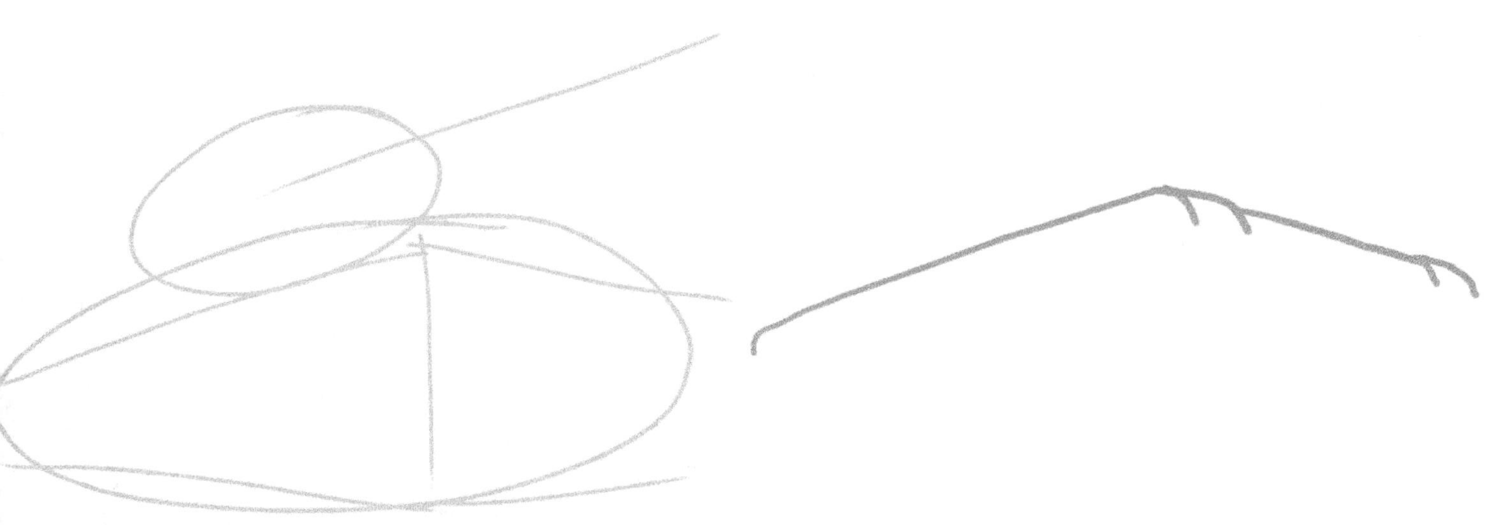

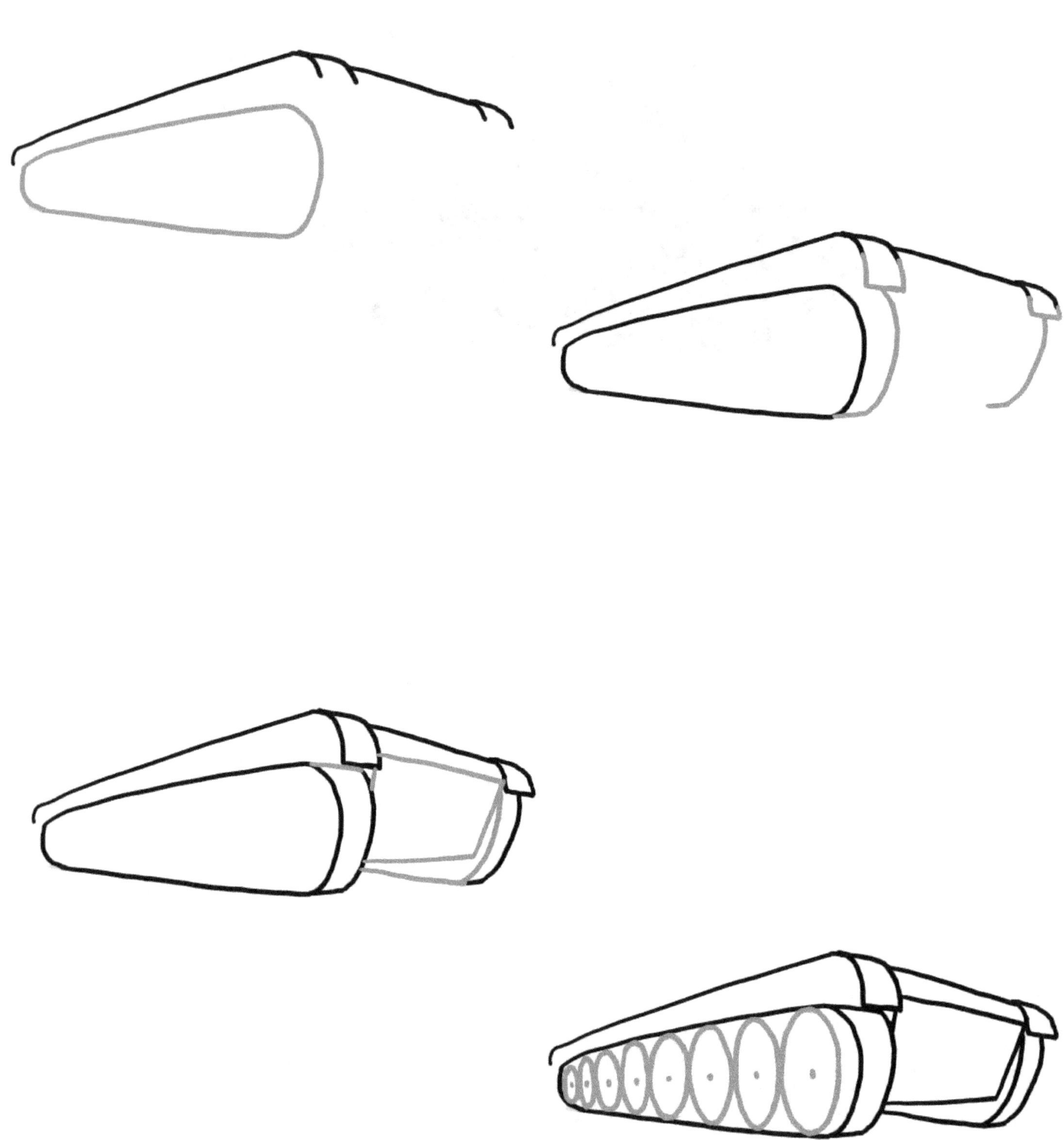

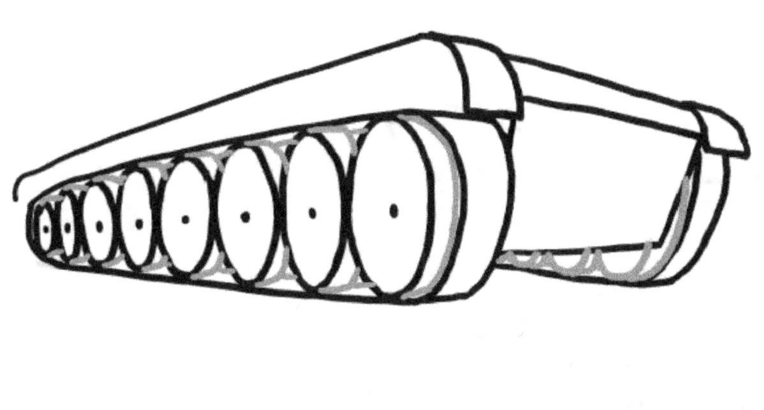

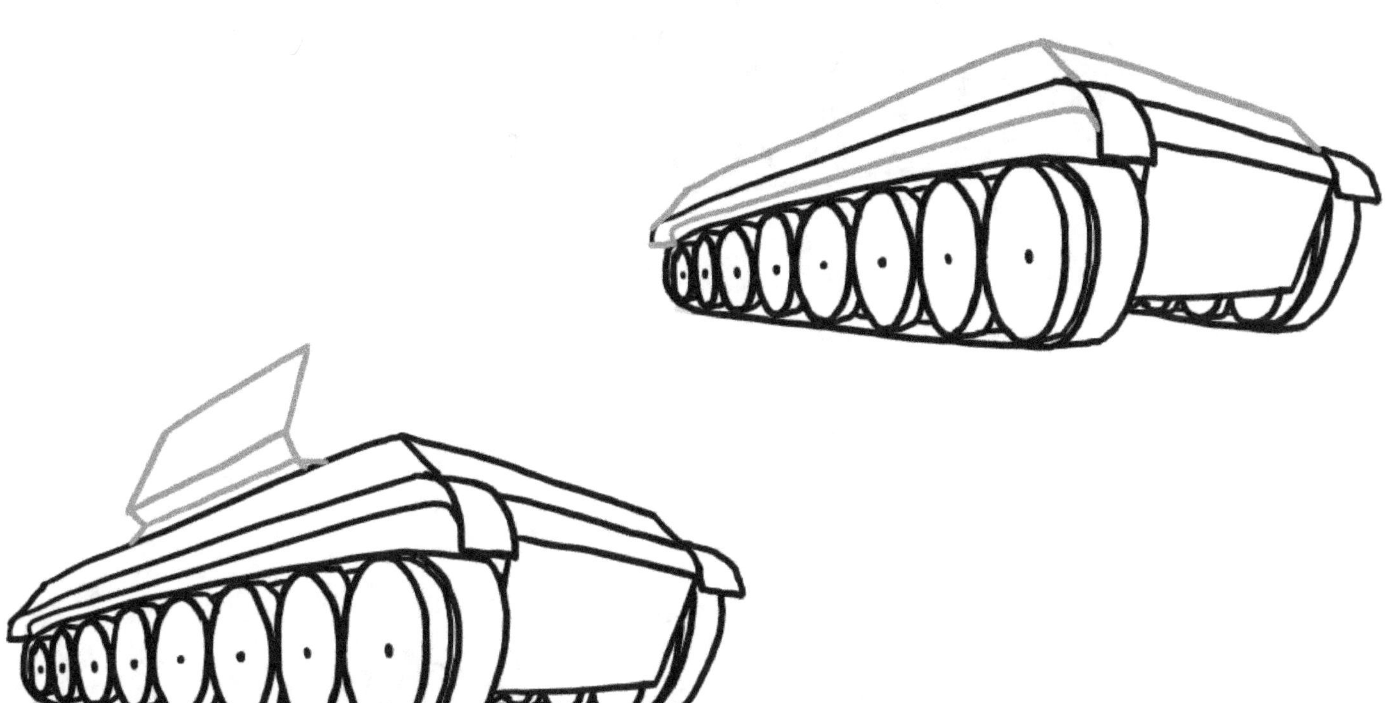

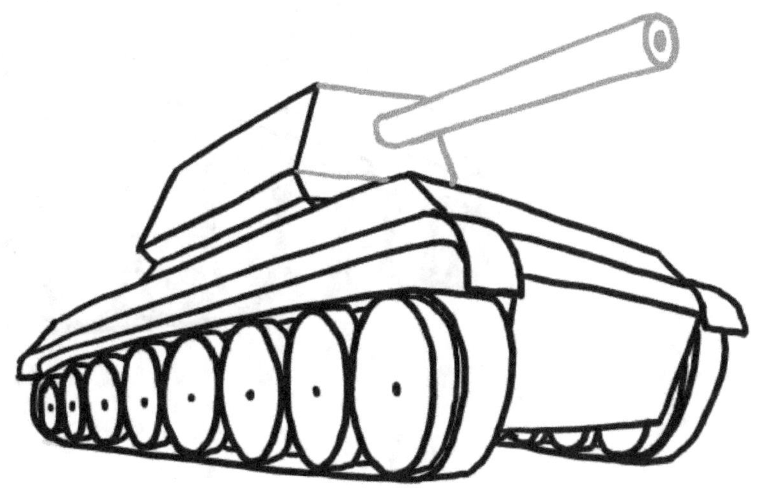

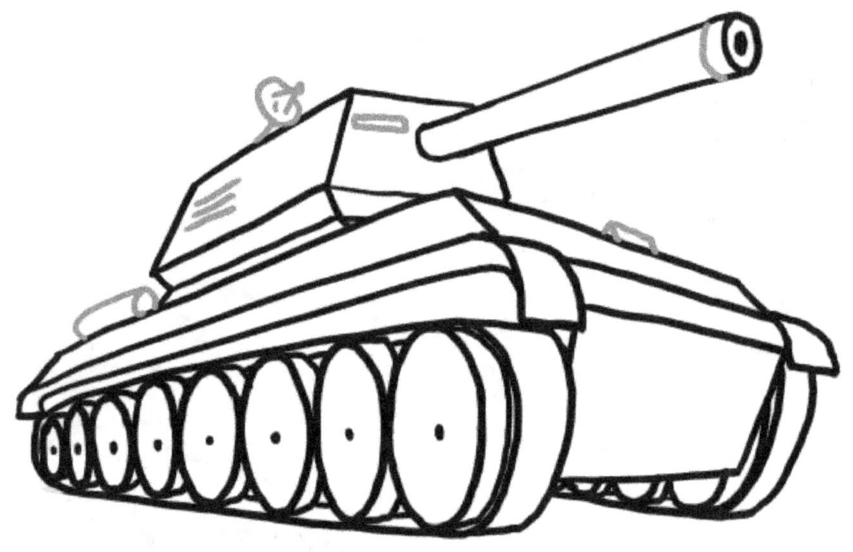

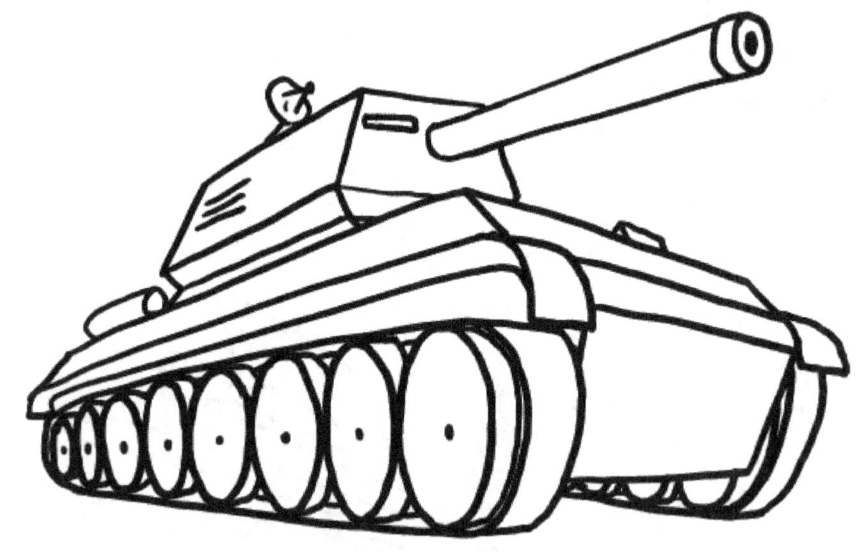

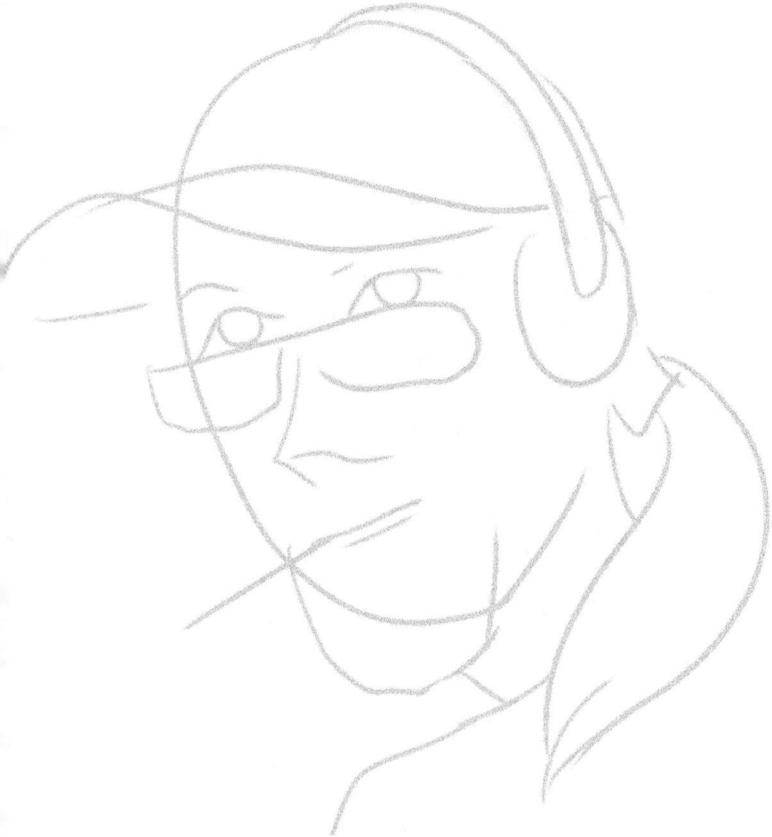

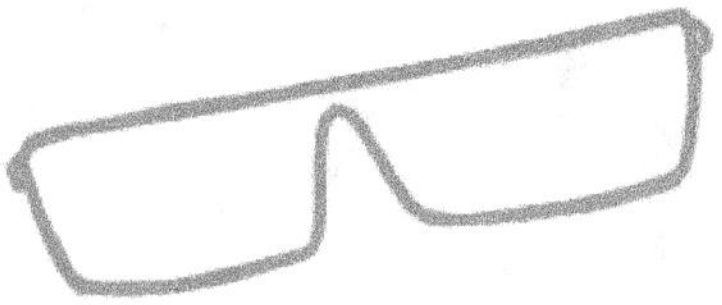

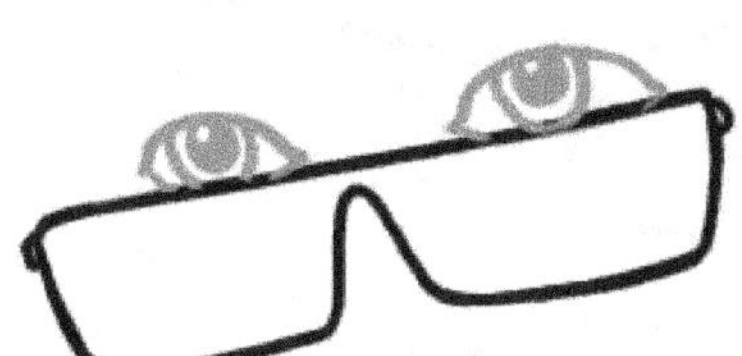
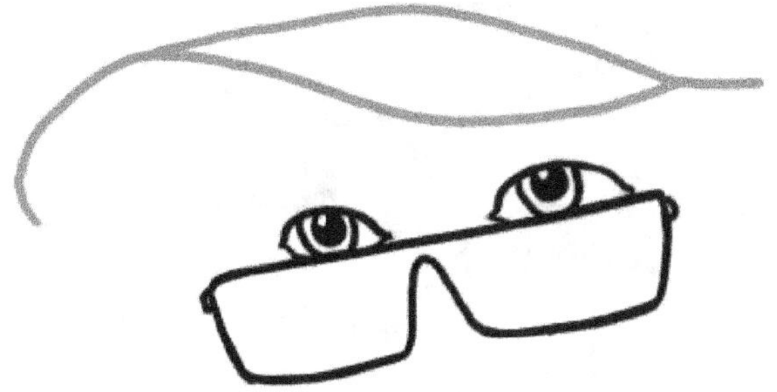

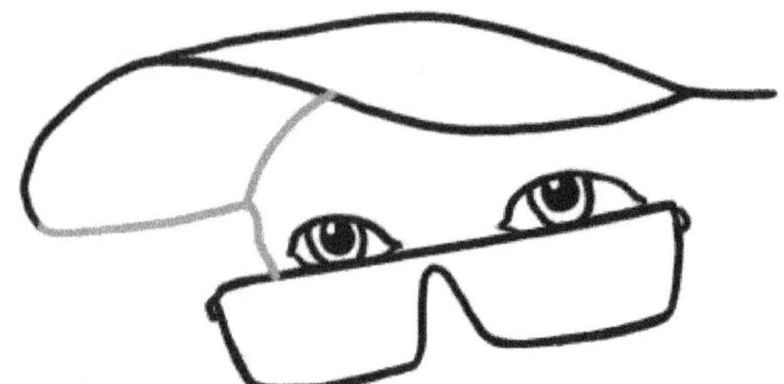

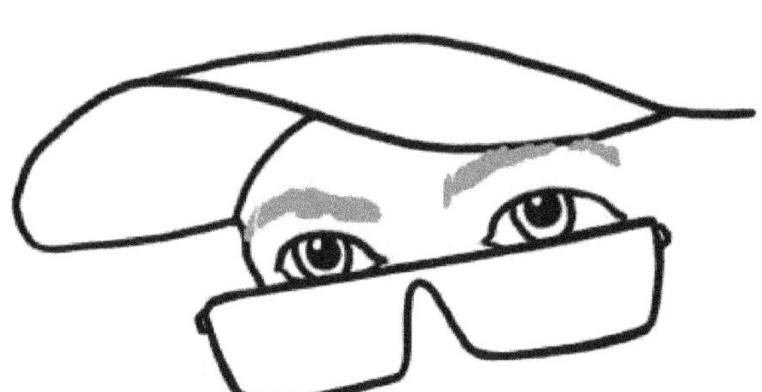

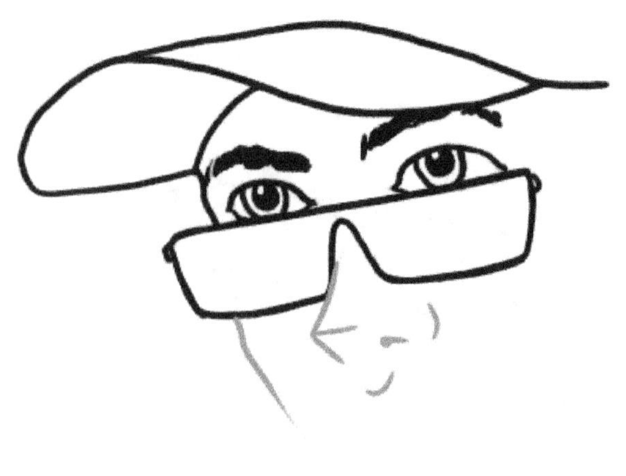

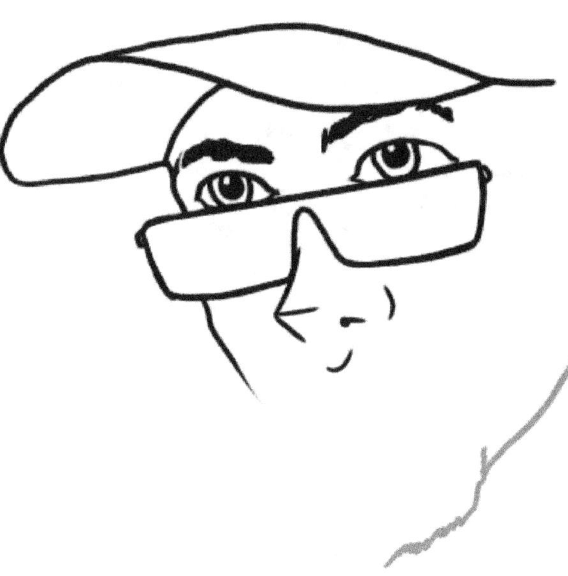

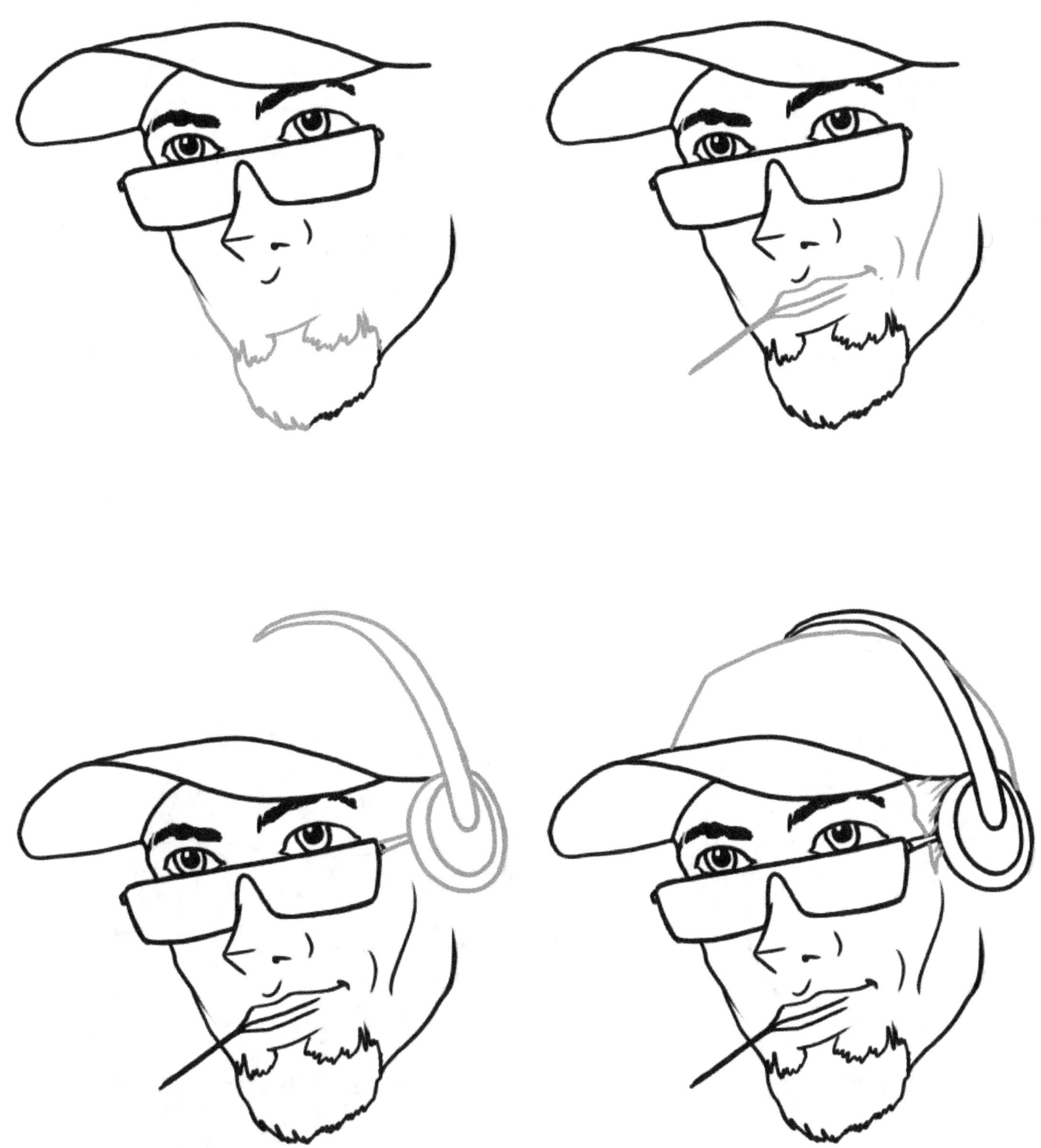

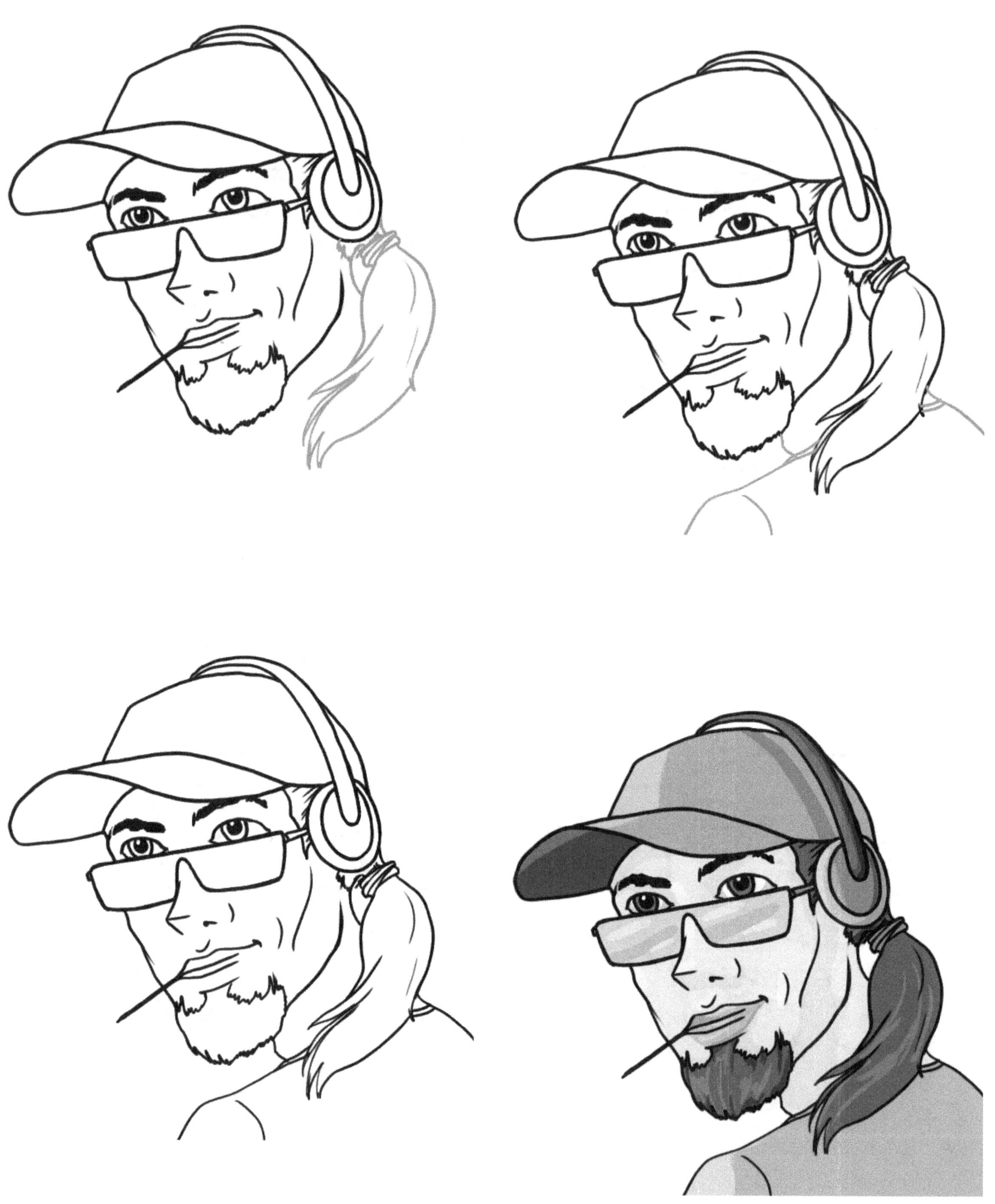

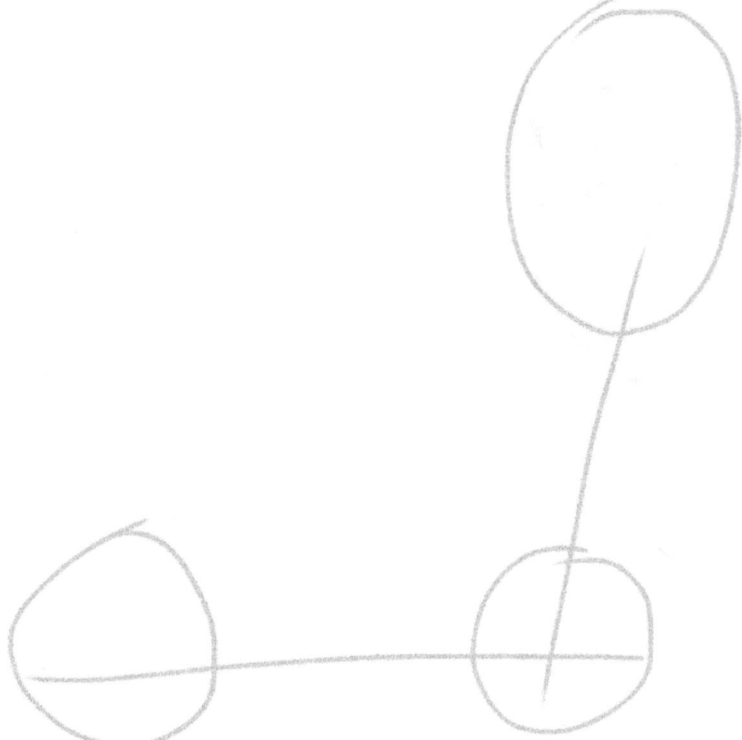

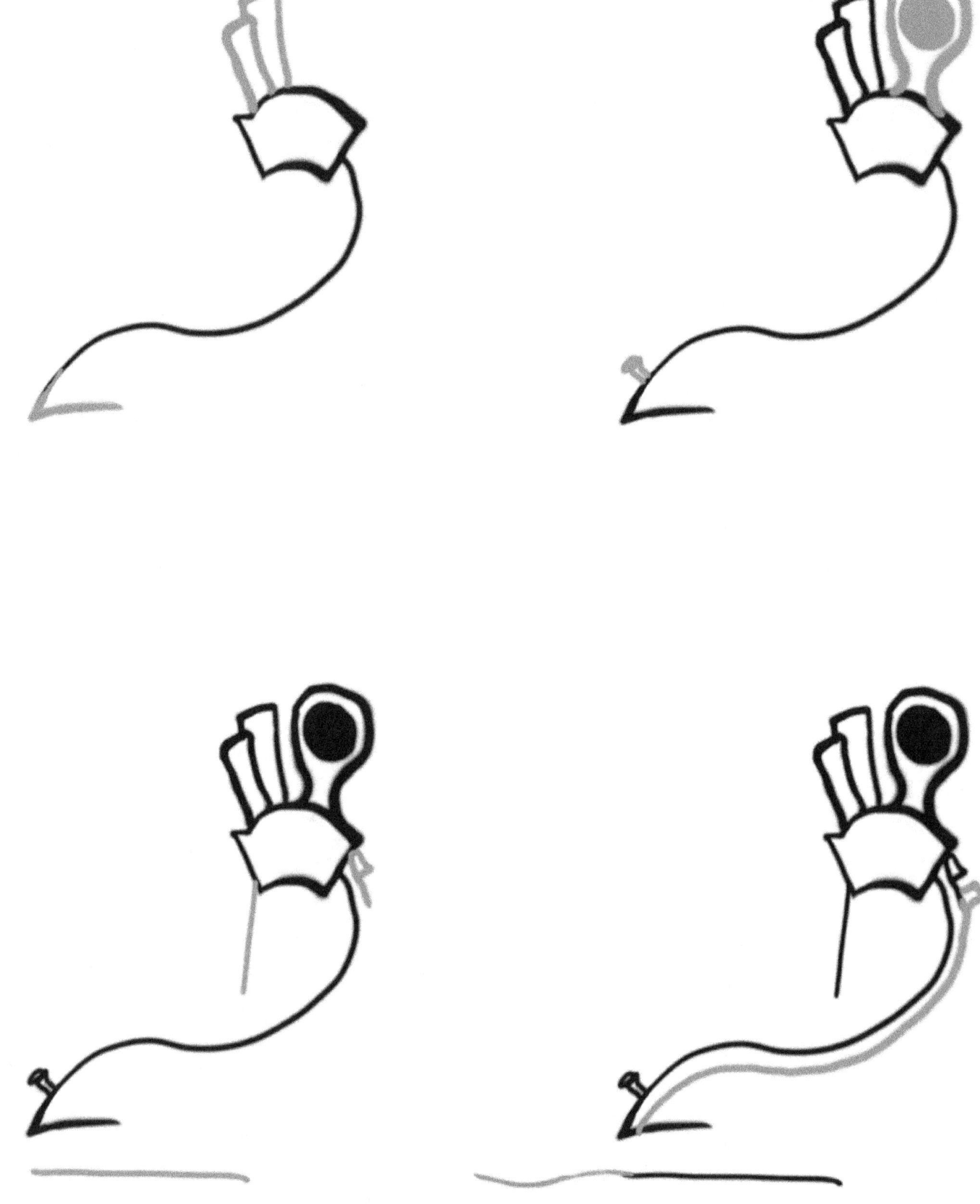

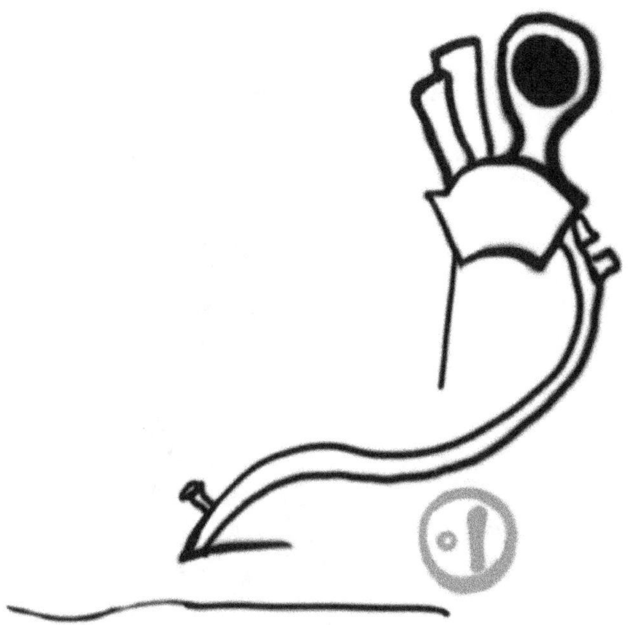
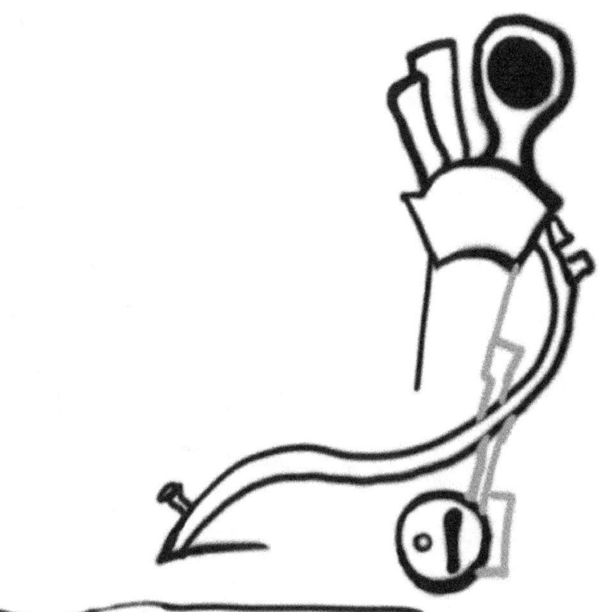
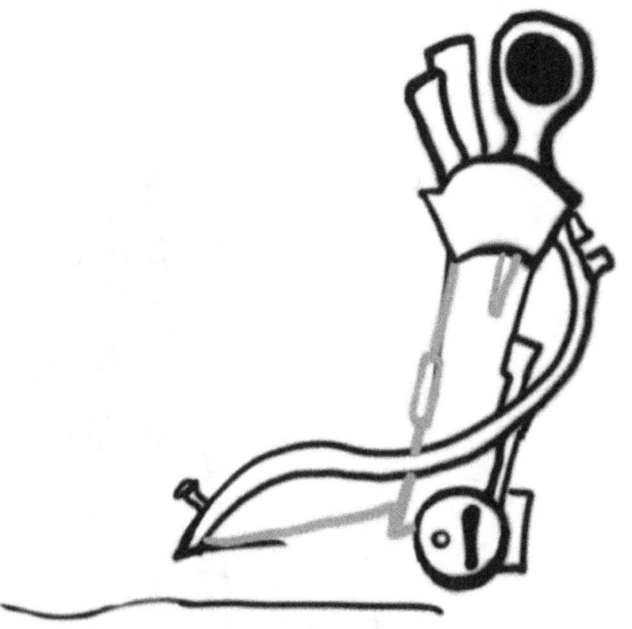
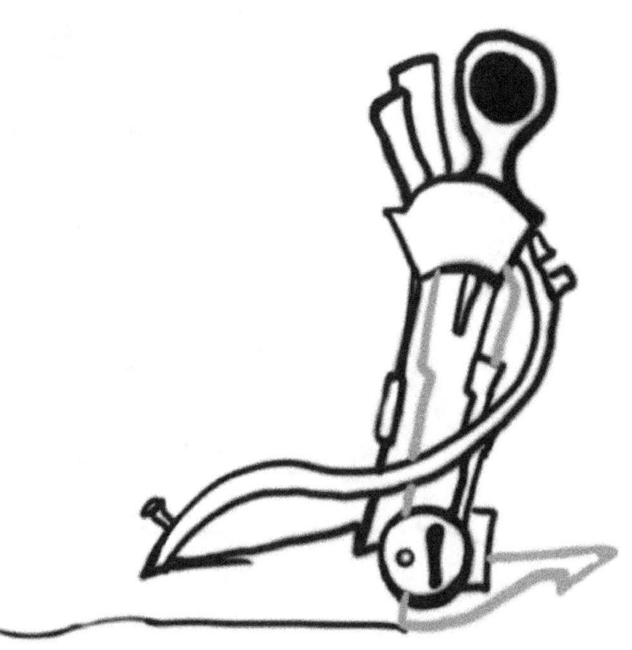

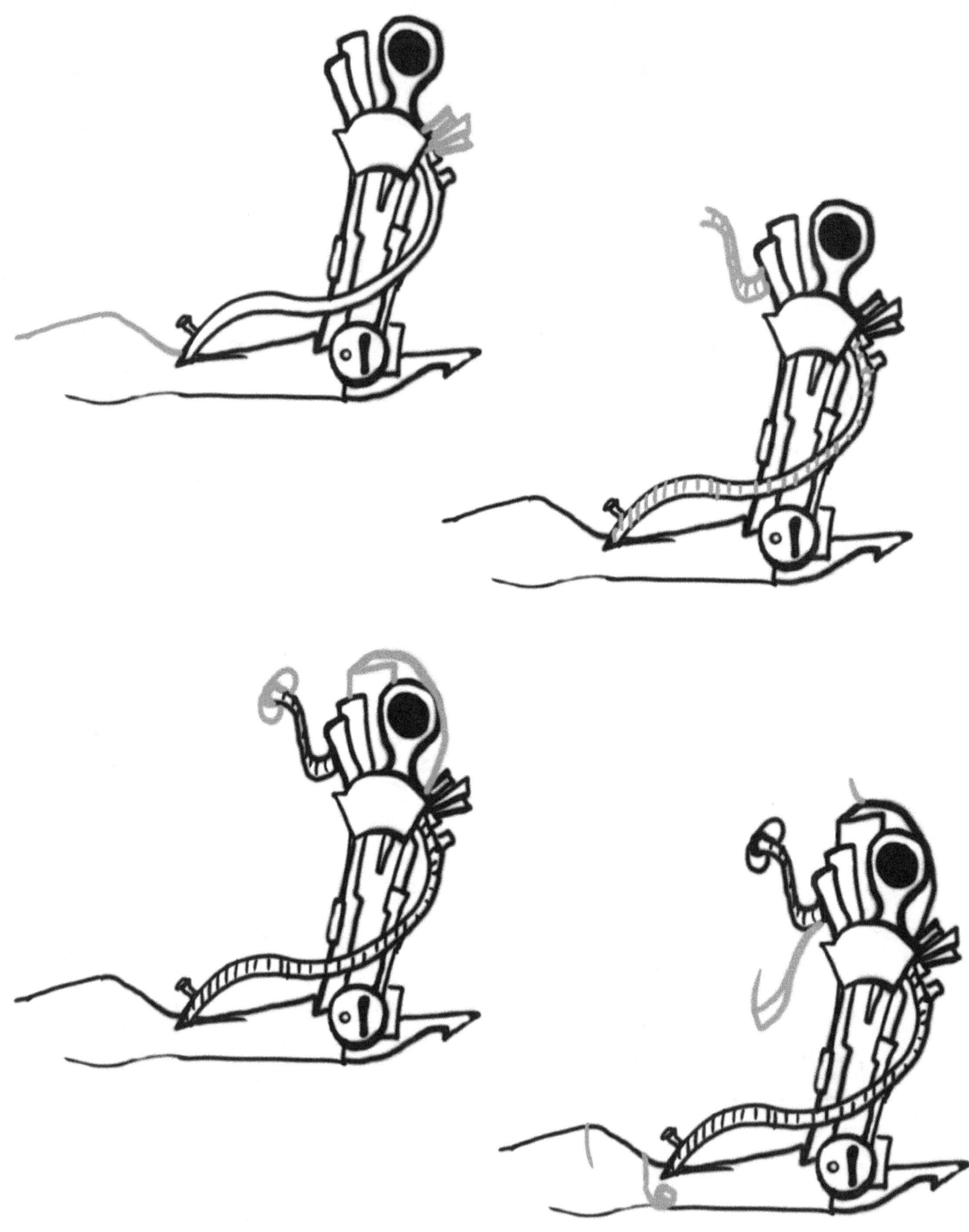

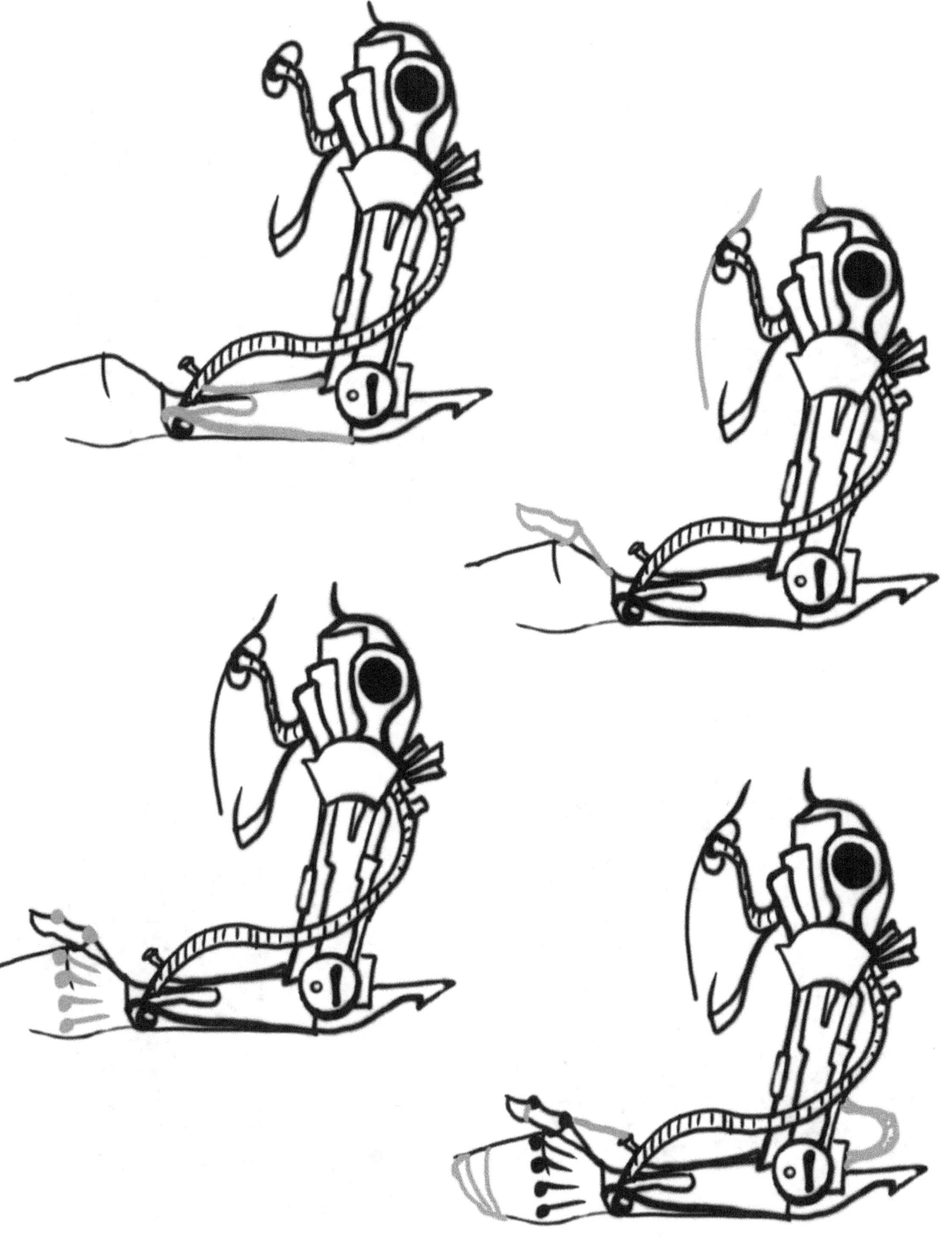

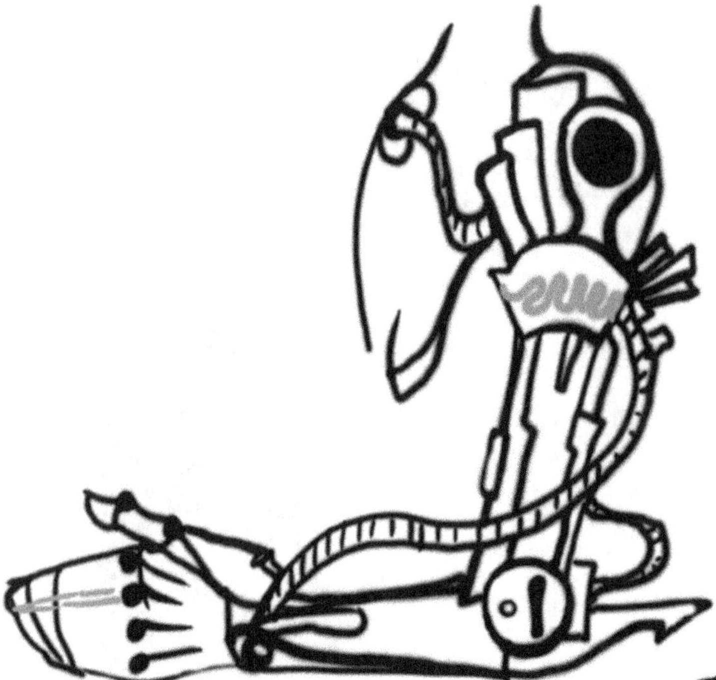

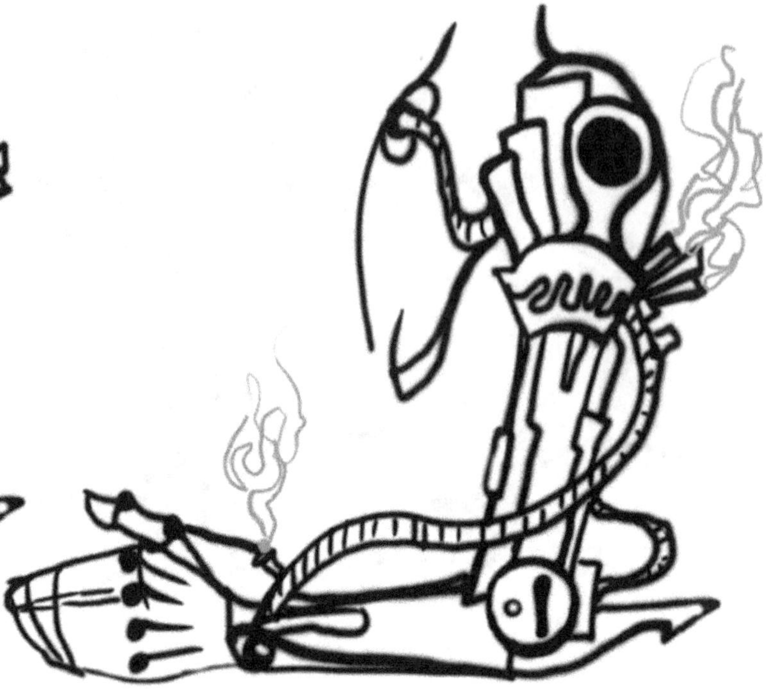

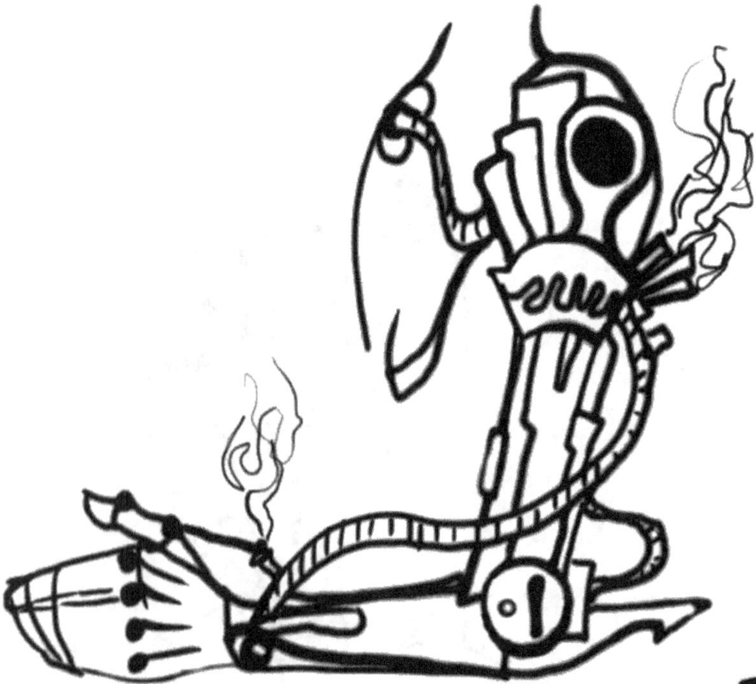

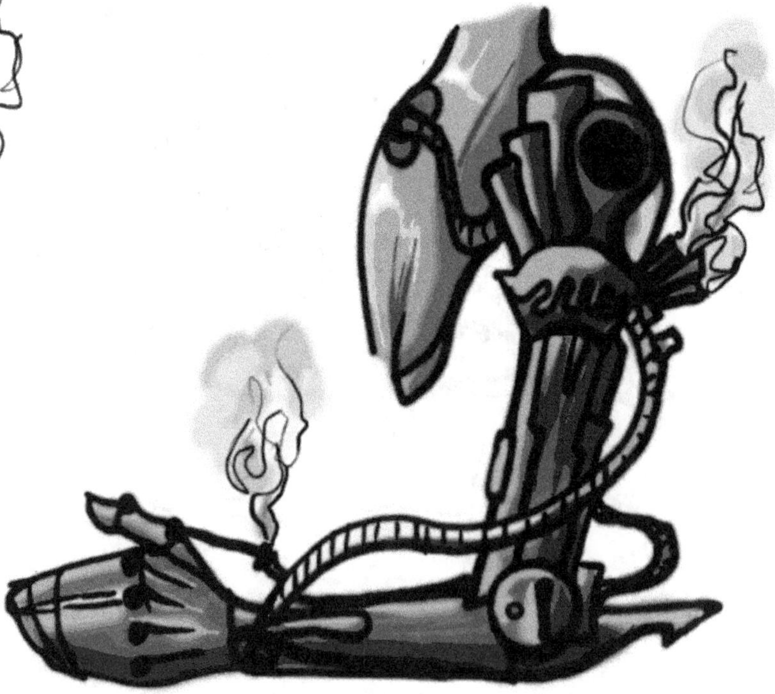

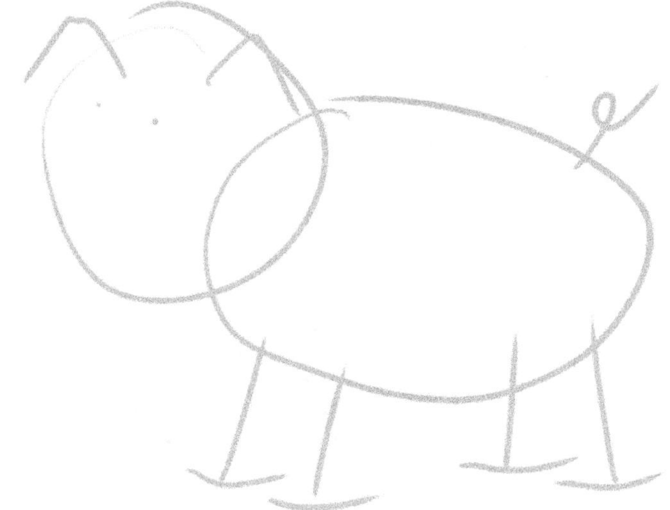

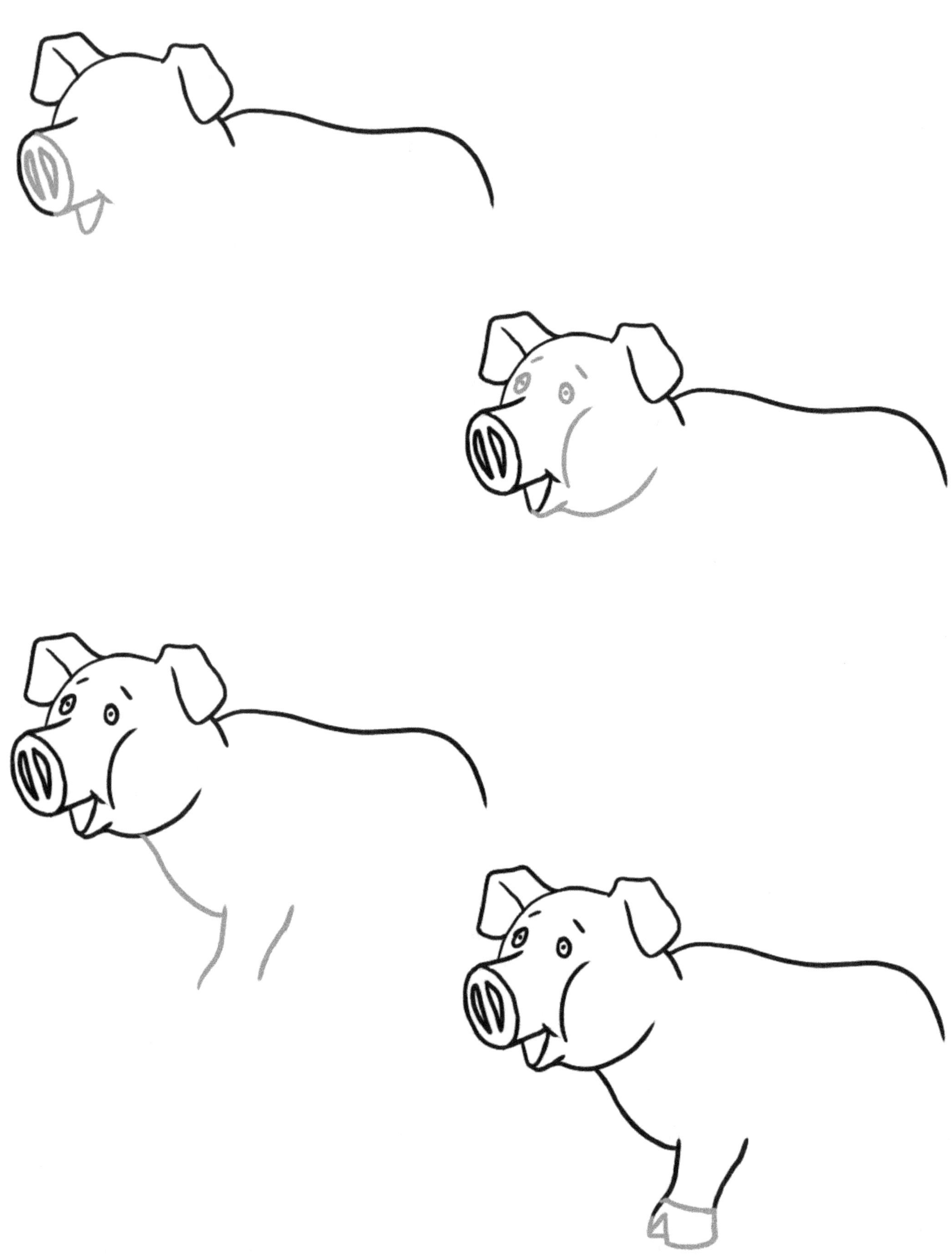

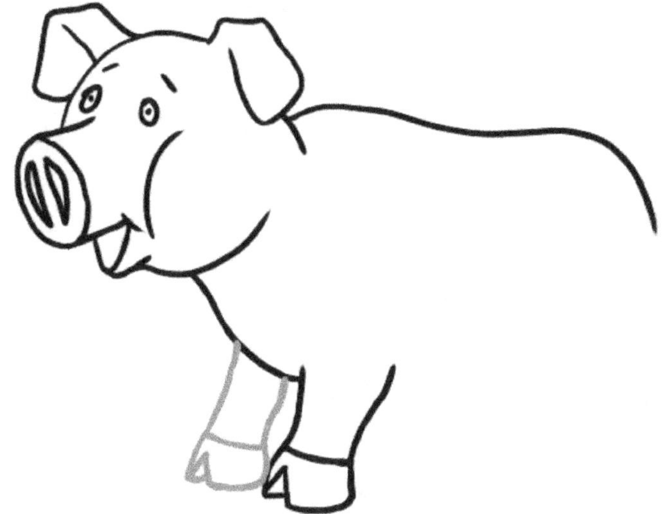

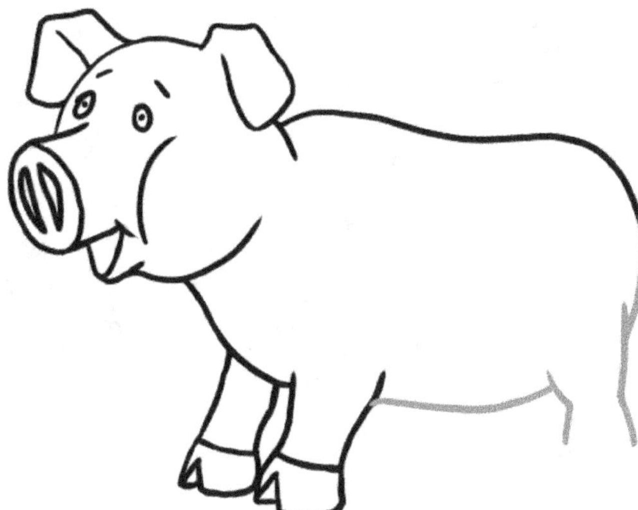

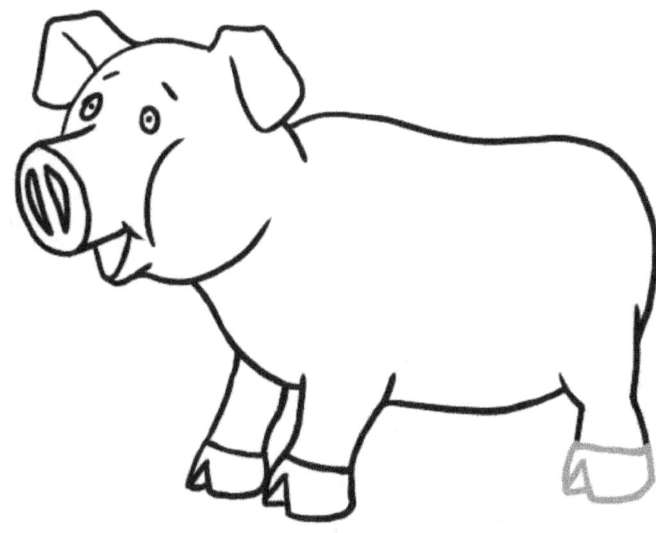

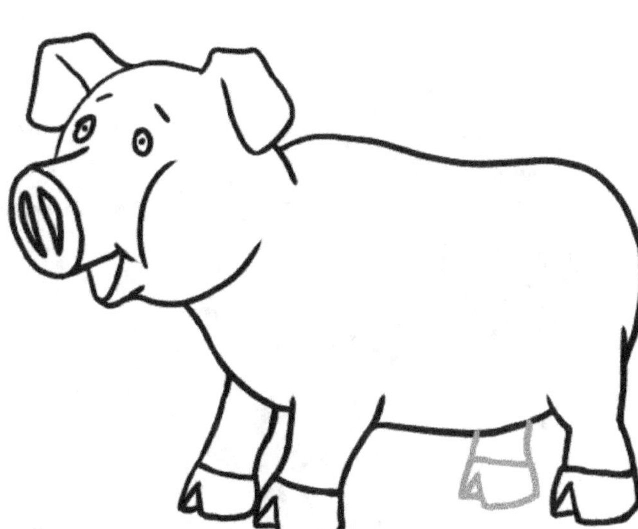

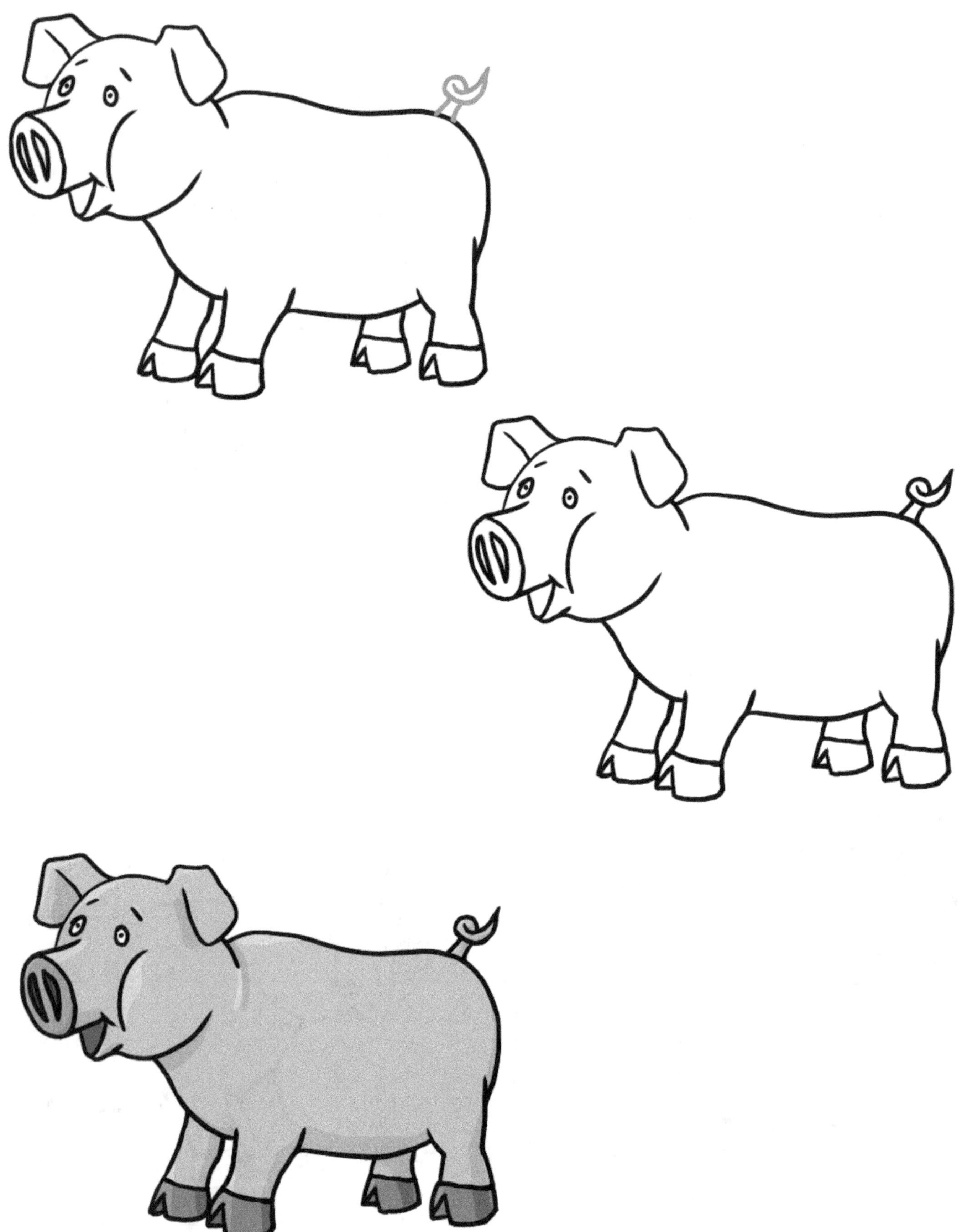

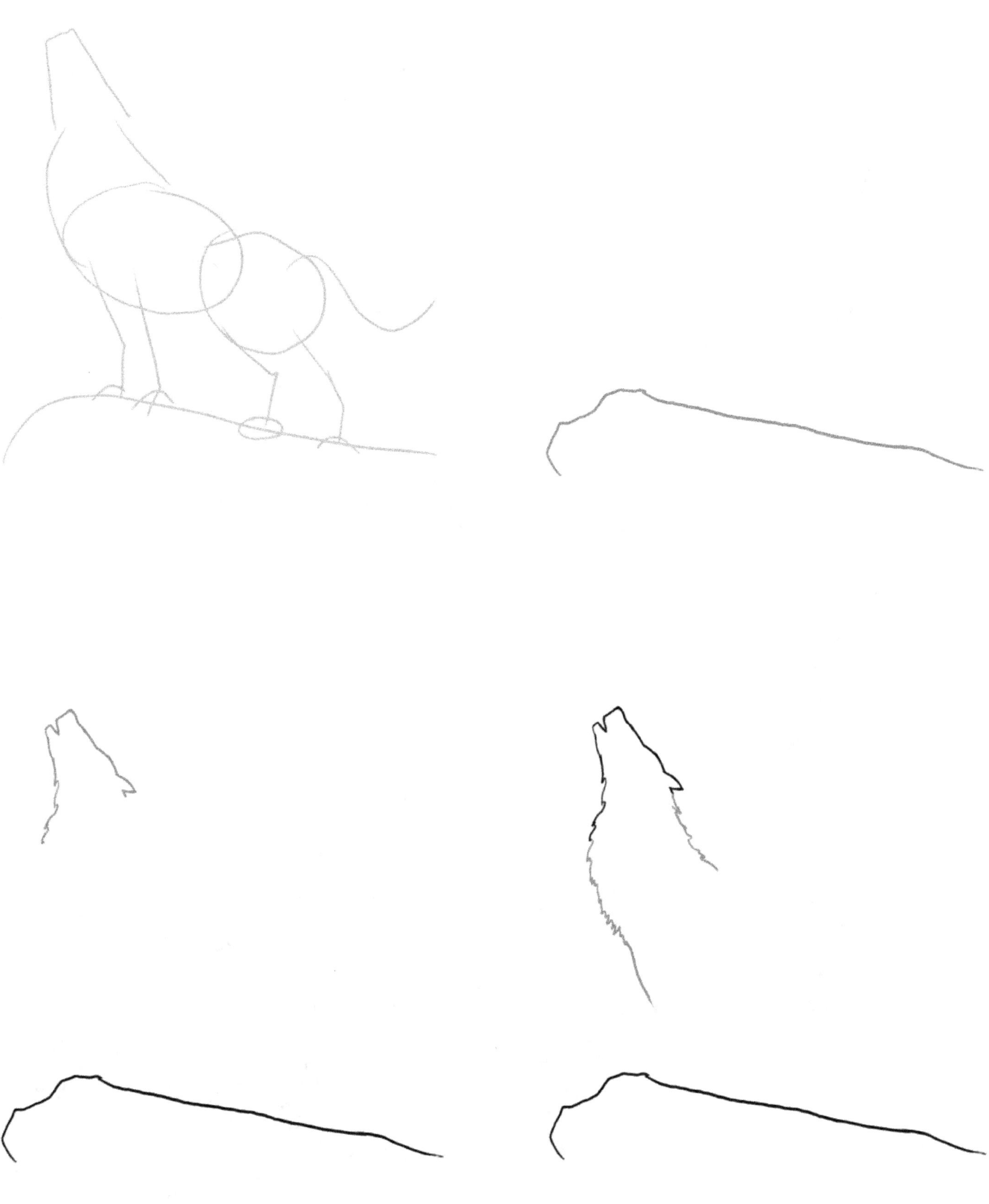

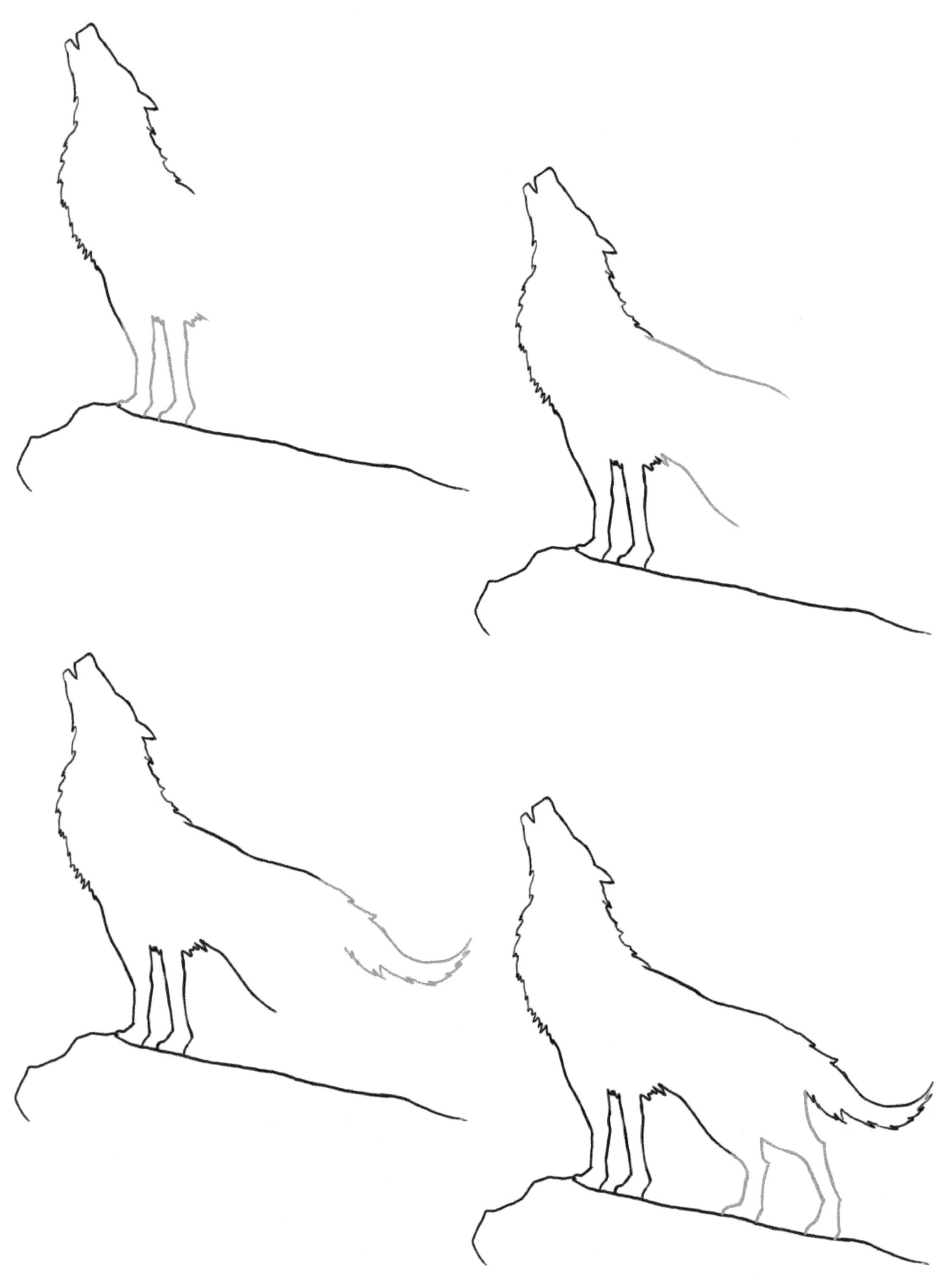

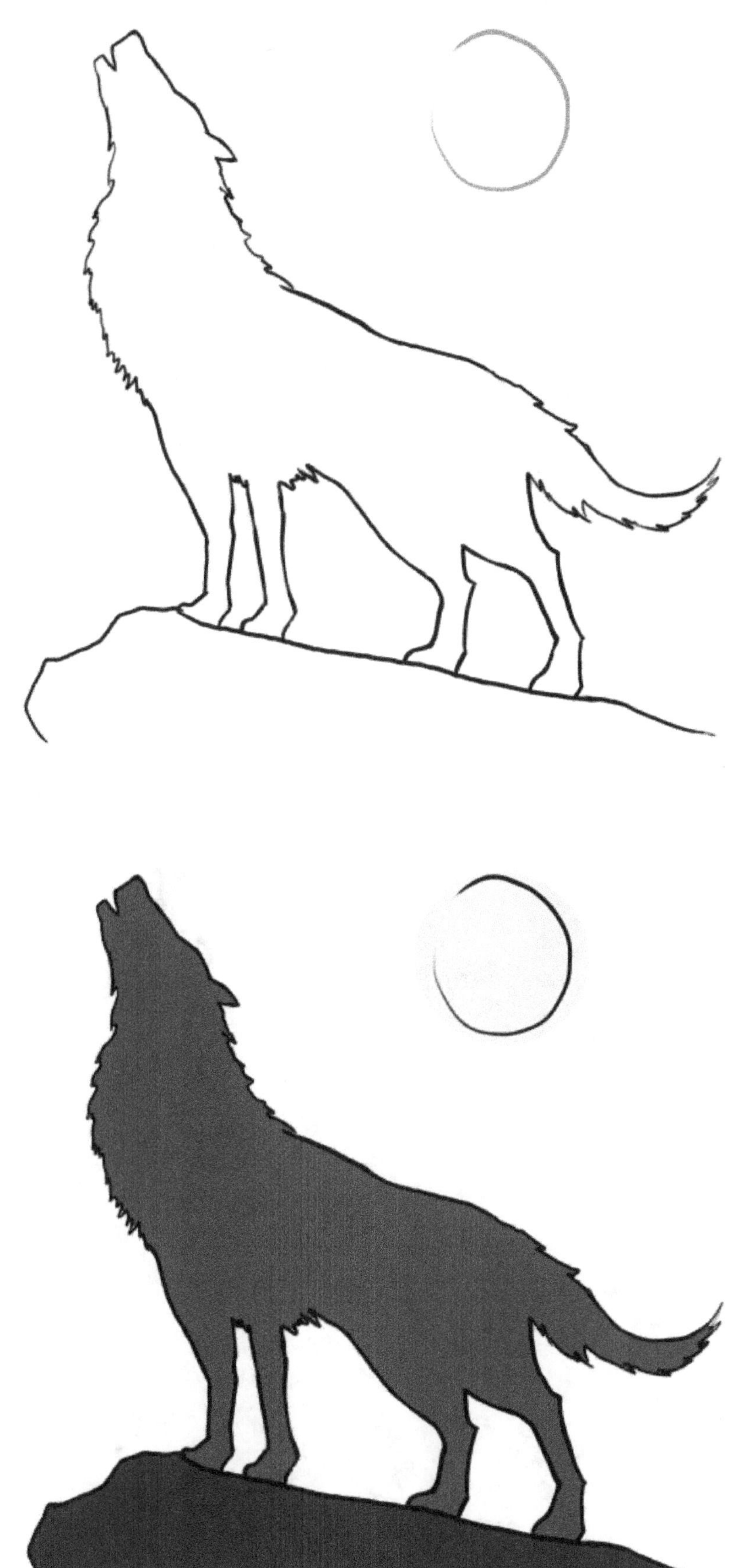

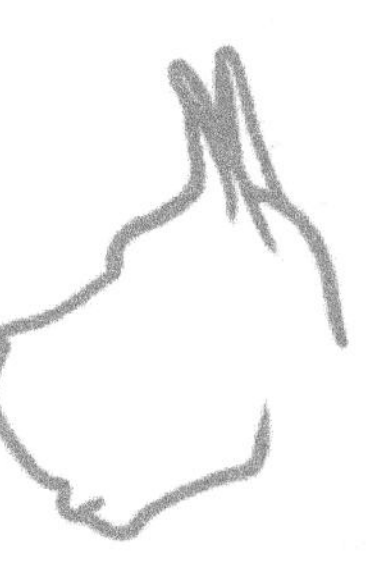
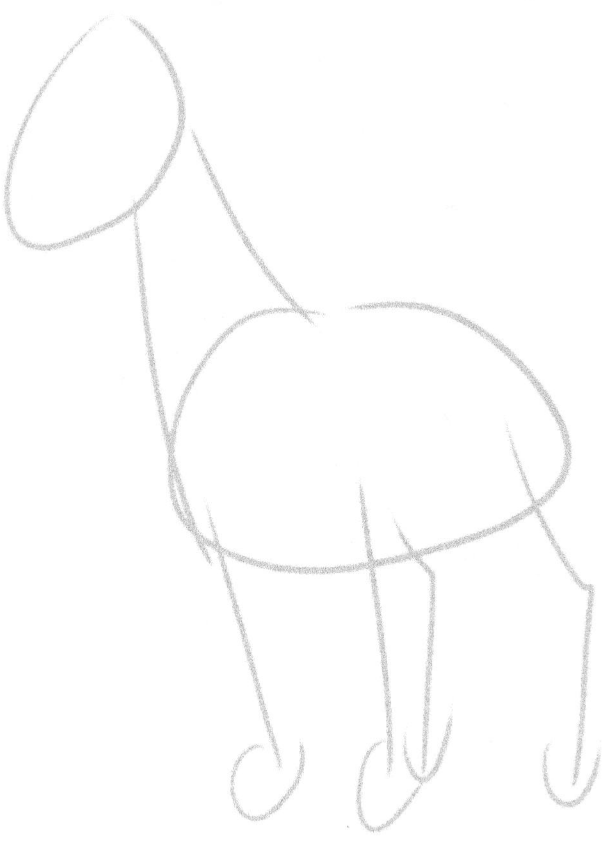
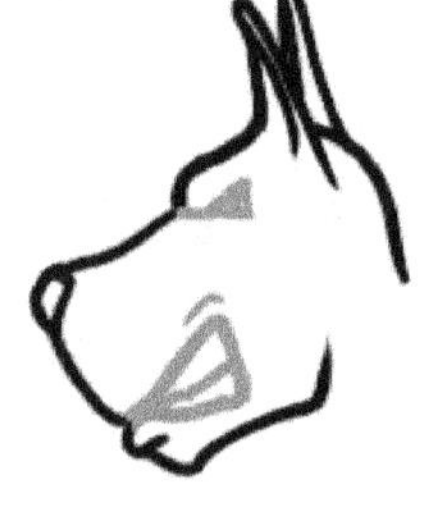
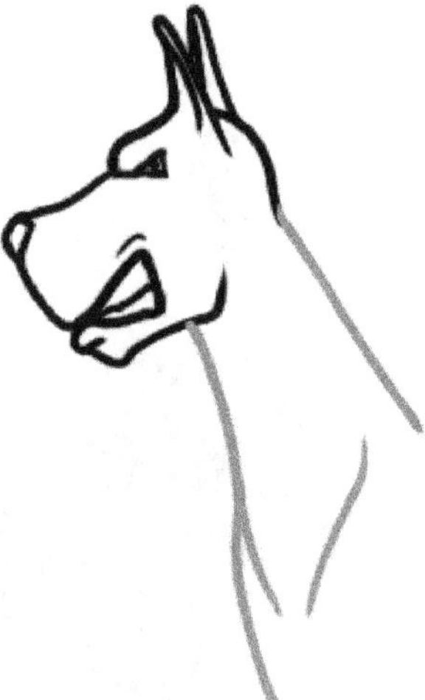

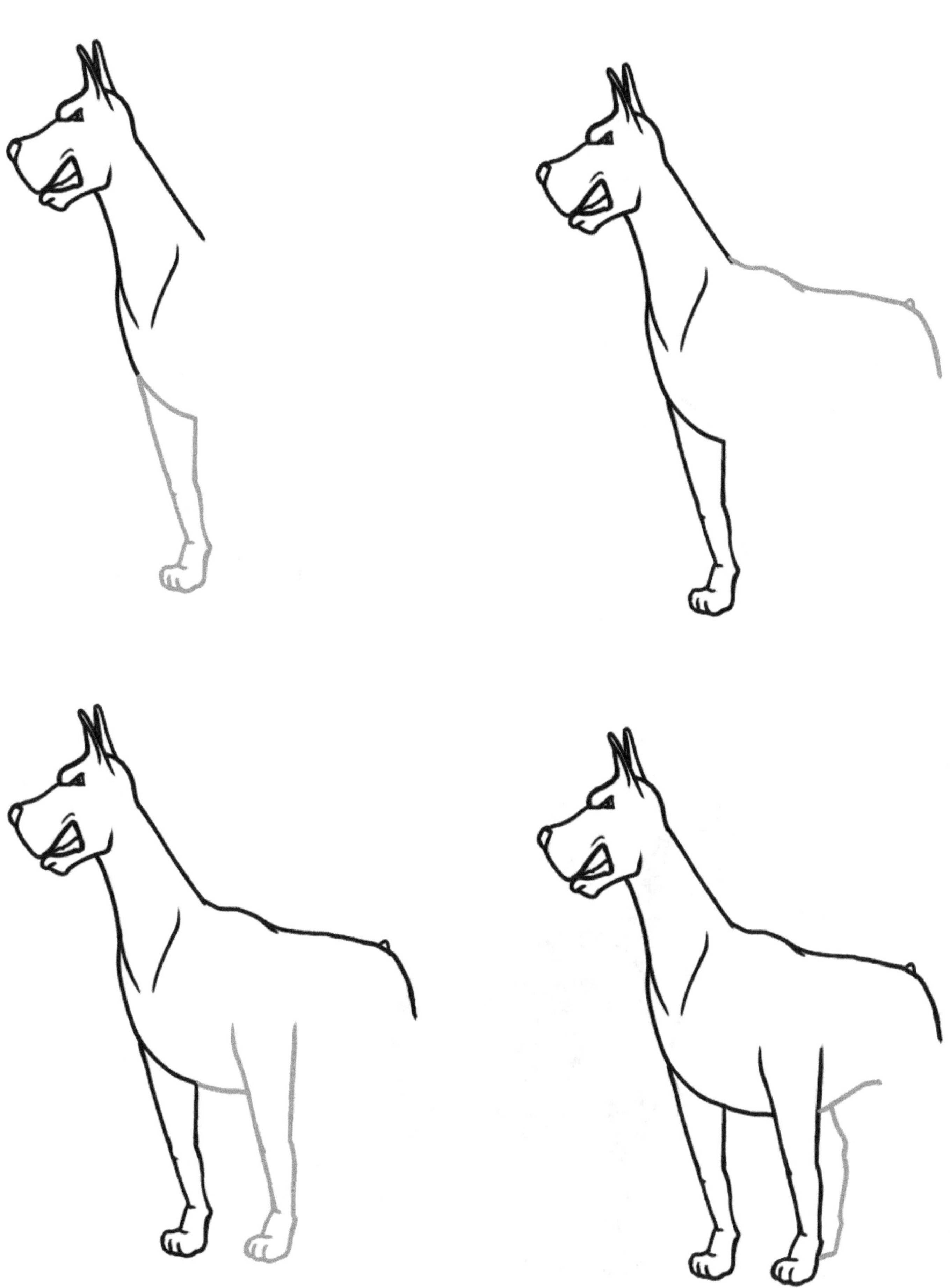

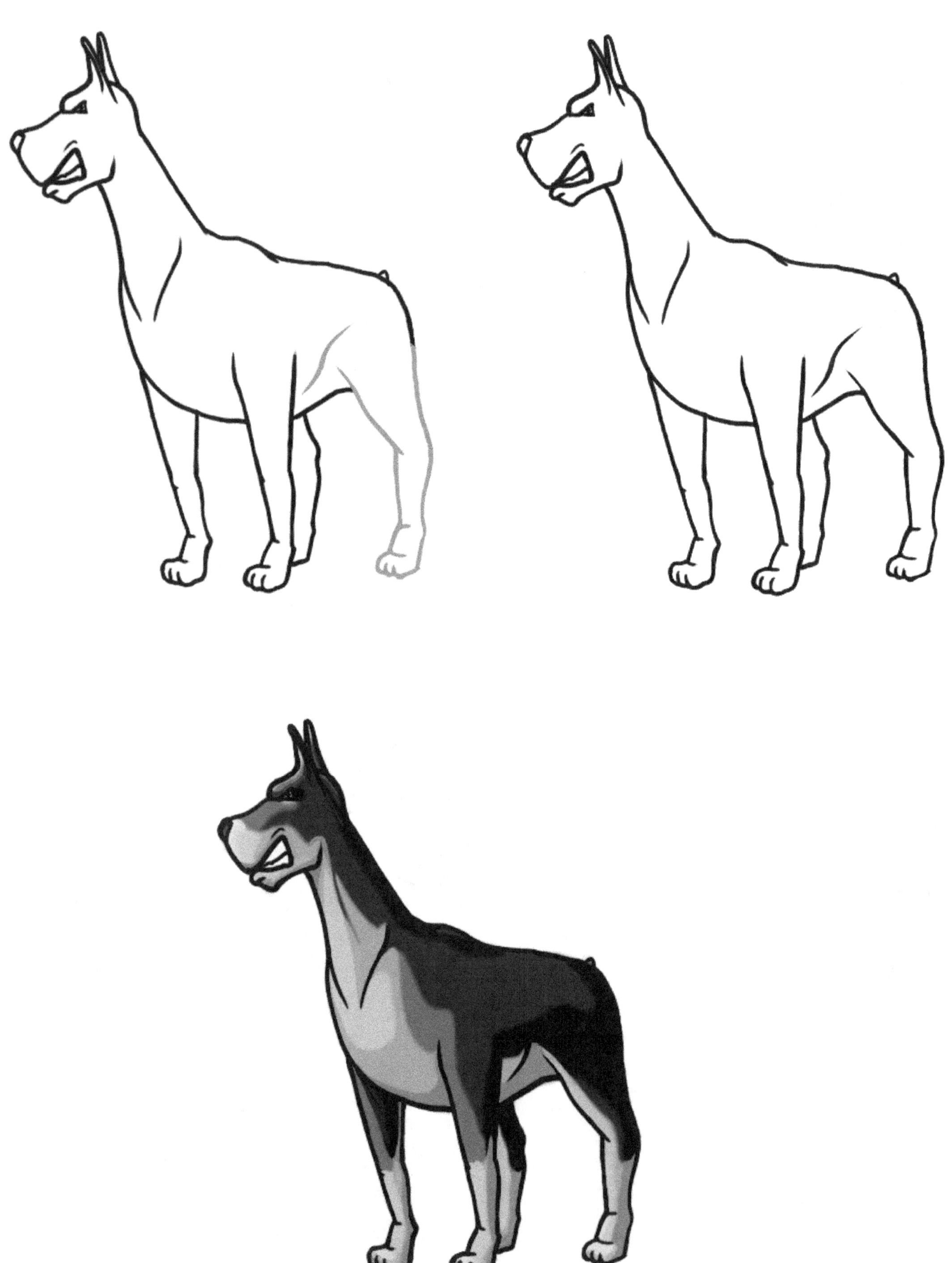

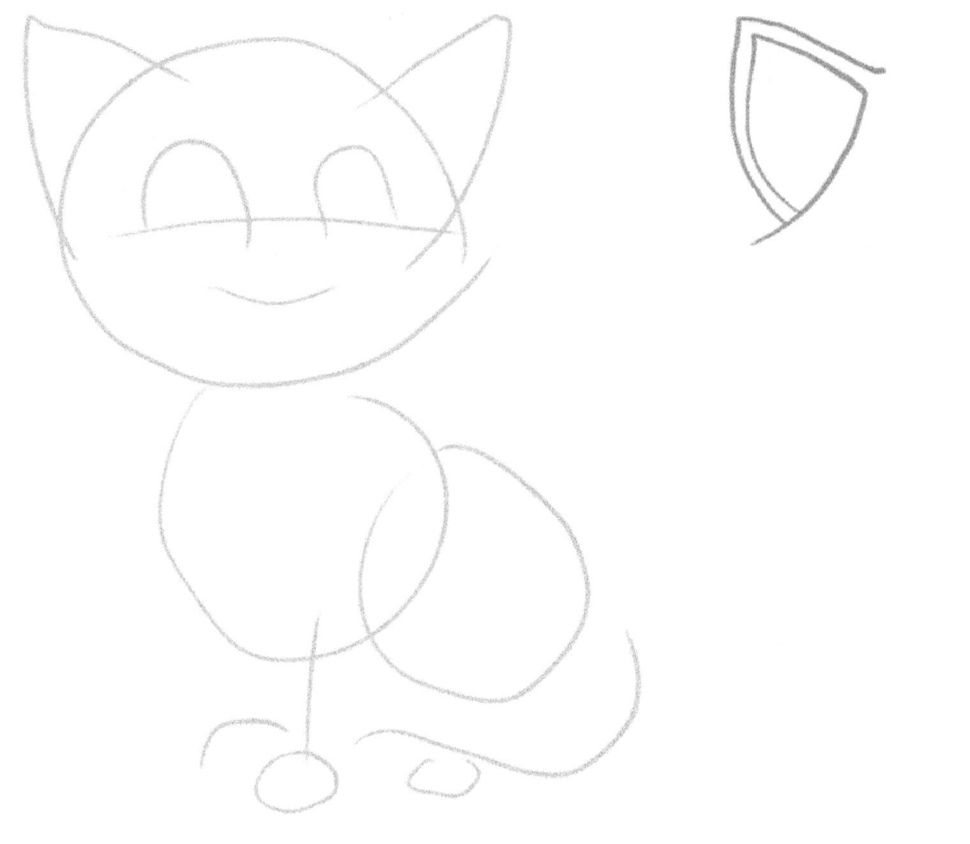

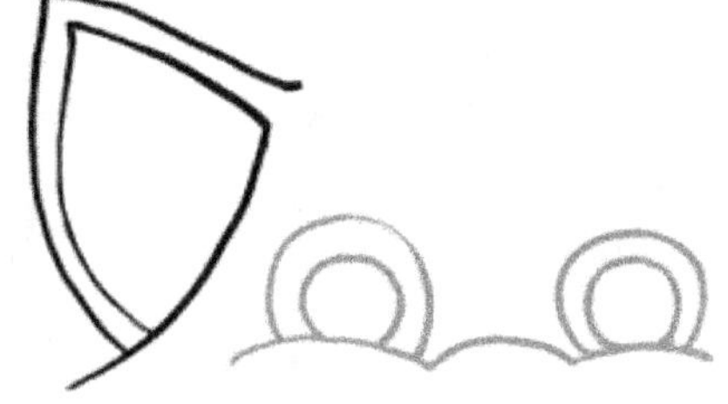

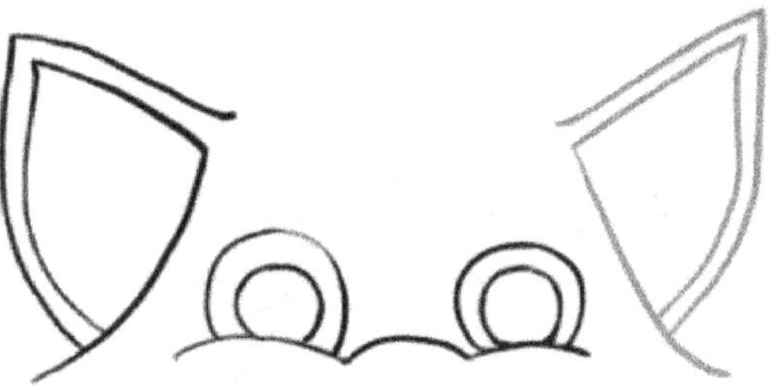

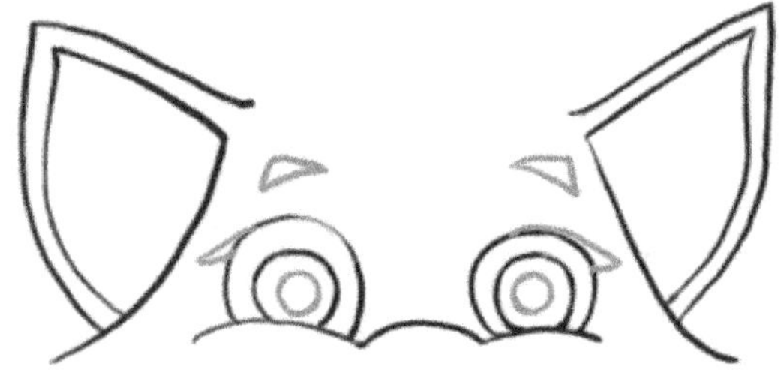

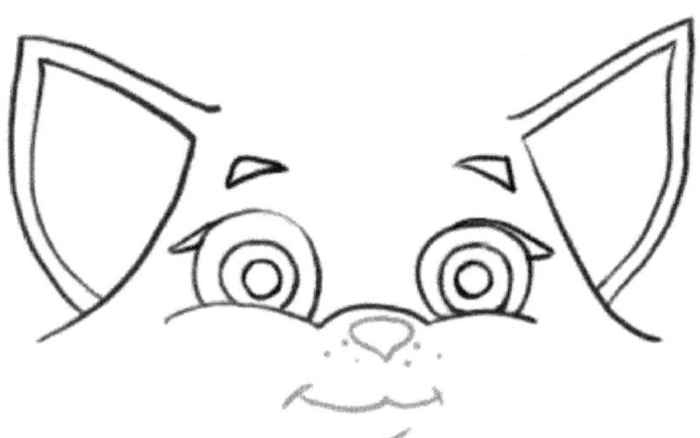

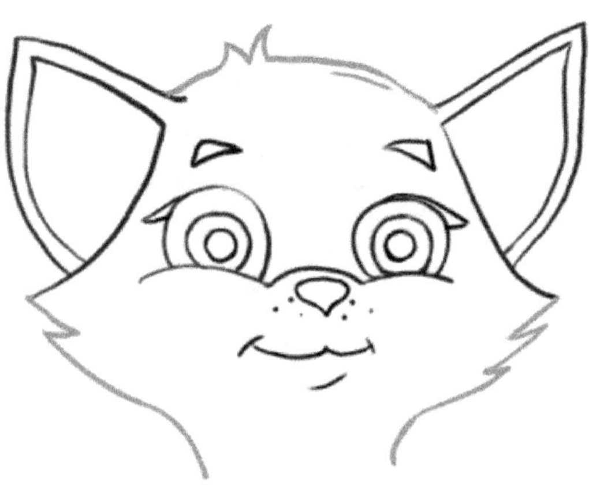

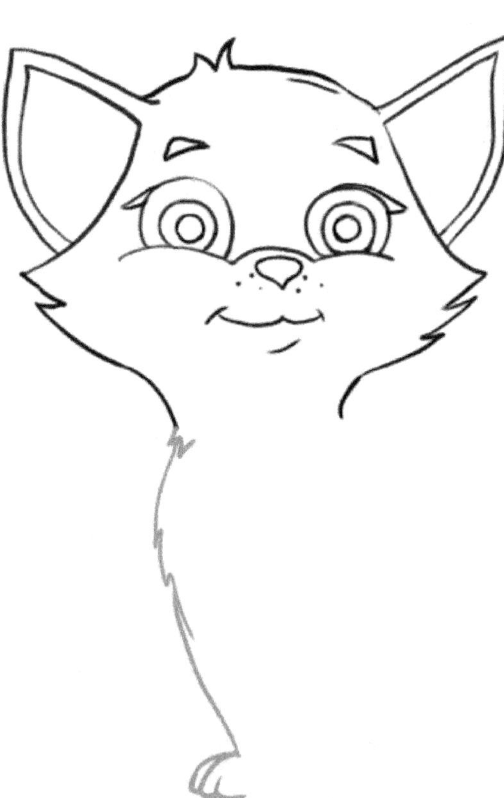

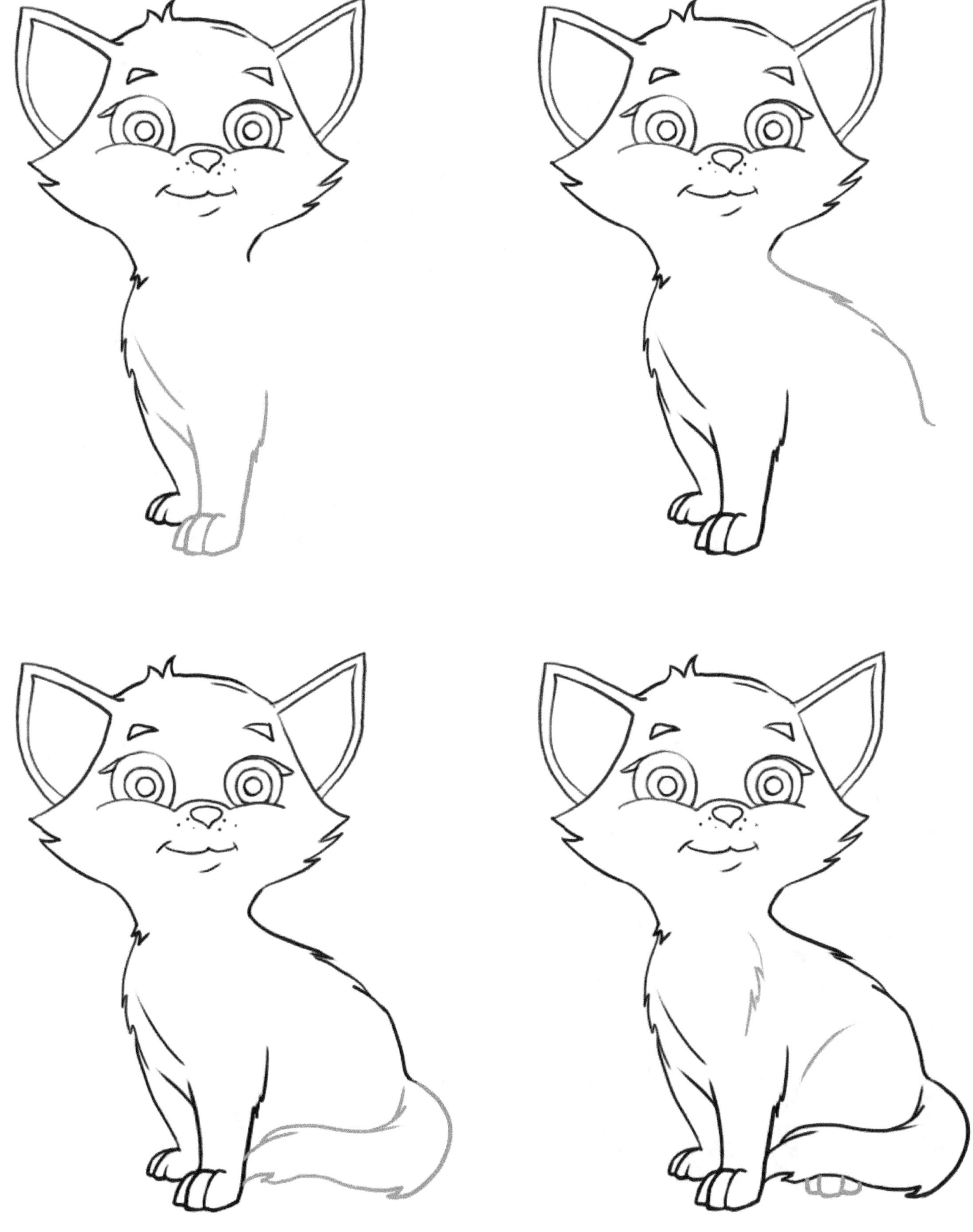

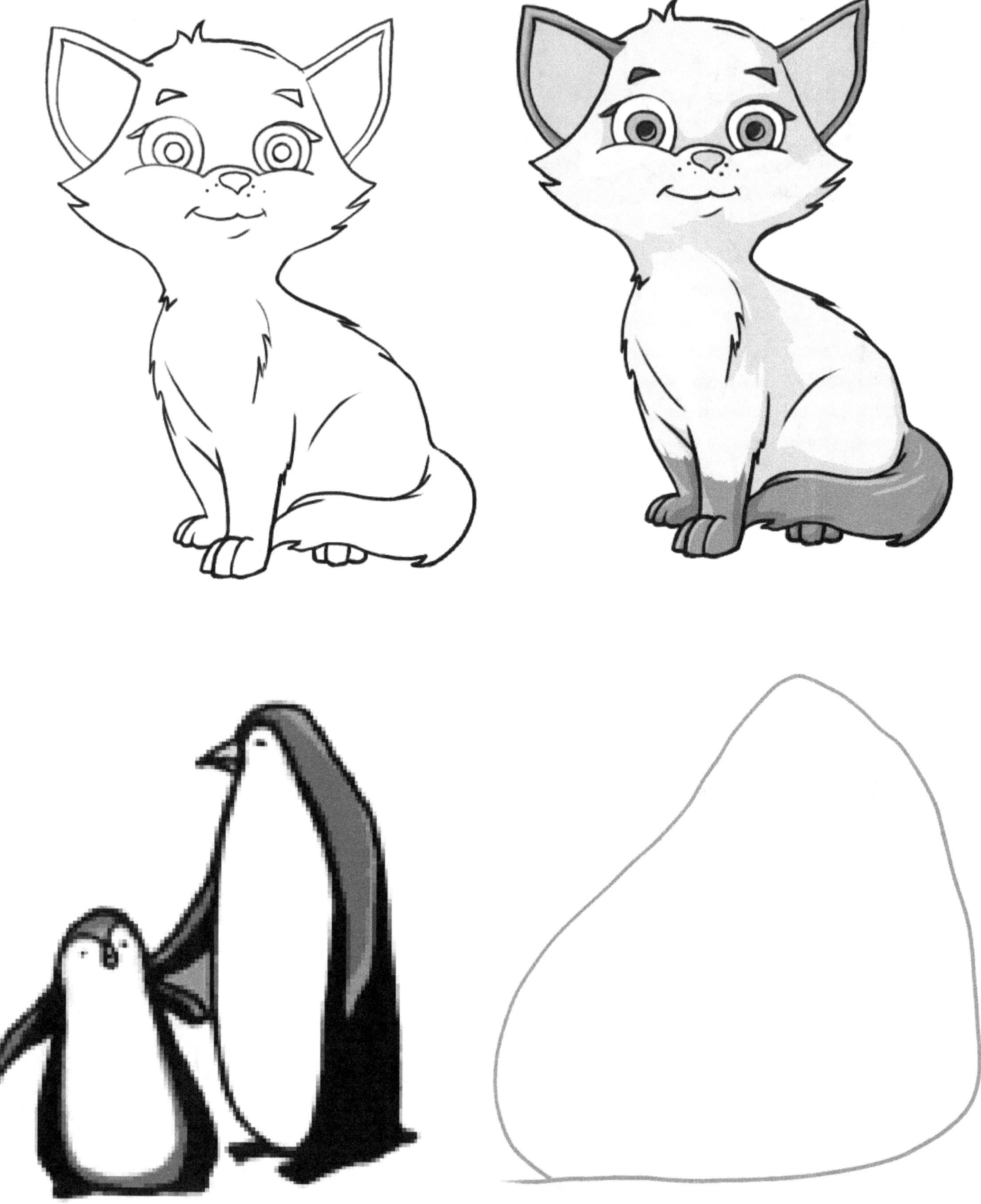

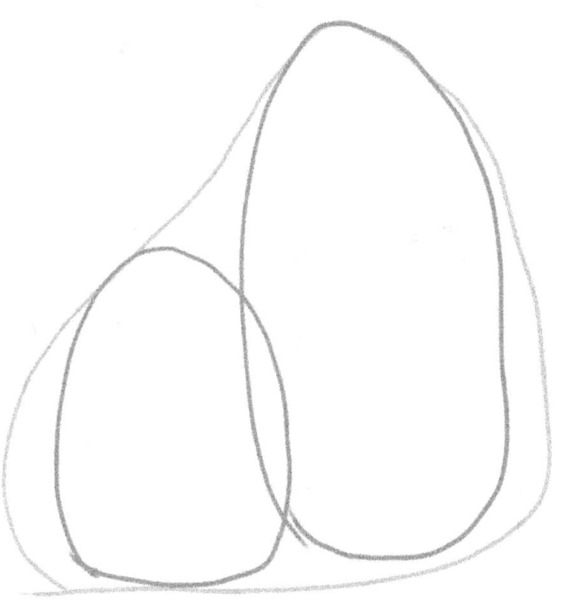
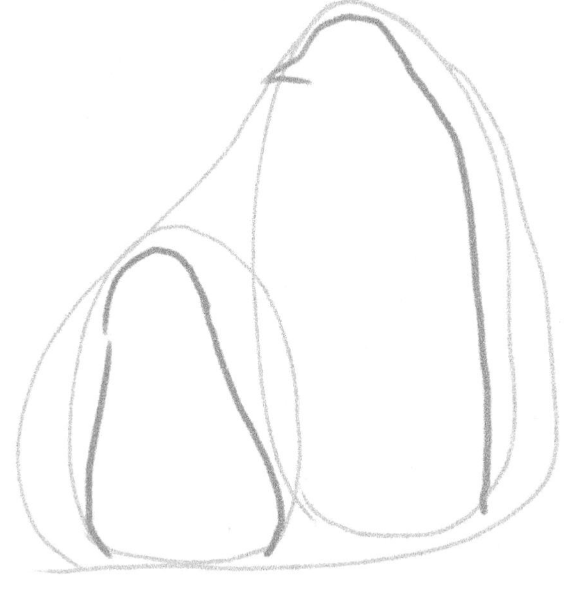
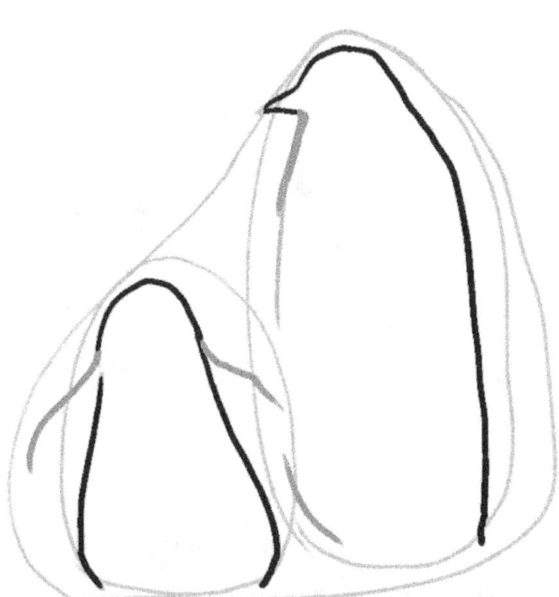
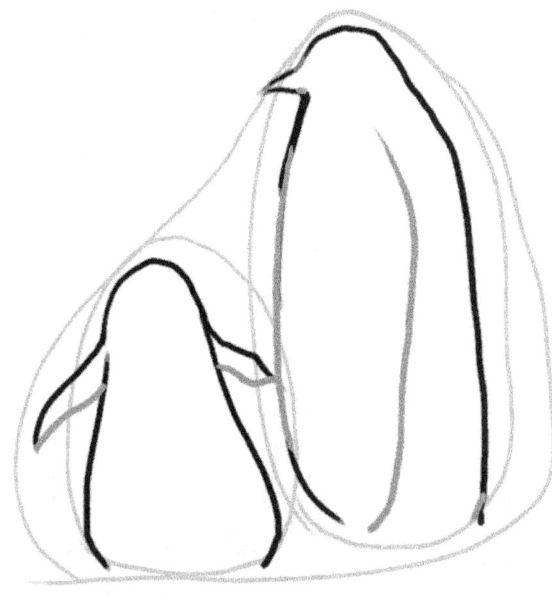

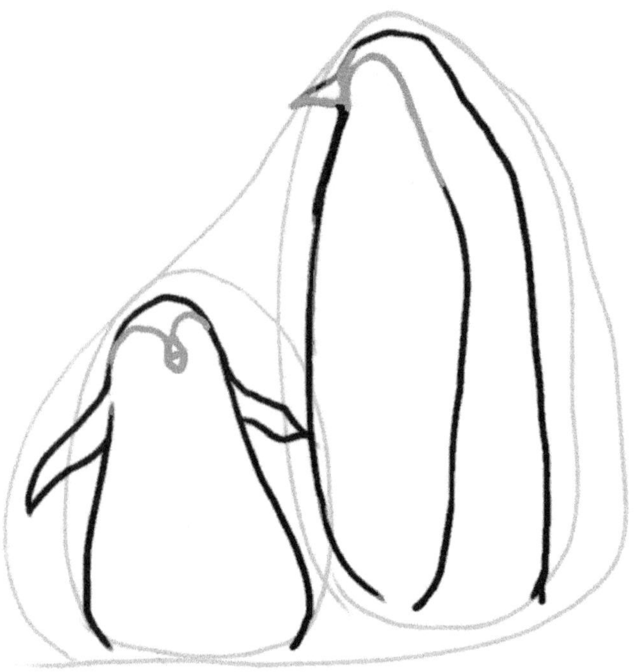
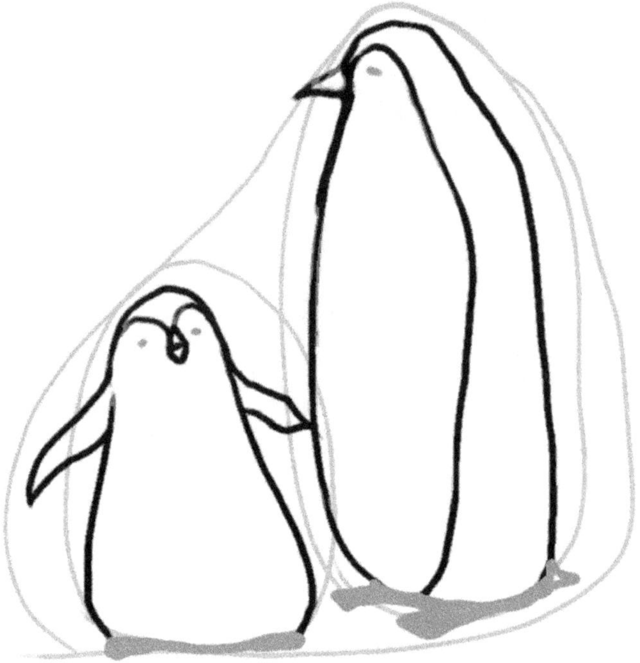
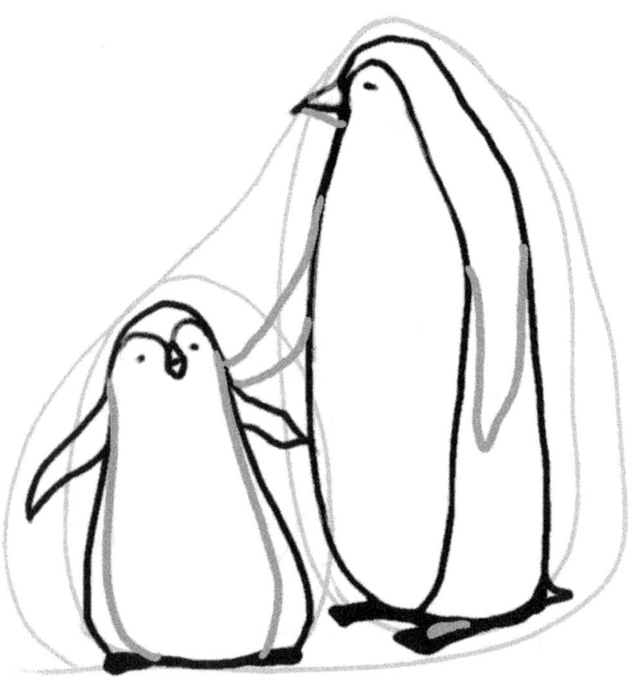
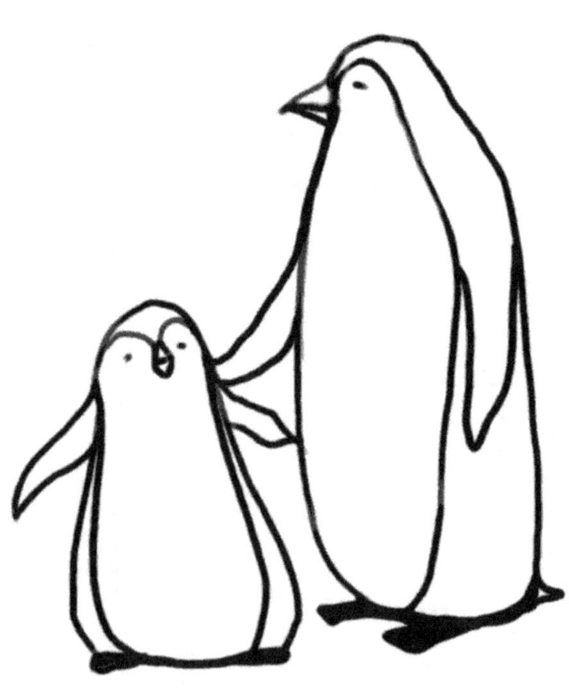

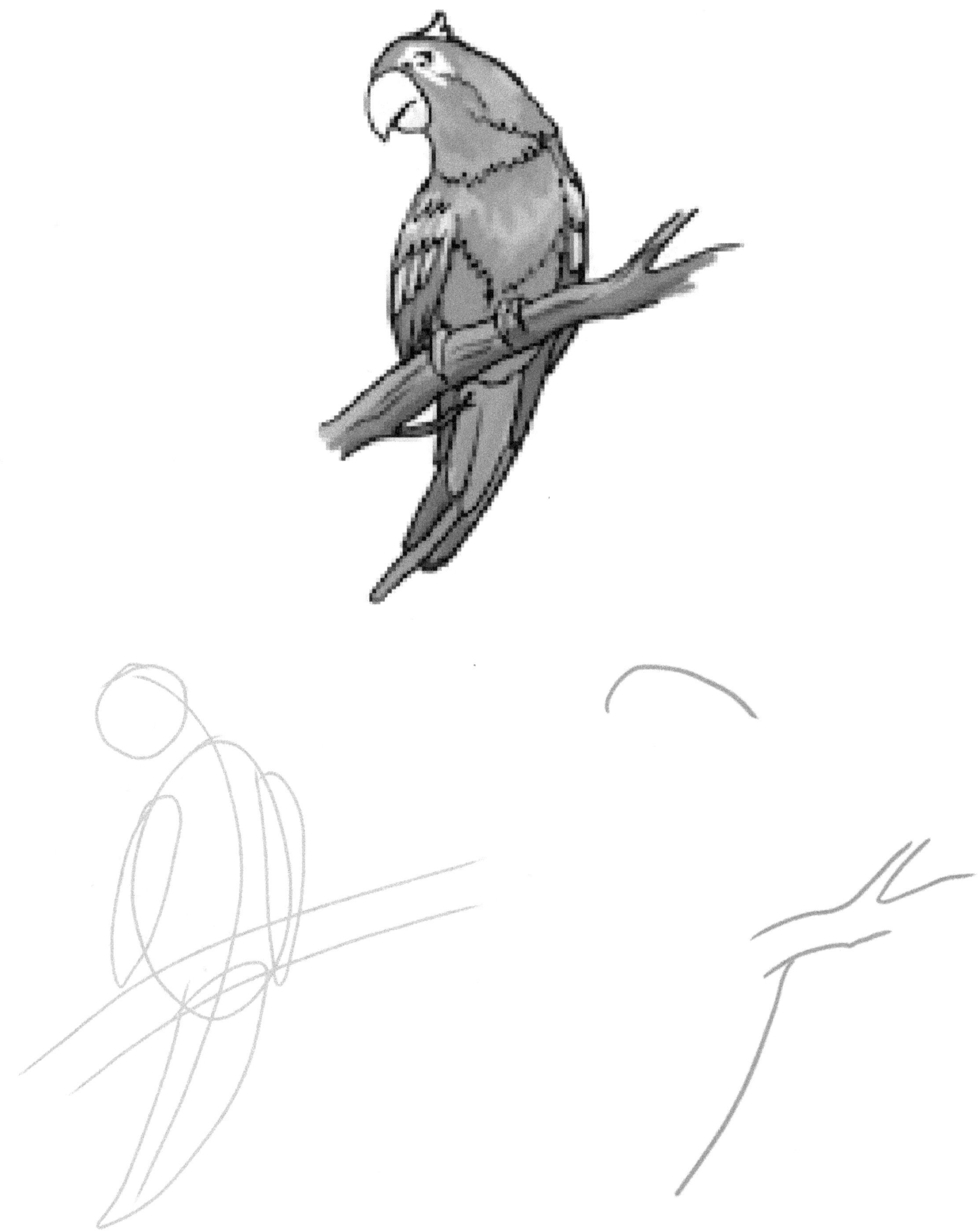

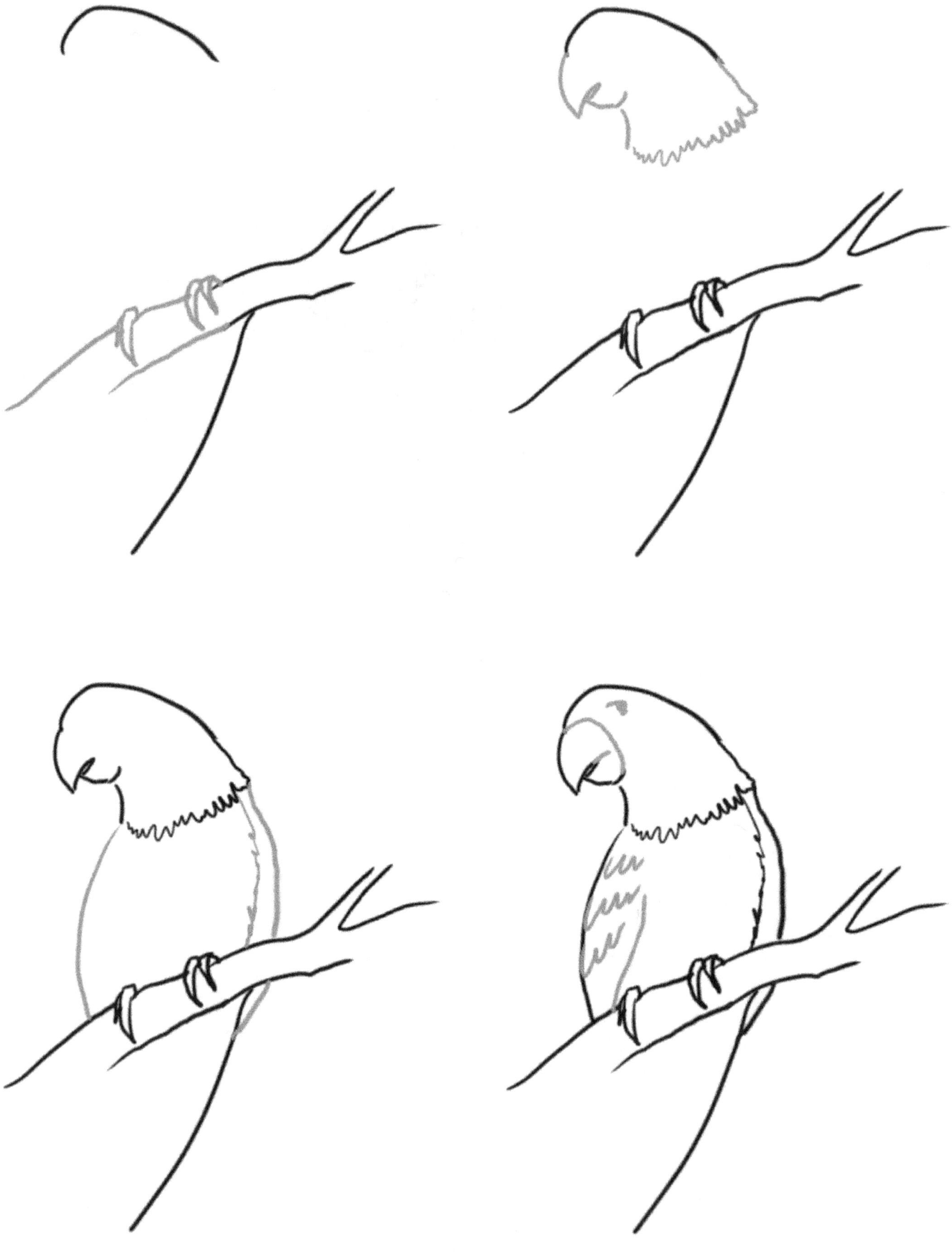

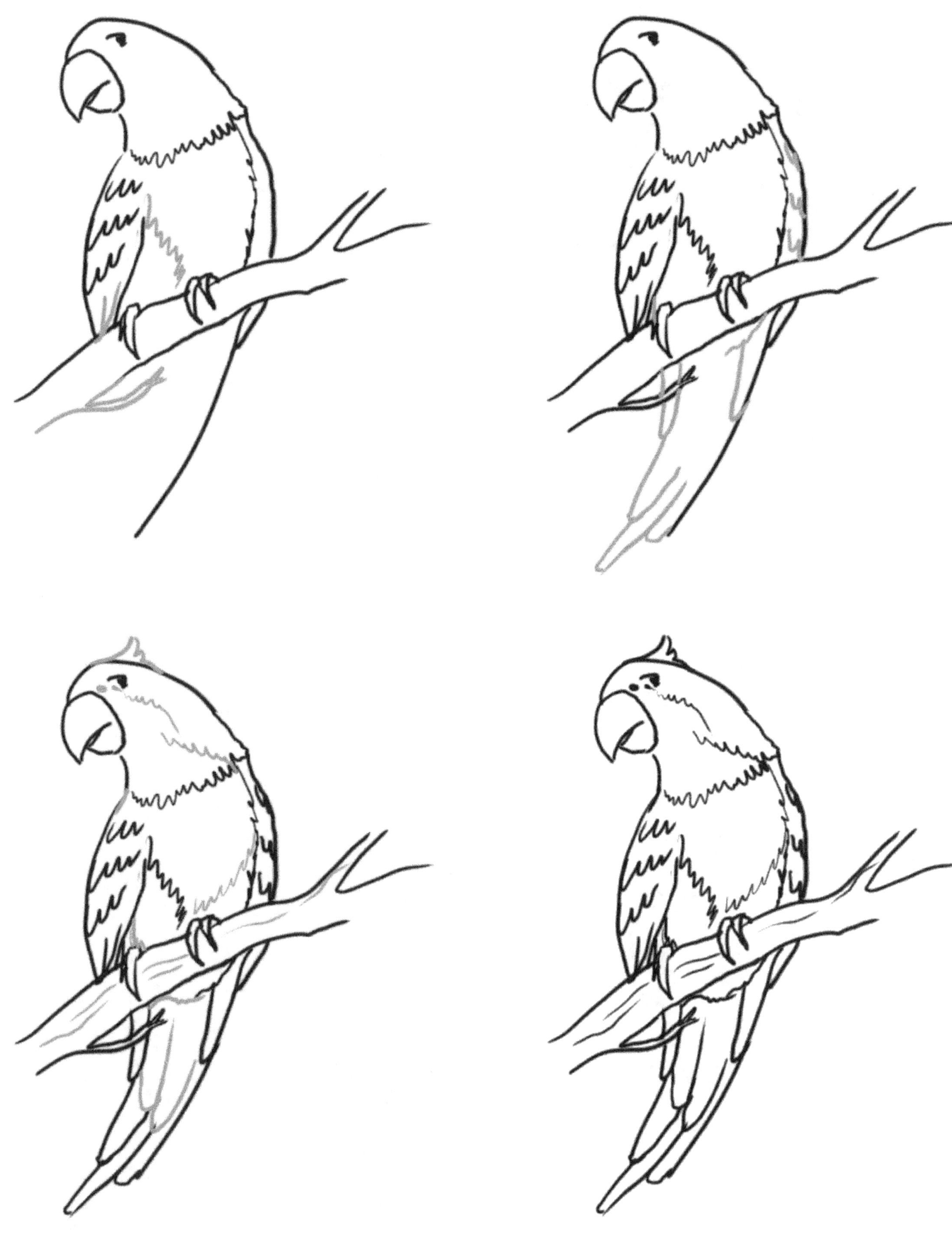

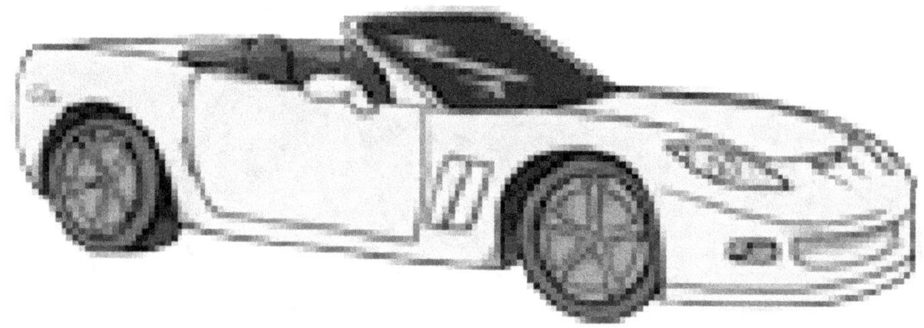

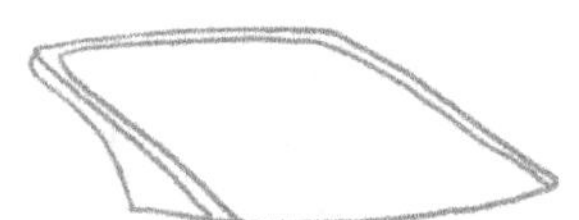

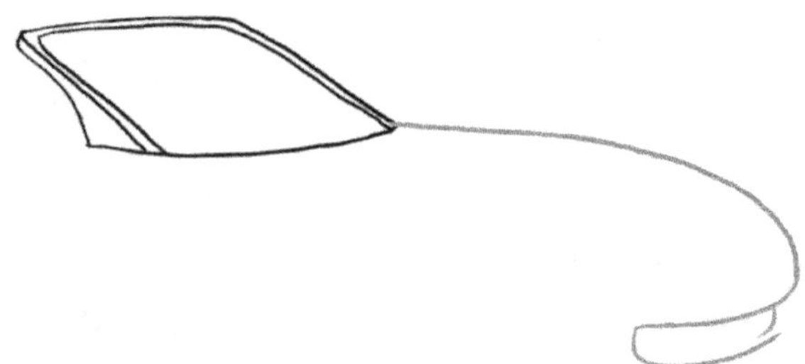

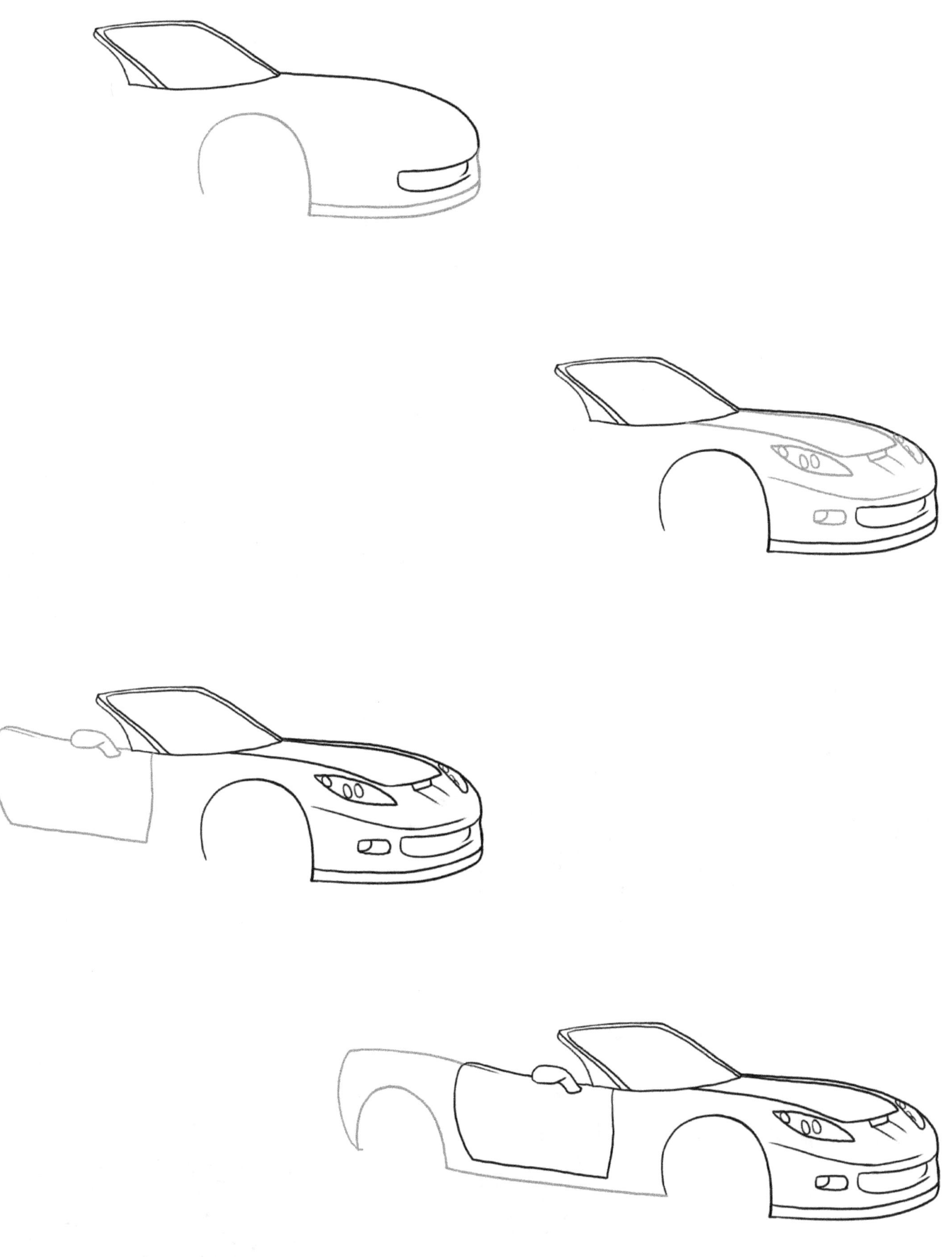

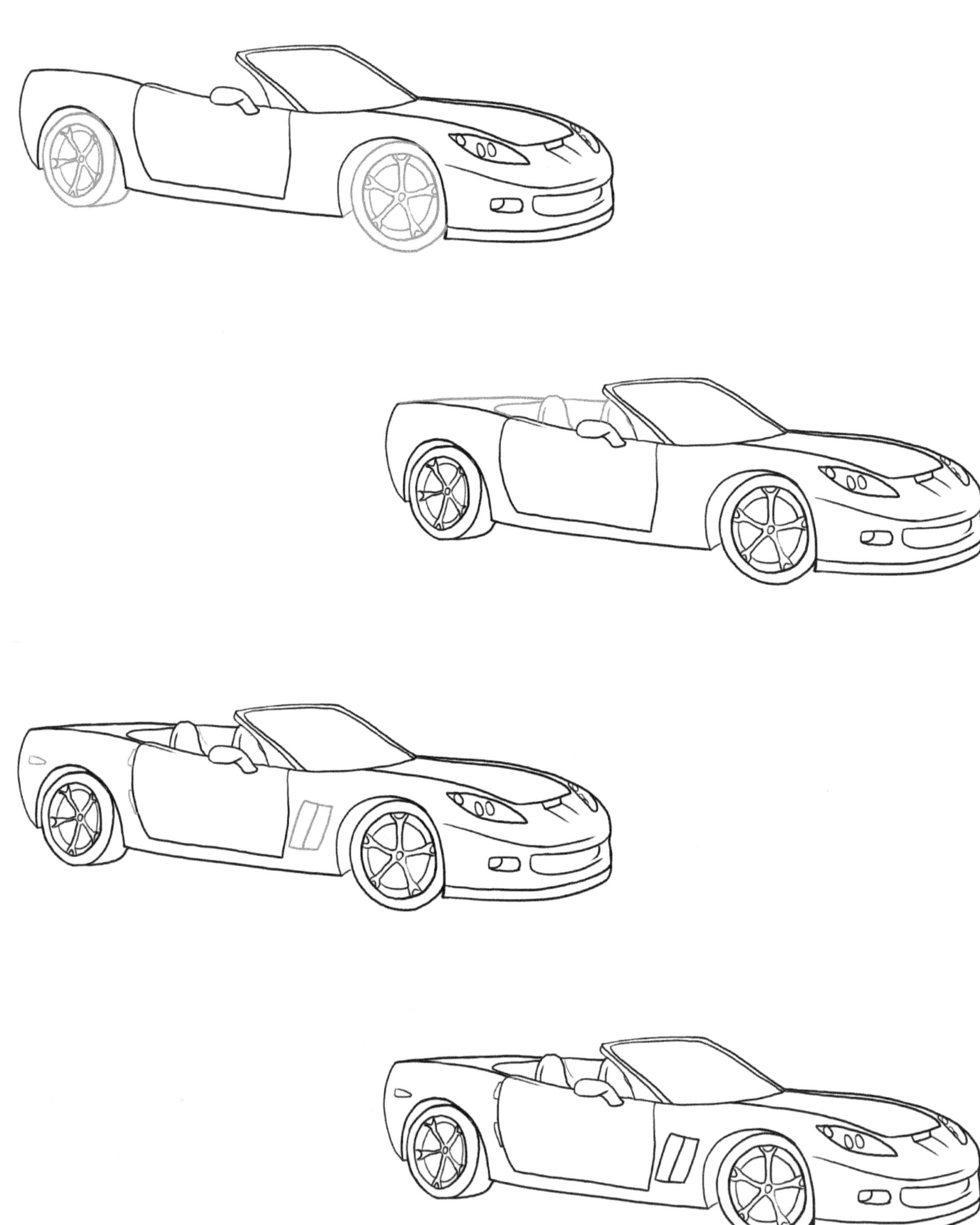